よくわかる！
教職エクササイズ

森田健宏・田爪宏二 ●監修

3

教育相談

［第2版］

森田健宏・吉田佐治子 ●編著

ミネルヴァ書房

監修者のことば

　今、学校を取り巻く状況が大きく変化し続けています。たとえば、「グローバル化」という言葉がよく聞かれますが、確かに、世界中のさまざまな国の人々が、ビジネスや観光で日本を訪れるようになり、日常生活の中で外国の人々と関わる機会が増えています。

　また、世界のさまざまな国で活躍する日本人も増えてきています。そのため、比較的世界で多く使用されている英語を中心に、小学校3年生から外国語活動の授業が行われるようになり、小学校5年生からは教科「外国語」が導入されるようになりました。もちろん、言葉だけでなく、文化や風習についても世界のさまざまな国の人々が、お互いに理解し合えることが大切です。他方で、日本に移住しても日本語を十分に理解できない子どもたちも多く、学校ではそのような子どもたちをどのように指導すればよいか、さまざまな試みが行われています。

　このように、新たな時代に教職を目指すみなさんには、これまで学校教育の世界を支えてきた先生方の教育活動に学びつつ、新しい時代の教育ニーズに応えるべく、自ら考え、開拓していく力が求められています。

　これからの時代の教育を担う教師に大切な教育課題は、たくさんあります。たとえば、これまで、わが国で進められてきた「知識を多く獲得することを重視した教育」だけでなく、「知識や技能を活用する能力」や、「読解力」、「課題を解決する能力」、さらには社会性、意欲、自己調整能力といった社会の中で共同して生きていくための情緒面の力を育むことにも積極的に取り組むことが求められています。そのため、「主体的・対話的で深い学び」を促進する教育実践力を身につける必要があります。また、電子黒板やタブレット端末など、ICTの効果的な活用、小学生からのプログラミング教育などへの対応も求められています。

　すなわち、教職につく前の学生時代から教師となった後もなお、常に新たな知見を習得しながら、生涯、「教師として学び続ける」姿勢が求められているのだと思ってください。

　この「教職エクササイズシリーズ」では、新しい時代のニーズに対応し、学びながら教師としての資質を育むとともに、教師になる夢を実現し、さらに教師になっても、常に振り返りながら新たな知見を生み出し、自身の能力として加えていけるよう、さまざまな工夫を取り入れています。たとえば、教育場面の事例を題材に「ディスカッション課題」を多く取り入れ、実際の教育現場を想定したアクティブラーニング形式の学習が行いやすいように配慮しています。また、教育実践に関わる最新の知見や資料を豊富に掲載し、初学者から現職教員まで参考にできる内容構成にしました。さらに、MEMO欄やノートテイキングページを用意し、先生の発言や板書、自分の気づきなどを十分に書き込めるようにしています。そして、各講の復習問題には、実際に出題された各都道府県等の教員採用試験の過去問題を掲載し、教師になる夢を叶える準備ができるようにしています。

　これらを積極的に活用し、「教師として一生涯使えるテキスト」となることを願って、みなさんにお届けしたいと思います。

監修者　森田健宏（関西外国語大学）

田爪宏二（京都教育大学）

はじめに

みなさんが学校の先生をめざす理由は何でしょうか？

「私が小学校時代、いつも笑顔で迎えてくれるすてきな先生にあこがれたから！」

「進路選択で悩んでいたときに、担任の先生が本当に親身になって一緒に考えてくれた。今度は私が生徒の助けになりたい。」

教員を志望する学生たちから聞かれるこのような答えには、自分がかつて出会った先生へのあこがれというケースが多くあります。先生の笑顔や、親身な姿勢、熱意ある指導など、日頃、学校のなかで子どもたちとの関わりを通じて感じられるものですね。

では、学校の先生の仕事には、どのようなものがあるでしょうか？　ご存じですか？もちろん、子どもたちに勉強を教えること、休み時間に一緒に遊んだり語ったりすること、クラブ活動や部活動で何かを成し遂げて喜び合うことなど、まとめていえば、集団を通じて子どもたちがそれぞれに成長できるよう、情熱を注いで教え育てることを一番に思い浮かべる人が多いことでしょう。しかし、その一方で、ケンカやいじめ、非行など、集団がゆえに生じるさまざまな出来事にも、個々の子どもの立場を考えて、真剣に向き合い、問題解決に向けて取り組まなければなりません。なかには、深く心が傷ついて不登校になったり、病気になったりしてしまうこともあります。そのようなときに、「チームとしての学校」という考え方のもと、児童・生徒が健やかに学校生活を送ることができるよう、教職員や専門スタッフの強みを活かして共に個々の支援にあたっていくことが大切であり、その中心的な役割を果たすのが、生徒指導の一環として取り組まれる「教育相談」なのです。

さて、本書が出版されてから5年が経過したのですが、この短い間に、人々の価値観や考え方も多様化し、学校や家庭での教育を取り巻く状況が大きく変化してきました。それに伴って、学校でのルールや教育のあり方についてもさまざまな見直しが進められています。そのなかで、教育相談については、国（文部科学省）が発行している「生徒指導提要（生徒指導の望ましいあり方をまとめたもの）」が、2022（令和4）年末に、時代に応じた内容に改訂され、それに合わせて、みなさんが教師になったときに求められる教育相談のあり方や資質についても新たな考え方を含めて充実化されました。そこで、本書もいち早く、みなさんが新たな時代の教師として活躍できるように、内容を刷新しました。特に、これからも変化し続けていく教育の世界で、みなさんが柔軟に対応できるような考え方をいだけるような内容になるよう心がけています。もちろん、本シリーズで大切にしている「誰にでもわかりやすい、でも、内容は充実している、さらに教師として活躍してからも振り返ることができる一生役立つテキスト」という基本のコンセプトは変わっていません。

ぜひ、本書を通じて、これからの時代を生きる児童・生徒や保護者の方の気持ちに寄り添い、他の教職員や専門スタッフと共に解決へと導くことができる教育相談の実践者となれるよう、執筆者一同、心から願っています。

2024年1月

編著者　森田健宏（関西外国語大学）

吉田佐治子（摂南大学）

1

CONTENTS

教育相談とは

理解のポイント

教育相談とは、個々の児童・生徒や保護者の考えや悩みを受け止め、課題解決に向けて教師や必要に応じて関連する専門スタッフと共に取り組む重要な活動です。その内容は、いじめや不登校をはじめ、学業や進路など多岐にわたります。本講では、まず、教育相談の必要性や職務における位置づけ、学校として求められる支援体制などについて理解しましょう。

1 教育相談の必要性と意義

1 教育相談の必要性について

みなさんが教師になったとき、実にたくさんの役割が期待されています。各教科の学習内容を指導するのはもちろん、クラブ活動の指導や、各種行事などでの指導、そして、時には児童・生徒のよくない行動について、厳しい指導が必要になる場合もあります。それは、学校の内外を問わずに求められます。すなわち、みなさんは児童・生徒にとって最も身近な指導者であることを求められているということです。そのようななか、みなさんは、児童・生徒からさまざまな相談を受けることになるでしょう。

そのほかにも、みなさんは、小学校や中学校、高校時代にどのようなことで悩んだでしょうか?

(相談の例)
- ・学習内容や勉強の方法に関する相談
- ・クラスやクラブ活動(部活動)における人間関係に関する相談
- ・進路の選択やキャリア、人生の生き方に関する相談
- ・自己の変化や性格など、児童・生徒自身のことに関する相談
- ・家庭における生活や家族関係に関する相談　など

※上記の内容のうち、外部指導者(部活動指導員など)との連携が進められているものもあります。

上記のように、児童・生徒からさまざまな相談をもちかけられることになると思います。相談のなかには、学校教育と直接的には関係しない内容が含まれることもあるかもしれません。しかし、家庭や学校外の出来事であっても、児童・生徒の学校生活に影響したり、関連したりすることもあり、教師としてどこまで対応すべきであるかの区分が難しいともいえます。

　そこで、児童・生徒が健やかに学校生活を送れるよう、教師には、あらゆる相談に対応できるためのさまざまな知識や技能の習得、他の教職員や校内外の専門スタッフの役割の理解、さらに、これからの時代では、状況に応じて他の教職員や専門スタッフと共にチームとして教育相談の体制を構築する方法についても理解しておくことが求められます。

　そのために必要な基本的な事項を、本書を通じて理解して、ぜひ実践的な指導力として活かせるようになりましょう。

2　教育相談の位置づけと取り組み

　教師のさまざまな仕事のうち、教育相談はどのように位置づけられ、また、どのような取り組みが求められているのでしょうか。「生徒指導提要（令和4年改訂版）*」（以下、「生徒指導提要」と記す）には、主に次のような内容が記されています。

✏ **語句説明**

生徒指導提要

2022（令和4）年12月発行。文部科学省が、小学校から高等学校までの生徒指導内容の体系化を目的に、学校・教師向けの生徒指導の基本書を作成したものである。

> 「生徒指導提要」
> ### 第1章　生徒指導の基礎
> 　1.1.3.　生徒指導の連関性
> 　（2）生徒指導と教育相談
> 　教育相談は、生徒指導から独立した教育活動ではなく、生徒指導の一環として位置付けられるものであり、その中心的役割を担うものと言えます。教育相談の特質と、生徒指導の関係は以下のとおりです。
> #### ① 個別性・多様性・複雑性に対応する教育相談
> 　教育相談とは、一人一人の児童生徒の教育上の諸課題について、本人又は保護者などにその望ましい在り方について助言をするものと理解されてきました。教育相談には、個別相談やグループ相談などがありますが、児童生徒の個別性を重視しているため、主に個に焦点を当てて、面接やエクササイズ（演習）を通して個の内面の変容を図ることを目指しています。それに対して、生徒指導は主に集団に焦点を当て、学校行事や体験活動などにおいて、集団としての成果や発展を目指し、集団に支えられた個の変容を図ります。（以下略）
> #### ② 生徒指導と教育相談が一体となったチーム支援
> 　教育相談は、どちらかといえば事後の個別対応に重点が置かれていましたが、不登校、いじめや暴力行為等の問題行動、子供の貧困、児童虐待等については、生徒指導と教育相談が一体となって、「事案が発生してからのみではなく、未然防止、早期発見、早期支援・対応、さらには、事案が発生した時点から事案の改善・回復、再発防止まで一貫した支援」に重点をおいたチーム支援体制をつくることが求められています。

📝 **プラスワン**

**「チーム学校」による
チーム支援体制**
学校組織全体が一つのチームとなって、よりよい学校づくりをめざす取り組みをいう。そのために、教職員や、必要に応じて校外の専門スタッフが連携・協力し、学校組織全体の教育体制を充実化させることをねらいとしている。
（→第10講参照）

　上記の通り、教育相談は「個に焦点を当てて、個の内面の変容を図ることを目指すこと」を目的に、面接やエクササイズを通して、児童・生徒一人ひとりが自分の個性を大切にしながらも、さまざまな課題を乗り越えな

がら心の成長を促していくことをねらいとしています。また、**事案が発生してからのみではなく、未然防止、早期発見、早期支援・対応、さらには、事案が発生した時点から事案の改善・回復、再発防止まで一貫した支援に学校として途切れなく取り組んでいくこと**も、より充実した教育相談を行っていくうえで大切であるとされています。そのためには、児童・生徒との面談を通じて、じっくりと話を聞き、助言することはもちろん大切ですが、学校という環境の特性を活かして、さまざまな交流や体験を促したり、さらに、児童・生徒の行動や表現をしっかりと見つめ、個々について考えることが大切となります。たとえば、エクササイズであれば、「構成的グループエンカウンター*」やさまざまな機会における「グループ活動」などにより、人とのふれあいを通じて、自分のよさや、自分自身がよりよく生きるための課題などに気づけたり、さまざまな自己の理解が期待できます。

　具体的には、教師として、たとえば次のような知識や技能などを身につけておくことが大切であるとされています。

<table>
<tr><td>

【個人の資質向上のために】
・児童・生徒の心理的、社会的発達についての基本的な知識、学級・ホームルーム経営に生かせる理論や技法
・カウンセリングの基礎技法などについての基本的な理解
・いじめや不登校についての基本的理解と予兆の現れ方、スクリーニング（心配される児童・生徒を見つけ出すこと）の方法

【チームとして個々の児童・生徒を支援するために】
・管理職の教職員や教育相談コーディネーター*を中心に、他の教職員やスクールカウンセラー、スクールソーシャルワーカーなどの専門スタッフとの連携のあり方
（相談を受けた教師個人が、課題解決に向けて思い悩んだり一人で抱え込まない）
・他の教職員の視点やとらえ方、専門スタッフの専門性

「生徒指導提要」p.86より一部引用

</td></tr>
</table>

　これからの時代に適したよりよい教育相談を展開していくために、ぜひ、このような知識の習得に努めたり、仲間とシミュレーションワークなどを試みてみましょう。

3　学校ならではのよさを活かした教育相談

　児童・生徒にとって悩んだり、迷ったときに相談できる場所や対象はいろいろありますが、学校ならではのよさとはどのようなものでしょうか。まず一つに、「1対1の相談に限定することなく、すべての教師が児童・生徒に接するあらゆる機会をとらえ、あらゆる教育活動の実践のなかに活かし、教育相談的な配慮ができること」が挙げられます。相談という形態をイメージするとき、一般的には面談室で1対1の話し合いの場面を

想像しがちですが、詳細は後述しますが、学校ならではの相談場面がたくさんあります。たとえば、清掃の時間に校内巡回中、グループから離れて一人でさびしそうに取り組む児童・生徒がいたならば、教師であるあなたから声をかけて話を聞くことができます。あるいは、放課後に呼び出して面談を行っても、学級担任である自分にはなかなか話をしてくれない。そんなときには、生徒の大好きな部活動の顧問の先生に同席してもらうことで、話がしやすくなることもあります。このように、学校という環境の特性を活かし、あらゆる場面で児童・生徒が相談しやすい状況のもとで、有意義な相談ができると考えられます。

　さらに、「生徒指導提要」で説明されている通り、生徒指導と教育相談は一体的に取り組まれるものであり、学校でのさまざまな学習機会や活動を通して、個々の心の課題を克服し、心の成長になることも考えられます。たとえば、文化祭で「クラスみんなで演劇をする」活動を想定してみましょう。このような特別活動は、「集団だからこそ成し得るすばらしさ」を実感できるもので、上記でいう生徒指導的な意義が十分認められる活動であるといえます。しかしながら、クラスに在籍する児童・生徒一人ひとりの個性を考えると、内向的で表現することが苦手な児童・生徒、自己アピール力は高いが協調性に欠ける児童・生徒など、さまざまな個性をもつ児童・生徒が存在するはずです。言い換えれば、これらは児童期から青年期にかけて乗り越えるべき成長課題であるととらえることもできます。その活動のなかで、悩んだり、クラスメイトと衝突したりすることも大いに考えられます。そのときに、個々の課題について自省を促したり、個々の児童・生徒に応じた課題解決の方法を考えたりという関わりは、まさに教育相談的なものであるととらえることができます。そして、これらを乗り越えながら、みんなで「演劇を成功させる」という目標に向かって取り組み、やがて成し遂げたとき、児童・生徒一人ひとりが個の成長を実感できることになると思われます。

　これは一例にすぎませんが、このように生徒指導と教育相談はあらゆる意味で密接な関係にあることを、理解しておく必要があります。

集団を通じて個の成長を実現できるところが「学校」のよさなんですよね。

2 教育相談に携わるさまざまな立場と役割

1 学級担任

　学校においては、学級（高等学校ではホームルーム）が学校生活の基本にあり、この小集団を指導する中心になるのが学級担任です。小学校であれば、専科の教師が担当する高学年や特定の教科を除き、基本的にすべての教科を指導し、また、教科外活動の指導も多く担当します。中学校以降では、教科担任制ですので、朝夕の学級活動の時間（ショートホームルーム）と担当する教科の時間に、クラスの生徒たちと顔を合わせることになります。いずれにしても、毎日、自分が担当するクラスの児童・生徒たち

をみていることになります。

このことから、児童・生徒にとって最も身近な教師という見方ができますので、教育相談を考えるうえで、他の教職員とは異なる非常に重要な立場となります。では、どのような利点があるのか、具体的に説明したいと思います。

① 早期発見・早期対応ができ、教師のほうから相談を展開できる

上記の通り、学級担任は、毎日児童・生徒をみていますので、体調や態度、機嫌に至るまで、ちょっとした変化にも「すぐに気づく」ことができます。さらに、中学校以降であれば、各教科担当の教師から、授業時のようすや成績評価の情報も集約されます。そのため、児童・生徒がみずから保健室やカウンセリングルームなどに赴かなければ相談できないというのではなく、教師のほうから「どうした？　最近、何か気になることでもあったのか？」などのように、相談をもちかけることができるのです。そのときの児童・生徒の対応はさまざまですが、そこから「実は、先生……」と相談が始まることもあるでしょうし、少なくとも「自分のことを気にかけてもらえているんだ」という安心感を与えることができるでしょう。

② 教育相談コーディネーターと共に最善の解決方法を考え、取り組む起点となることができる

これからの時代の教育相談は、個別相談のみならず、状況に応じてチームで課題解決にあたることが基本とされています。ただし、詳しくは後で述べますが、たとえば、学級で心配される課題が生じていない段階で、予防的に児童・生徒全員に５分ずつの定期面談に取り組み、情報を収集しておくことによって、課題を未然に防ぐことができ、さらに児童・生徒にも担任の先生は話しやすいと感じてもらえ、安心感を与えることができます。これは、個々の担任の取り組みが基本となりますが、担任のみで課題解決が困難な場合は、教育相談コーディネーターをはじめ、生徒指導主事、養護教諭、スクールカウンセラー（SC）やスクールソーシャルワーカー（SSW）、さらには、教頭・副校長、校長など管理職のほか、さまざまな立場の教職員と連携・協力しましょう。また、中学校以降であれば、他教科担当の教師、部活動の顧問の教師など、児童・生徒によっては担任よりも心を開きやすい教師がいる場合もあるでしょう。いずれにしても、学級担任１人で児童・生徒や保護者からの相談を抱え込む必要はなく、他の教職員との協力関係によって、より多角的で親身になった相談が可能となります。

③　校外機関との連携

「学校」という機関は、教育機関であることから社会的な信頼も高く、また近年では、地域交流の拠点としての期待も寄せられています。そこで、他のさまざまな機関との連携においても、学校からの支援要請ということであれば、緊密かつすみやかな連携ができ、課題解決を図ることができます。

主な連携機関の例には、児童相談所や医療機関などが挙げられますが、教育委員会所管の各機関（例：教育センター）はもちろんのこと、市役所の福祉部門や母子保健部門などとの連携が必要なケースもあります。さら

課題解決に向けてリーダーシップをとる役割を担う教職員は、学校の規模や運営体制によって異なります。

に近年では、警察などの刑事司法関係機関への連携要請が必要な場合も生じています。いずれの外部機関との連携についても、その起点となるのは学級担任であり、連携が必要となる場合を想定して、各機関の専門性や手続きなどを理解しておく必要があります。

2　養護教諭

主に、保健室での児童・生徒の疾病への対応、医療機関との連携、健康教育の推進と指導などが業務となりますが、心の問題を抱える子どもたちの拠り所としても重要な役割を果たしています。

養護教諭は、看護師養成系大学において教職に必要な単位を取得して免許状を取得するケースと、教育学系大学において所定の単位を取得して免許状を取得するケースがありますが、いずれも「教諭」と名がつく通り、教育職として従事しています。

ただし、学級担任や部活動の顧問、教科担当の教師と異なる点は、いわゆる児童・生徒個人の評価に直接的に関係しないところです。ですから、子どもたちも、「安心して本音で話せる」「自分をものさしで測ろうとせずに話を聞いてくれる」という印象をもちやすいという長所があります。

3　スクールカウンセラー

臨床心理学や学校心理学などを専門とする心理相談の専門職です。日本では、1995（平成7）年度の旧文部省による「スクールカウンセラー活用調査研究委託事業」により導入が開始され、近年では、全国ほぼすべての公立学校にて従事しているほか、多くの私立学校でも従事しています。

現在のところ、①公認心理師、②臨床心理士、③精神科医、④児童・生徒の心理を専門とする大学教員、⑤都道府県等が職能を認める有識者、が資格要件とされています（p.31参照）。さらに、これらに準ずる資格保有者や実務経験者も従事できることになっており、実情としては、公認心理師や臨床心理士が多く従事しています。スクールカウンセラーは、心理学を専門にしていますので、カウンセリングや心理検査などの実施と、これらによる児童・生徒の専門的な心の理解と助言が可能です。教育相談については、児童・生徒との相談や助言のほか、心の教育に関する研修などの啓発活動、他の教職員や専門スタッフと協同して行う児童・生徒のさまざまな課題に対するコンサルテーション、保護者からの相談に対する専門的立場からの助言、さらに、教職員への専門的な立場からの研修なども行っています。子どもたちにとっては、養護教諭と同様、評価に直接関わる立場ではないので、心を開きやすいと感じられることも多いのですが、現在のところ、常勤職として採用されるケースが少ないので、今後、常時相談可能な立場として従事できることが期待されています。

4　スクールソーシャルワーカー

児童・生徒が抱くさまざまな課題について、社会福祉などの専門的な知識や技術を用いて、児童・生徒の置かれた環境の改善に向けて、仲介など

プラスワン

学校警察連携制度
深刻ないじめや暴力行為等、学校だけの対応では指導に十分な効果を上げることが困難であると判断される場合、警察等の関係機関との相談を推奨することが、2013（平成25）年1月に文部科学省より通知されたことによる。実際の運用は、各自治体の教育委員会と警察本部との協定によるケースが多い。

語句説明

社会福祉士

社会福祉士は、「社会福祉士及び介護福祉士法」にもとづく国家資格で、専門的知識及び技術をもって、身体上もしくは精神上の障害があり、環境上の理由により日常生活を営むのに支障がある者の福祉に関する相談に応じて、助言や指導、福祉サービスの提供者などとの連絡及び調整、援助を行うとされている。

精神保健福祉士

精神保健福祉士は、「精神保健福祉士法」にもとづく国家資格で、専門的知識及び技術をもって、病院の精神科などの医療施設において精神障害の医療を受けている人や、精神障害者の社会復帰の促進のための施設を利用している人の地域相談支援の利用や社会復帰に関する相談に応じ、助言や指導、日常生活への適応のための訓練などを行うとされている。

生活保護法

日本国憲法第25条に規定する理念にもとづき、国が生活に困窮するすべての国民に対し、その困窮の程度に応じ、必要な保護を行い、その最低限度の生活を保障するとともに、その自立を助長することを目的とする法律。

の働きかけを行ったり、さまざまな関係機関との連絡調整を行う、福祉の専門職です。スクールソーシャルワーカーは、現在のところ、社会福祉士*や精神保健福祉士*、臨床心理士などの資格を有する者や、福祉や教育分野の専門的な知識やスキル、実績があり、教育と福祉の両面から課題の解決に向けて専門的に考えることができる者が従事するとされています。このような専門性から、行政の制度を利用して児童・生徒が健やかに就学できるよう支援したり、また、学校内に留まらず、家庭や地域など周囲の人々とのコミュニケーションを通じて背景にある課題を含めて考え、支援チームの一員として提言を行ったり、自ら課題解決のための支援に赴くこともあります。

　たとえば、不登校の児童・生徒について考えるならば、原因にはさまざまなことが考えられます。それらを、子どもが生まれたときからもつ特性など、心の問題として考え、解決をめざすのであれば、スクールカウンセラーの役割を優先的に考えますが、家庭や学校、友人、地域社会など、児童・生徒を取り巻く環境への働きかけによって問題の解決をめざすべきだと考えるならば、たとえば、生活保護法*に基づく各種公的扶助の仲介や調整、児童相談所など他機関との連携など、スクールソーシャルワーカーの専門性が活かされます。複雑化、多様化する社会のなかで、スクールソーシャルワーカーへの期待と活躍の機会は、今後さらに高まっていくものと考えられます。

5 その他

　前述の通り、児童・生徒のさまざまな課題に対して、教職員や専門スタッフがチームとして解決に携わっていくために、教育相談コーディネーターを中心に、ケースに応じて特別支援教育コーディネーターが、実質的に教育相談の方針を取りまとめていきます。また、校長や副校長、教頭という管理職が、長年の高い見識を活かして相談や助言にあたることも効果的です。この点については、国（文部科学省）としても、管理職に高い期待を寄せており、より高い職能を求めて研修制度なども検討されています。

3　教育相談の段階的な取り組み

　教育相談といえば、心配なことや困ったことが生じた際に、教職員や専門スタッフに相談するものというイメージが、みなさんのなかには多いと思います。しかし、なかには、「こんなことを相談していいものかな……」「相談して自分の気持ちを話すのはなんだか恥ずかしいな……」と感じて、相談することをためらう子どもたちも少なからずいることと思います。そこで、前述の例のように、生徒指導の一環である教育相談は、学校という環境を通じて、誰もが安心して自分の気持ちや考えを話せるように、図表1-1の通り、段階的に取り組むように構成されています。

図表1-1　教育相談に関する生徒指導の重層的支援構造（例）

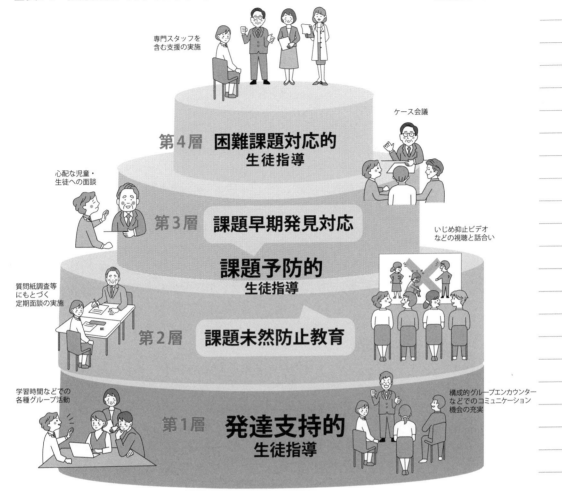

専門スタッフを
含む支援の実施

ケース会議

心配な児童・
生徒への面談

第4層 **困難課題対応的**
生徒指導

第3層 **課題早期発見対応**

いじめ抑止ビデオ
などの視聴と話合い

課題予防的
生徒指導

質問紙調査等
にもとづく
定期面談の実施

第2層 **課題未然防止教育**

学習時間などでの
各種グループ活動

構成的グループエンカウンター
などでのコミュニケーション
機会の充実

第1層 **発達支持的**
生徒指導

この図のうち、第2層までは主に全校の児童・生徒を対象としたもの、第3層以降は、特定の個人やグループなどを対象とした教育相談の取り組み例となります。

　このように、時間軸や対象、課題性の高低という観点から、「解決すべき課題が発生する前・後（2軸）」「課題として取り組むレベルや対応のあり方（3類）」「相談の対象となる児童・生徒の特定の度合い（4層）」で考えられることから、生徒指導分類を「重層的支援構造（2軸3類4層構造）」（図表1-1）で示しており、教育相談についても、この考え方が適用されています。

（1）発達支持的教育相談

　児童・生徒のさまざまな資質や能力の積極的な獲得を支援する教育相談活動で、個々の児童・生徒の成長・発達の基盤をつくるものとされています。たとえば、前述のように、学校行事や協働的な学びの機会などのクラスで協力し合う活動などがこれに相当します。このような機会を通じて、子どもたち一人ひとりに「自分の居場所がある」「素直な気持ちでいられる」など、心のエネルギーが充足されることをめざします。

（2）課題予防的教育相談

　課題予防的教育相談は大きく次の2つに分類できます。

① 課題未然防止教育

　すべての児童・生徒を対象に特定の問題や課題の未然防止を目的に行われる教育相談です。たとえば、全校での「いじめ防止の啓発ビデオの視聴」や、「もしも、虐待と感じたときのSOSを発信するための講座」などを行って話し合う機会を用意することにより、児童・生徒が自分の心と体を守ることが期待されます。どのような内容が望まれるかについては、その時々の子どもたちの生活の様子や環境をみて、教職員や専門スタッフと相談しながら、必要あるいは適した内容を考えて取り組みましょう。

② 課題早期発見対応

　ある問題や課題の兆候がみられる特定の児童・生徒を対象として行われる教育相談です。たとえば、「クラスの子どもたちの人間関係で違和感を感じるな……」「ある子の制服がいつも同じように汚れているのはなぜだろう……」などのように、気になる児童・生徒を早期に見つけ出し、支援や指導のあり方を学校として考え、教育相談の考え方のもとに取り組むものです。この取り組みについては、「早期発見→早期対応」という流れで考えてみましょう。

〈早期発見〉

　まず、教師として「早期発見」を心がけ、解決困難な事態に陥らないように努めることが大切です。その手法として、「生徒指導提要」では、代表例として4つの方法が示されています。

- ・「丁寧な関わりと観察」……日頃からの関わりや観察を通して、言動や態度・行動面の変化、学業成績の急な低下、身体症状などに気づき、対応ができます。
- ・「定期的な面接」……クラス全員を対象に定期的に面接を行うことで、言動などの変化に気づくことができるとともに、信頼関係の構築も期待できます。
- ・「作品の活用」……児童・生徒の日記、作文、絵などから、そのときの心理状態や課題として考え、支援すべきことに気づくことができます。ただし、主観的な判断にならないよう、他の教職員や専門スタッフと共に考えるようにしましょう。
- ・「質問紙調査」……観察や定期的な面接などで、気づけなかったことや、児童・生徒が状況から話しづらかった内容も、紙面であれば伝えやすくなることも考えられます。

〈早期対応〉

　上記のような取り組みを行いながら、子どもたち一人ひとりをしっかりと把握できれば、次に、心配な子どもたちについてのさまざまな特徴的な言動や課題について情報共有を行うことが必要です。そこで、質問紙調査や観察、各種記録を参考に、職員会議や学年会議などの機会を利用して「ス

気になる児童・生徒については、ICT等を適切に活用し、常に新しい情報をスタッフ間で共有することが大切です！

クリーニング会議*」を定期的に行い、今後の成長や言動が心配される児童・生徒を把握し、その内容をもとに教職員や専門スタッフで情報を共有します。

　そのうえで、特に今後が心配される特定の児童・生徒が見いだされた場合、関連する教職員や専門スタッフによる「ケース会議*」においてアセスメント（対象となる児童・生徒の実態調査と把握）を行い、個別の支援が可能となるようチーム支援のあり方を計画し、実行できる体制を構築していきます。その際、必要に応じて他機関や地域へ協力依頼を行い、継続的な支援ネットワークを考えることも望まれます。

（3）困難課題対応的教育相談

　課題解決がクラス担任、あるいは学校レベルでも困難な状況にある児童・生徒、あるいは発達状況や社会的な適応について、他機関や専門スタッフと協力しながら、中・長期的な支援も視野に解決をめざすものです。たとえば、いじめや不登校、少年非行、児童虐待などについては、学校レベルで解決できるものもあれば、警察や児童相談所などと連携することによって解決の道が開けるものもあります。あるいは、その背景に、家族の介護支援（例：ヤングケアラー*）や就労困難による経済的困窮がある場合、児童・生徒個人に障害や病気がある場合など、複雑な事情が含まれていることや、中・長期的な支援を考えていかなければならないこともあります。このような場合、学校におけるケース会議によるアセスメントをもとに、どのような機関との連携が最適であるかを専門スタッフと共に見通しを含めて考え、どのようにつないでいくかが重要となります。

　以上のように、教育相談は、解決すべき課題が発生してから取り組むだけのものではなく、日頃から、児童・生徒との信頼関係形成をもとに心を育むと共に、いざというときに相談ができる体制を、学校という組織として構築しておくことが大切です。

4 教育相談が必要な機会と手段

1 あらゆる手段の活用

　教育相談にもさまざまな形態や方法があり、子どもたちの心身の状況や置かれている環境、相談のプロセスなどによって、最適な方法を選ぶことが求められます。図表1-2は代表的な相談方法の例です。

図表1-2　教育相談の代表的な相談方法

面接相談 　電話相談 　手紙相談 　メール相談

語句説明

スクリーニング会議

質問紙調査や行動観察記録などの情報をもとに、支援を必要とする児童・生徒を早期に把握し、適切な支援を早期に開始するための検討の機会をいう。教育相談コーディネーターや生徒指導主事が中心となって取り組まれる。

重要語句

ケース会議

→支援対象となる児童・生徒の担当者や上司など関係者が集まり児童・生徒や家庭の見立てを行い、今後の支援や指導方針を明確化する会議のこと。

語句説明

ヤングケアラー

ヤングケアラーとは、「本来大人が担うと想定されている家事や家族の世話などを日常的に行っている子どものことをいい、そのために、学校に通うことが難しくなり、学業や友人関係などに影響が出てしまうこともある」とされている。（参考：厚生労働省HP）（→詳しくは第13講参照）

面談室で児童・生徒と1対1で相談をするというのは、児童・生徒に緊張感や圧迫感を与えることも考えられます。また、本来の自分を表すことができないかもしれません。教育相談は、たとえば、休み時間や清掃時間、給食時間、教室、廊下、校庭、職員室、部活動の指導場面、学校行事場面、登下校途中など、あらゆる機会にも可能です、と「生徒指導提要」には書かれています。児童・生徒個人の本来の姿は、このような集団のなかではじめてみえてくることもあるでしょう。

ディスカッションしてみよう！

図表1-2に示したように、児童・生徒との相談にもさまざまな方法があり、子どもたちの心理的な特性に応じて使い分けることが求められます。

そのなかで、面接相談や電話相談よりも、手紙相談、メール相談のほうがよいケースがあります。これらには、どんなメリットがあるのか考えてみましょう。

たとえば・・・✏

5 教育相談における課題解決にあたっての留意点

なお、教育相談における課題解決にあたっての留意点として、「生徒指導提要」では以下の内容を示しています。いずれも重要な内容ですので、十分に理解しておきましょう。

1. 指導や援助の在り方を教職員の価値観や信念から考えるのではなく、児童生徒理解（アセスメント）に基づいて考えること。
2. 児童生徒の状態が変われば指導・援助方法も変わることから、あらゆる場面に通用する指導や援助の方法は存在しないことを理解し、柔軟な働きかけを目指すこと。
3. どの段階でどのような指導・援助が必要かという時間的視点を持つこと。
（「生徒指導提要」第3章3.3.1）

以上、第1講では、多様化する社会、環境、人々の価値観などのなかで育つ児童・生徒の悩みや考えに寄り添い、「生きる力」を育むプロである

教師を中心とした「教育相談」のあり方について、「生徒指導提要」をもとに紹介しました。それでは、このような教育相談の実践力を高めていくためには、どのような内容を学んでおくことが必要でしょうか。

★本巻「教育相談」で学ぶ内容について

・「カウンセリング」について学ぶ（第2講・第3講）

　みなさんがめざす職種は、カウンセラーではなく「教師」なのですが、教育相談を具体的に実践していくうえで、カウンセリングの理論や技術は、さまざまな点で役立ちます。また、スクールカウンセラーとの連携を考えるうえで、お互いにどのような役割を果たせるのかを考えることができます。

・「学校教育場面でのさまざまな課題」について知る（第4講～第9講）

　すべての児童・生徒が健やかに学校生活を送ることができるというのが教師の願いなのですが、さまざまな事情によってそれが難しい児童・生徒もいます。病気や障害を抱えている場合もありますし、人間関係やトラブルの発生などについては、対応を誤ると学校本来の機能が果たせなくなることすらあります。そのようなさまざまな事情を知り、あらゆる場面に対応できる能力を身につけましょう。

・「専門機関や家庭との連携、協力」について理解する（第10講～第12講）

　児童・生徒の実情によっては、学校だけでは対応できない事態が生じる場合もあります。なかには、他機関との連携によって課題解決を図らなければならないケースもあります。また、児童・生徒の育ちについて、学校と家庭とで協力し合う姿勢も重要です。これらの基本的な考え方と専門知識についても理解しましょう。

・「これからの時代に求められる教育相談」を知る（第13講～第15講）

　これまで、学校生活のなかで生じるさまざまな課題を解決する志向が中心であったのに対し、将来に向けた生き方（キャリア教育）や、国際化が進むなかで外国人児童・生徒の教育なども相談の対象となります。これからの時代に求められる教育課題とその相談のあり方について知っておきましょう。

解決が困難な課題が発生したときの「チーム学校」としての教育相談のあり方

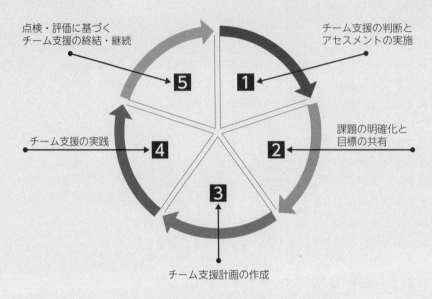

チーム支援のプロセス
（困難課題対応的生徒指導及び課題早期発見対応の場合）

文部科学省「生徒指導提要（令和4年改訂版）」2022年、第3章第4節

　本講で多く引用している「生徒指導提要（令和4年改訂版）」では、生徒指導と教育相談を一体として考え、「チーム学校」の考え方のもと、ケースに応じて関わることが望ましい教職員や専門スタッフで課題解決をめざすことが求められています。その際、教育相談を実施する立場や場面（段階）について、上の図をもとに考えていきましょう。

　まず、①「チーム支援の判断とアセスメントの実施」の段階では、生じた課題に応じてチームによる課題解決が必要な事案か、そうであればどのようなチームのメンバーを構成すればよいかを考えます。このとき、学級担任や生徒指導主事、教育相談コーディネーターをはじめ、必要に応じてスクールカウンセラーやスクールソーシャルワーカーの参加も検討します。関係する児童・生徒への教育相談を実施するにあたっては、十分なアセスメント（実態の調査と把握）が重要です。アセスメントには、観察法、面接法、心理検査法などがあり、これらは、本書の第11・12講で学んでください。また、「生徒指導提要（令和4年改訂版）」では、「BPSモデル（Bio-Psycho-Social Model）」という観点で考えることを推奨しています。これは、児童・生徒の課題を、生物学的要因（Biology）、心理学的要因（Psychology）、社会的要因（Sociology）の3つの観点から検討します。たとえば、生物学的要因であれば、発達の特徴や生育歴、病気など、心理学的要因であれば、感情やストレス、性格など、社会的要因であれば、児童・生徒の置かれている家庭や学校などの環境、さらに人間関係など、さまざまな原因が考えられます。このような原因を理解するためには、児童・生徒本人にとって話しやすい立場のスタッフによる丁寧な面談が求められます。この役割は、身近な担任が適切な場合もあれば、評価などが意識されない養護教諭や専門スタッフが適切な場合もあります。そのうえで、②「課題の明確化と目標の共有」の段階で、具体的な課題や関連する情報を集約し、課題解決のあり方を検討し、③「チーム支

計画の作成」へと結びつけていきます。その際、長期的に課題解決を図っていくことを前提に「課題解決の最終目標」を考え、段階的に解決策を考えていきます。この間、児童・生徒や保護者などには、時期や取り組みに応じてさまざまな気持ちの変化が生じることが考えられます。そこで、課題解決にあたっては、合理的な方策のみならず信頼関係の形成に努め、児童・生徒や保護者の不安や不満など、想いや考えに寄り添った相談姿勢が重要となります。そのために、専門スタッフのみならず教職員誰もが、カウンセリングの基礎技法など相談のあり方を十分に学んでおく必要があります。つづく④「チーム支援の実践」においても、法や制度にもとづく課題解決は重要ですが、やはり継続的な相談によるコミュニケーションのなかで人の心は変容、成長していくことはいうまでもありません。最終的に、⑤「点検・評価に基づくチーム支援の終結・継続」に至り、このような経験の蓄積をもとに、よりよい安心な学校づくりをめざすことが掲げられています。そして、その基本となるのは、個に寄り添って課題解決をめざすための日頃からの信頼関係づくりとコミュニケーション能力であることを理解し、次講以降で学びを進めていただきたいと思います。

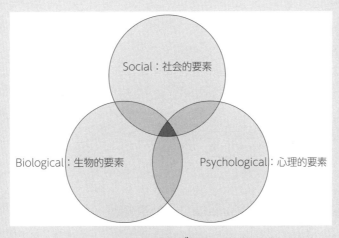

BPSモデル

復習問題にチャレンジ

（東京都　2023年　改題）

①次の記述ア・イは、それぞれ「児童生徒の教育相談の充実について～学校の教育力を高める組織的な教育相談体制づくり～（報告）」（教育相談等に関する調査研究協力者会議　平成29年1月）に示された、「学級担任・ホームルーム担任」、「スクールソーシャルワーカー」、「スクールカウンセラー」のいずれかの教職員（専門スタッフを含む）の職務内容に関するものである。ア・イそれぞれの内容について下の教職員A～Cのどの立場に求められるものであるか。

ア　不登校、いじめ等を学校として認知した場合又はその疑いが生じた場合や災害等が発生した際は、児童生徒の心理的な影響が想定されることから、児童生徒の不安や悩みの状況や要因を把握し、適切な配慮や支援方針並びに支援方法について立案し、ケース会議において報告することが求められている。

イ　不登校、いじめや暴力行為等問題行動、子供の貧困、児童虐待等の課題を抱える児童生徒の就学援助、健全育成、自己実現を図るため、児童生徒のニーズを把握し、支援を展開すると共に、保護者への支援、学校への働き掛け及び自治体の体制設備への働きかけを行うことが求められている。

A　学級担任・ホームルーム担任

B　スクールソーシャルワーカー

C　スクールカウンセラー

（大阪府　2023年）

②次の図は、「生徒指導提要（改訂版）」（令和4年12月　文部科学省）の中の、生徒指導の重層的支援構造を示している。空欄A～Dに当てはまる語句の正しい組合せはどれか。1～5から一つ選べ。

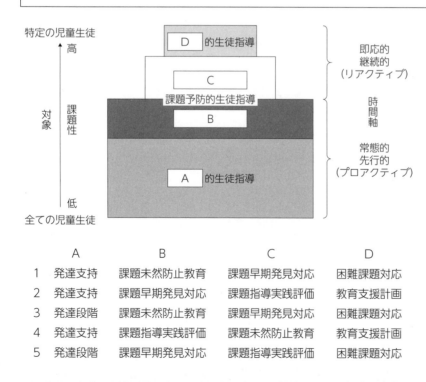

	A	B	C	D
1	発達支持	課題未然防止教育	課題早期発見対応	困難課題対応
2	発達支持	課題早期発見対応	課題指導実践評価	教育支援計画
3	発達段階	課題未然防止教育	課題早期発見対応	困難課題対応
4	発達支持	課題指導実践評価	課題未然防止教育	教育支援計画
5	発達段階	課題早期発見対応	課題指導実践評価	困難課題対応

ノートテイキングページ

「教育相談」において児童・生徒や家庭との関わり方、保護者との連携を行う際の基本的なポイントについてまとめてみましょう。

カウンセリングの理論

理解のポイント

みなさんが学校の教師になると、学期末の面談をはじめ、勉強、健康、進路など、子どもたちや保護者とさまざまな相談を行う必要があります。そこで、限られた時間のなかで有意義な相談を行うためには、「カウンセリングの考え方」に学ぶことも有効です。本講では、まず、カウンセリングとはどのようなものかを理解しましょう。

1 カウンセリングとは、どのようなものか?

1 カウンセリングの定義

　カウンセリングは、「相談を依頼する人に対して問題解決をめざすさまざまな専門的な相談援助」を指すのですが、このうち心理学におけるカウンセリングは、國分(2001)によると、「言語的及び非言語的コミュニケーションを通して、行動変容を試みる人間関係」と定義されています。このカウンセリングの定義にみられる3つのポイントについて、教師をめざす私たちがどのように意識すればよいか、考えていきましょう。

★カウンセリングの定義にみられる3つのポイントから考えられること

> ① 「言語的及び非言語的コミュニケーション」について
>
> 　たとえば、面談時に突然、「先生、ぼく、もう大丈夫だよ!」と発話した児童・生徒がいたとしましょう。ここで「大丈夫」という言葉をそのまま理解してよいのでしょうか。
> ・どんな文脈のなかで発言したものでしょうか。
> ・そのときの表情や口調はどうでしたか。
> ・あなたに伝えたい感情や考えは、どんなものだったでしょうか。
> 　このように、言葉の背後にあるさまざまなものをとらえる姿勢も大切です。また、教師自身の非言語的コミュニケーションも意識しましょう。

> ② 「行動の変容」について
>
> 　クライエント(来談者)が「相談に来て、自分のなかで何かが変わった」と実感できる相談をめざしましょう。もちろん、一度の相談で問題解決が完了した、ということはなかなかありませんが、「少し落ち着いて考えられるようになったかな」「話を聞いてもらって気持ちが

プラスワン

カタルシス
「話を聞いてもらって気持ちが軽くなった」という状況をカタルシス(心の浄化作用)という。

軽くなった」など、クライエントの言動や思考が変化し、「先生に話してよかった」と思われるような相談を心がけましょう。

③「人間関係」について

カウンセリングでは、カウンセラーとクライエントという立場があります。立場には自覚と責任が伴うことをまずは理解しましょう。そしてたとえば、医師に「病気の患者を治そう」という思いがあっても、患者に「治りたい」という思いがまったくなければ治らないことも多くあるように、カウンセリングにおいても、カウンセラーが一方的に働きかけるだけでなく、信頼関係をもとにさまざまな感情の交流を通じて、クライエントと共に「一緒に問題解決をめざそう」と相互に力をだし合えるような相談関係を築くことが大切です。

2 カウンセリングの歴史

そもそもカウンセリングとは、いつ頃から考えられるようになったのでしょうか。ヒトが言葉を通じて意思疎通を図り、支え合うことは、古代から行われています。しかし、今日の専門的なカウンセリングの考え方は、どこから生まれたのでしょうか。以下にその由来を3つ紹介します。

①「職業指導運動」

1900年代のはじめ、アメリカでは鉱工業を中心に産業の広がりがみられるようになり、農村から都市への人口移動による産業の偏り、収入格差の広がり、仕事への不適応による退職者の増加など、職業に関するさまざまな問題が起こっていました。そこで、当時、セツルメント活動*に取り組んでいたパーソンズは、ボストンに「職業相談室」を開設し、人々の適性を考えながら職業の相談と指導を行いました。その成果を踏まえ、没後、彼の著書『職業の選択』が発刊されています。

このような取り組みから、「カウンセリングの実践には、幅広い専門的知識をもとに、人々の適性をとらえ、それに応じた的確な助言を行うことが大切である」という考え方として活かすことができます。

②「精神測定運動」

同じく1900年代のはじめ、フランスでは初等教育の義務化が進められ、学業不振児への指導方法についてさまざまな議論が行われていました。そこで、当時の心理学者ビネーと小児科医のシモンが知能検査を考案し、知的状況を客観的に測定し、支援に活かそうとする考え方が広まりました。

このことは、カウンセリングをはじめ、さまざまな心理的支援において、客観的な資料や根拠（エビデンス*）をもとに、そのあり方を考えるという方法に活かすことができます。

③「精神衛生運動」

さらに同じく1900年代のはじめ、精神疾患

> カウンセリングでは、相談を行う人をカウンセラー、来談する人のことをクライエントと呼びます。

重要語句

セツルメント活動

→スラム街など貧困に苦しむ人たちのなかに入り、生活をともにしながら、問題解決をめざす活動をいう。

重要語句

エビデンス

→直訳すると「科学的根拠」という意味。近年、医療の分野を中心に、科学的根拠の説明が重要視されるようになっている。

に対する理解は十分ではなく、アメリカの一部では劣悪な入院環境や非人道的な扱いを受ける患者もみられました。そこで、当時、重度のうつ病で入院を経験したビアーズが『我が魂に出会うまで』という著書を発表したところ注目が集まり、さらに精神科医のマイヤーの支援により「精神衛生運動」という、精神障害のある人に対する偏見・誤解・差別を世界から廃絶するための活動が広がるようになりました。

このことから、心の病気や健康に対する理解が進み、カウンセリングを含めた心理的な支援の重要性がさらに認識されるようになりました。

2 カウンセリングに関する各種理論

さらに、カウンセリングについては、「心の問題を解決する」あるいは「心の病気を治す」という考え方が根底にあります。そこで、心理療法を中心としたさまざまな理論に学ぶことも必要です。

1 精神分析理論

精神分析理論とは、ジグムント・フロイト*によって創始された、心のとらえ方と治療法です。まず、フロイトの考える「心」の構造について理解しましょう（図表2-1）。

私たちが日常的に自他ともに気づく心の部分を「意識」と呼びます。しかし、私たちには日常的に意識できない心の働きも存在します。たとえば、夢などは自分でコントロールできるものではありませんし、現実的あるいは理性的なものであるとは限りません。このような心の部分を「無意識」と呼んでいます。この「無意識」は、幼少期からのさまざまな経験をもとに構成されるものであり、実は、現在の私たちの心の働きや行動を支えるベースとなる存在であるといわれています。

そこで、フロイトは、もし、私たちの心が病気になってしまったら、それは、「無意識」に存在する記憶に原因があると考え、夢の分析や自由連想法という精神療法によって意識化させることで治療できる、ということを見いだしました。

さて、このような理論から、私たちはカウンセリングの実践にあたって

ジグムント・フロイト
1856〜1939
オーストリアの精神医学者。精神分析学という新しい分野を創始し、心理臨床の世界に大きな影響を与えた。

図表2-1　フロイトによる意識の構造説

何を理解すればよいのでしょうか。その一つは、クライエントに、今生じている現象や言動にだけ注目するのでなく、その悩みに至った背景、事情や、その人の考え方がどうやって形成されたのかを考えるということです。クライエントは、過去のさまざまな経験が重なって、今のつらい思いに至っているのかもしれません。もう一つには、自分がカウンセラー（あるいは教師）として、どういう人間であるのかを自己分析し、自覚することです。私たちの言動一つひとつが、児童・生徒や保護者に少なからず何らかの影響を与えるということを考えると、自分の性格の成り立ちや感情や言動のくせ（コンプレックス）を理解しておくことが望ましいといえます。

2 来談者中心療法 （自己理論）

来談者中心療法は、アメリカの臨床心理学者カール・ロジャーズ*によって提唱された心の治療法です。現代のカウンセリングの考え方にも大きな影響を与えています。彼はまず、悩みが生じ、心が不適応に陥る理由について、「自己理論」という独自の考え方を提唱しました。これは、私たちの心には、「自分はこのような考え方をするタイプだと自分自身で信じ込んでいる心（自己概念）」と「日頃の生活のなかで経験してとらえた現実的な心（経験）」という2つの感覚があるとされています。そこで、この2つの感覚が大きくズレてしまうと、自分の信じている自分の考えや気持ちと、自分に生じた出来事やその気持ちの違いから、不安や恐怖を感じてしまいます。これを「自己不一致」と呼びます（図表2-2）。その結果、現実（経験）に対して自己概念を強く意識して自分のあるがままの気持ちをねじ曲げたり（歪曲）、なかったことのように信じ込ませる（否認）などが生じ、さらに苦しい想いが生じてしまいます。そこで、カウンセリングなどを通じてズレた感覚を解消していくことにより、心の問題を解決しようとし、これにより「自己一致」の状態をめざします。また、人には元来、自ら「成長、適応したい」「健康でありたい」という根源的な欲求が備わっていますので、その感覚を信じてクライエントの心の成長に寄り添い、支持していく取り組みを、クライエントのペースを重視しながら続けていきます。このような治療を来談者中心療法と呼び、また、その考え方にもとづくカウンセリングの取り組みを非指示的カウンセリングといいます。

そこで、このような取り組みを実践していくために、セラピスト（カウンセラー）として特に、次の3つの態度条件が重要とされています。

カール・ロジャーズ
1902〜1987
アメリカの臨床心理学者。カウンセリングの理論や技法の研究が、現在もなお引き継がれている。

図表2-2 ロジャーズによる自己概念と経験のとらえ方

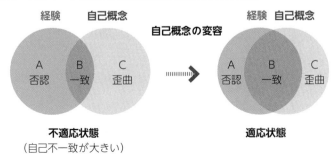

不適応状態
（自己不一致が大きい）

適応状態

①共感的理解

　カウンセラーが、クライエントの感じている世界を、あたかも自分自身のものであるかのように感じ取り、それを伝え返す関わりをいいます。ただし、同情することとは異なります。

②無条件の肯定的受容

　カウンセラーが、自身の価値観や志向にとらわれることなく、クライエントのあらゆる側面について、肯定的に受け止めることをいいます。

③純粋性

　カウンセラーが、クライエントと向き合う際に、自分自身が安定した状態であり、なおかつ、あるがままの自分でいようとすることをいいます。

３　行動理論

　この理論は、客観的、実証的に人間の行動をとらえる「行動主義心理学」の考え方を基本にしています。そのため、心の治療についても、人間の行動が観察可能な状態で望ましい姿に変容することを目標にしています。なお、この理論による心理療法である「行動療法」とは、一つの治療法を指すものではなく、この考え方に基づくさまざまな治療法の集合体の名称であると理解してください。

　まず、この考え方を理解するためには、心理学の世界でよく知られている２つの「条件づけ理論」を確認しておく必要があります。これに照らし合わせて、心の治療方法についても理解していきましょう。

①古典的条件づけ

　ロシア（ソビエト）の生理学者イワン・パブロフ*によって見いだされたものです。パブロフは、犬を使って図表2-3のような実験を行っています。犬は通常、エサを与えようとすると唾液をだします。しかし、犬にベルの音を聞かせても、通常は唾液をだすことはありません。そこでパブロフは、エサを与えようとする際にベルの音を鳴らす、ということを繰り返し行いました。するとある日、犬はベルの音を聞いただけで唾液をだすようになりました。すなわち、「ベルの音を聞く」ことと「唾液をだす」ことの間に新たな関係性が生じたのです。これを条件づけの成立（条件反射）といいます。しかし、この現象は、犬の意思によって唾液がだされた

図表2-3　パブロフによる条件反射実験

イワン・パブロフ
1849〜1936
ロシアの生理学者で消化生理学を研究。1904年にノーベル生理学・医学賞を受賞している。

図表2-4　系統的脱感作法の事例

(不安レベルの最も高い出来事を100として、軽度な内容から徐々に生理的反応の除去を経験する)

不安レベル (SUD)	不安の内容	不安の程度
10	電車が来る直前に駅のホームに立つ	弱い
20	スケジュールがつまり仕事に追われる	
30	歯科診療のいすに座る	
40	1時間以上の会議に臨む	
50	満員のフェスティバル・ホールにいる	
60	2時間以上運転する	
70	トイレのない急行列車に乗る	
80	トイレのない満員の急行列車に乗る	
90	渋滞する満員の高速バスに乗る	
100	すしづめの地下鉄に乗る	強い

プラスワン

系統的脱感作法
精神科医のウォルピによって開発されたもので、不安や恐怖を感じた際に生じる生理的な反応(動悸、筋肉の硬直など)を除去する訓練をし、恐怖・不安対象に対し、段階的に慣れていくことで治療する方法である。

ものではありません。いわば、その環境あるいは条件下で成立した現象です。したがって、人間もまた、自分の意思とは関係なく生じる望ましくない反応や行動を、この原理を応用して抑制したり、除去したりすることも可能だと考えられます。その一例が、行動療法の代表的な技法の一つ、「系統的脱感作法」(図表2-4)です。

②オペラント条件づけ

アメリカの心理学者バラス・スキナー＊によって見いだされたものです。スキナーは、レバーを押せばエサがでてくるという仕掛けが備えられた実験箱を用意し、その中に空腹のネズミを入れました。はじめネズミは、箱の中をやみくもに動き回っていたのですが、やがて偶然レバーに接触したことでエサを得ると、しだいにレバーへの接触頻度が増して、レバーを押し続けるようになりました(図表2-5)。この実験から明らかになった知見は、ある行動に対して好ましい結果(報酬など)が得られた場合、その行動は繰り返されるようになるというものです。したがって、人間でも、報酬や成功感、満足感などが得られた場合、その行動が繰り返されたり、望ましい状況が定着したりするものと考えられます。行動療法でも、適応行動に対しご褒美を利用する「トークン・エコノミー法」など、この原理を応用した心理療法がいくつか考えだされています。

これらの考え方をすぐさまカウンセリングに活かすことは、高度な知識

バラス・スキナー
1904〜1990
アメリカの心理学者。行動分析学の創始者で、行動主義心理学という客観科学としての心理学分野に大きな影響を与えている。

図表2-5　スキナーによるオペラント条件づけの実験

や技能が必要なこともあり、難しいかもしれませんが、たとえば、カウンセラーからの賞賛や励ましによって、クライエントに望ましい行動が生じたり、それが維持されたりすることも考えられます。

▆4▆ 論理療法の理論

アメリカの心理学者アルバート・エリス*によって提唱されたものです。彼によれば、私たちの悩みや心の病気は、起こった出来事や刺激そのものに原因があるのではなく、それをクライエントがどのように受け取ったかという認知によって生じると説明しています。すなわち、悩みの原因は、私たち自身の心の働きによるということです。このことを具体的に説明するために、彼は「ABC理論」という考え方を提唱しています（図表2-6）。

まず、私たちの生活のなかで、何らかの悩みに至りそうな出来事（Activating event）が生じたとします。確かに私たちが生きている限り、不運な出来事ぐらいは誰にでも生じるものです。これに対し、私たちは、その出来事を受け止め、何かを感じ取る（Belief）ことになります。これを信念と呼びます。その結果（Consequence）、強い不快を感じる人もいれば、あっさりと受け流してしまう人もいます。もしかすると、発想の転換でラッキーやチャンスととらえる人さえいるかもしれません。

さて、このプロセスから理解できることですが、心の病気の分かれ目になるのは、実はBeliefの部分からだと考えられます。もし、出来事にうまく対処する発想や合理的な考え方（Rational Belief）が生じていれば、その結果（Consequence）、心の状態は「健康」のはずです。しかし、Beliefの部分で不適応的で非合理的な発想（Irrational Belief）が生じてしまえば、結果的にそれが「心の病気」につながるというわけです。ですから、論理療法が適用できる場合では、このクライエントのBeliefに注目し、Irrational BeliefをRational Beliefに転換できるよう、論駁*（Dispute）することを試み、治療を行います。

ここから、カウンセリングに活かせることは多く想像できそうですが、まずは、私たちのものの見方には、「多面性」があることを自覚する必要

👤

アルバート・エリス
1913〜2007
アメリカの心理学者。心の病気に対する短期治療法の開発に挑み、そこから認知行動療法という分野の基礎を築いている。

📖 語句説明

論駁

「相手の論や説の誤りを指摘して攻撃すること」が本来の意味だが、ここではクライエントのゆがんだり偏ったりした考え方を、問いつめて納得させる関わり方をいう。

図表2-6　論理療法のABC理論

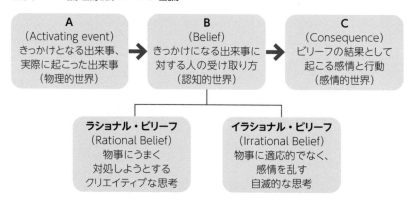

があります。私たちは、とかく相手の発言内容を疑うことなく、時には一方的に「事実」として認識してしまうことがあります。しかし、言葉の背後に異なる感情があることも考えられるでしょうし、あるいは複数の人間関係のなかで生じたことであれば、さらに真実を見いだすことが難しくなります。なかには、自分のなかで勝手に誤解や曲解が生じることがあるかもしれません。ですから、カウンセリングにおいては、常にクライエントのBeliefをとらえるように心がけたいものです。

5 その他のカウンセリング理論

上記以外にも、家族療法（図表2-7）や交流分析、アドラー理論など、さまざまな心理療法が現代のカウンセリングの理論につながっています。このようなさまざまな知見を参考にしながら、より有効な相談方法を考えていけるようになりましょう。そして、私たちは、一つの理論や考え方だけにとらわれることなく、クライエントに応じてベストな方法をうまく取り入れていくという「折衷主義」であることが望ましいといえるでしょう。

図表2-7　家族療法における円環的因果律の考え方の事例

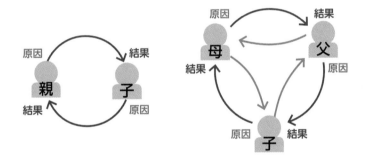

ディスカッションしてみよう！

同じクラスになったAくんは、「なぜかクラスになじめないんだ。友達もできないし、学校に来るのがつらいんだ」と学級委員のあなたに話してくれました。あなたは、どんな相談援助の方法を考えますか？　これまでに学んだカウンセリングに関するさまざまな理論をもとに考え、話し合ってみましょう。

たとえば・・・

3 　教師がカウンセリングに携わるには

　本講では、カウンセリングがどのようなものであるか、また、その背景に、精神分析や行動理論などさまざまな心理療法についての理論が活かせるということについて学びました。そこで、教師がカウンセリングに携わるにあたっては、「生徒指導提要」にも説明されていたように、「発達支持的教育相談」や「課題予防的教育相談」の考え方のもと、日頃から学校内外のさまざまな機会を通じて児童・生徒との信頼関係を築きながら、困ったときにはいつでも相談ができるという気持ちを育んでいく、いわば「心の育ちを支えるカウンセリング」という考え方や取り組みが、まず望まれます。そのうえで、課題解決が困難な事案が発生したときには、個別あるいはグループでのカウンセリングを実践していくことになります。これにあたり、以下の内容についても留意しておくとよいでしょう。

（1）まずは、本人の主張を十分に聞き、その視点からの受け止めや考え方を理解するように努めましょう。

（2）本人の受け止め方と、関係者あるいは周囲のとらえ方が異なることもあるでしょうし、相互に誤解しているのかもしれません。教師であるあなたは、他の教師と共に考え、客観的な事実の理解に努めましょう。

（3）課題解決は「裁判」ではありません。一方的に正誤を示すのではなく、当事者の心情、納得できる可能性を考えて、妥当かつ肯定的な目標の設定に努めます。ただし、法律や人道に反することは、適切に指導する必要があります。

（4）課題解決の最終目標は、当事者を含め、児童・生徒の誰もが心身共に健やかな状態で学校生活に参加できることにあります。保護者もまた、学校に対し信頼と納得をもって児童・生徒を送りだせるようにできることが求められます。

（5）児童・生徒の発達状況や環境によっては、完全な解決は困難かもしれません。しかし、それもまた「社会に生きることの現実的な意味」を学ぶ機会としてとらえることも必要であると考えられます。

　さらに、次の講では、このようなカウンセリングを実践するにあたって必要な技法について学んでいきます。この講で述べた「理論」と、次の講で述べる「技法」は、カウンセリングを実践するための両輪であるといえます。どちらも大切であることをよく理解して、次の講の学習に臨んでください。

スクールカウンセラーってどんな人？

　現在、日本の多くの学校にスクールカウンセラーが在籍していますが、スクールカウンセラーとは、どのような立場の仕事なのでしょうか。

　まず、スクールカウンセラーが学校に配置されるようになったきっかけは、1995（平成7）年度の旧文部省による「スクールカウンセラー活用調査研究委託事業」からです。当初は、全国154校を対象に、各都道府県の公立の小学校、中学校、高等学校へ心理職専門家としてスクールカウンセラーの派遣が行われました。その後、2001年度に「スクールカウンセラー活用事業補助」へ発展し、本格的に制度化されるようになりました。これにより、スクールカウンセラー配置・派遣校は全国に約2万9,000校となり、現在もなお、すべての学校への配置・派遣に向けて整備が進められています。

　文部科学省によって定められた「スクールカウンセラー」の資格要件は、現在のところ、次の5つのうちいずれかとされています。

（1）公認心理師

（2）臨床心理士（公益財団法人日本臨床心理士資格認定協会）

（3）精神科医

（4）大学教員（児童・生徒の心理に関して高度に専門的な知識及び経験を有する者）

（5）都道府県又は指定都市が上記の各者と同等以上の知識及び経験を有すると認めた者

　また、スクールカウンセラーに準ずるものとして、「学校心理士」や「臨床発達心理士」など心理学関連の資格を有する者も、実績やその立場に応じ、対象に含まれます。実際は、各教育委員会によって採用基準が異なり、各自治体のニーズによって任用されるものなのですが、その実態は非常勤職員として採用されていることが多く、常勤の教職員と同様に勤務できているスクールカウンセラーはまだまだ少ないようです。なお、スクールカウンセラーの多くは、教員免許状を取得していません。スクールカウンセラーは、学校のなかで、教師とは別の「第三者的・中立的存在」であることが、立場の重複が生じないという点で望ましいとされています。

　社会の問題が複雑化していくなかで、心の問題はますます重要視されていますが、学校におけるさまざまな相談の担い手がどうあるべきなのかは、難しい問題とされています。もし教師が、心の問題を専門的に扱うようになるのならば、研修の実施や役割の拡大など、負担がさらに増加します。一方で、スクールカウンセラー以外に、スクールソーシャルワーカー（福祉の専門家）も、教育現場に専門スタッフとして携わるようになってきています。教職員もこのような専門スタッフとうまく連携しながら、児童・生徒や保護者がよりよく学校生活に参加できるように考えていきましょう。

復習問題にチャレンジ

①カウンセリングに関する記述について誤っているものはどれか。次の1〜5の中から1つ選べ。

1　面接者と相談者との間に調和的な信頼関係が構築され、安心して感情的交流が行える状態のことをラポールという。

2　ロジャーズ（Rogers, C. R.）は、相談者の感情の動きを相談者の枠組みに従って、あたかもその人のように、理解することを共感的理解と呼んだ。

3　エリス（Ellis, A.）は、相談者に診断や指示をし、相談者の話に耳を傾け、教授的な関係をつくることを重視する非指示的カウンセリングを提唱した。

4　ウィリアムソン（Williamson, E. G.）は、科学的方法による診断と治療を重視する指示的カウンセリングを提唱した。

②次の文章は、カウンセリング及び心理療法に関する文章である。A〜Dについて、正しいものを○、誤っているものを×としたとき、その組合せとして正しいものはどれか。

A　ベックが創始した論理療法では、不適応につながるような感情（落胆、絶望など）の前に、個人独特の論理（信念）があり、その論理（信念）を変えることにより不適応の改善を図ろうとする。つまり、援助者が相談者の信念の妥当性を問題として取り上げ、論駁することを通して、相談者が合理的な信念を得ていくと考える。

B　クライエント中心療法を創始したロジャーズは、クライエントとカウンセラーとの関係が六つの条件を満たしさえすれば、建設的な人格変化に至る変化が起こると述べており、そのうちの三つが無条件の肯定的配慮、共感的理解、自己一致である。このうち、自己一致とは、カウンセリングの場面において、カウンセラーが自身の感情を否定せずに、受け止めることであるとされている。

C　カウンセリングにおける無条件の肯定的配慮とは、「○○するほうがよい」と、考え方や行動の仕方に具体的に助言を与えることである。例えば、友だちができないで悩んでいる相談者に対し、その原因が「何でも自分の思い通りに事を進めたがる」ことにあると判明したような場合、「友だちの思いや言い分をよく聞いて、それにときどき同調してみるとよい」とアドバイスしたりする。

D　ラポールとは「人の和、思いやり」を意味するフランス語から取り入れられた英語である。カウンセリングは、来談する相談者に援助者への反発や否定的感情が存在していたのでは成立しない活動である。援助者が、「自分はあなたのために役立ちたいと思っている。そのために私に何かできることがあれば、話を聞かせて下さい。」などと発話するのは、相談者との間にラポールを形成するためである。

	A	B	C	D
1	○	○	×	○
2	○	×	×	×
3	×	○	○	○
4	×	○	×	○
5	×	×	○	○

ノートテイキングページ

学習のヒント：オペラント条件づけが教育で活かせる場面を考えて、まとめてみましょう。

カウンセリングの技法

理解のポイント

相談は、カウンセラーとクライエントとのコミュニケーションがあってはじめて成立するものです。クライエントが自分の思いを十分に説明できるよう効果的な質問を行ったり、相手の発言を受け止め、振り返りを促したりするなど、カウンセリングにはさまざまな技法があります。本講では、このうち基本的な技法について理解しましょう。

1 教育相談の実践とカウンセリング技法

　どれほど教師としての情熱をもち、児童・生徒や保護者を思いやる気持ちがあったとしても、交わす言葉や態度などが適切でなければ、望ましい相談は成立しません。また、特に学校での教育相談などの場合は面談時間が限られることが多く、時間内に有意義な話し合いを行うためにもコミュニケーションのスキルを意識することは有効です。そこで、教師を志すみなさんも「カウンセリングの技法」を理解することで、教育相談を効果的に実践できるよう体験的に学んでいきましょう。

　カウンセリングの技法には、2節以降に示されるさまざまなものがあります。

2 非言語的コミュニケーション技法

　相談の場面では、言葉の内容以外からも、クライエントのさまざまな心情を理解することができます。たとえば、視線や身振りなどのような、行動の特徴などが挙げられます。これらは、一義的に心情を特定できるものではありませんが、何らかの心情の変化を察することができます。

1 クライエントの視線について考えてみよう

　何かを思いだそうとしたり、考えごとをしたりするとき、あなたの視線はどちらの方向に向くでしょうか。斜め上を向く人、下を向く人などいろいろいると思います。

> 話すときの癖は人によってさまざまですよね。その個性を知るのも、クライエントの理解には大切です。

ワーク 自分の視線の向きを描いてみよう!

あなたが、「ええっと……」と何かを思いだそうとしたり、考えたりするとき、視線はどちらを向いていますか？　実際にやってみながら、下の図に黒目を描いてみましょう。

　では、あなたが教師であったとして、来談者である保護者や児童・生徒が面談中に先ほどのような視線に変化した場合、どう対応するのがよいのでしょうか。

　一般的にカウンセリングの初期段階では、多くの場合クライエントは、自分の思いや悩みなどを思いだしながら、うまくカウンセラーへ伝えられるように言葉を選び、発話文を組み立てようとします。その状況を考えると、カウンセラーには、クライエントが思いをうまく言葉にできるよう、「待つ」関わりが求められます。このように、クライエントの視線の変化によって、配慮すべきことが考えられるわけです。

　視線から心情を察する方法について、ほかにも考えてみましょう。

　たとえば、カウンセリングの場面では、カウンセラー、クライエントいずれの立場でも、「目が合う」と安心する、と考える人が多いと思います。しかし、一度試してほしいのですが、本当に相談相手とずっと目を合わせながら話ができるものなのでしょうか。

ワーク 隣の席の人と「1分間自己紹介」をやってみよう!

まずは、隣の人と対面で座ってみましょう。そこで、じゃんけんをして勝ったほうが、はじめに1分間相手の目をしっかりとみて自己紹介をしてみてください。負けたほうは、相手の目をそらさずにしっかりとみて自己紹介を聞いてみましょう。そして1分間たったら、今度は交代してやってみましょう。

　いかがですか。安心感より、むしろ強い圧迫感を感じた人が多いのではないでしょうか。

　一般的に、会話のなかで目が合うタイミングというものを考えてみると、

「確認をする」「同意を得る」「訴えたい気持ちを伝える」「いったん時間をとりたい」など、そこに何らかの意図を含んでいる場合が多いものです。

また、「視線がまったく合わない」、または「合いすぎる」ときにも、何らかの意識があるものと考えられます。たとえば、まったく視線が合わないときには、「不信感」「拒否感」などが考えられますし、合いすぎてしまうときには、「依存心」「不安感」なども想像できます。

もちろんこれらには、癖や個人差がありますから、相談を続けるなかで、「何かいつもと違うな」という変化に気づくことが大切です。

2 行動の原因を考えてみよう

カウンセリングの場面では、そのほかにも、クライエントの発話内容以外から「心情を察する」という取り組みが多く行われています。

まず、「来談時の行動に関わること」から考えてみましょう。たとえば、カウンセリングルームへ約束の時刻に繰り返し遅れてやってくるクライエントは、もの忘れが生じやすい疾病でもない限り、多くの場合、「相談に消極的である」と考えることができます。では、約束の時刻よりもかなり早くやってきて待っている児童・生徒からは、どんな心情を想像できますか。

あるいは、「面談中の行動」についても考えてみましょう。話の途中で突然沈黙してしまうクライエントがいたとします。そのときあなたは、どのように気持ちを察して、どんな対応を考えますか。

おそらく、いろいろな推測が可能なのではないでしょうか。このように、面談の前後や面談中にもさまざまな行動がみられ、発話内容以外からも心情を察することができるものです。もちろん、これらも一義的に解釈できるものではありませんが、以下にその事例を挙げてみます（図表3-1）ので、参考にしながら、「行動から心情を察する」という取り組みにも留意しましょう。

図表 3-1　面談中の行動から察することのできる心情と対応の例

(Cl. はクライエント)

	面談中の行動	考えられる心情の例	対応例
来談時刻	遅れてやってくる	消極的、怠惰	面談への積極性を確認する
	早く来て待っている	発話意欲が高い、神経質	Cl. のペースでの面談を試みる
沈黙	想起する行動がみられる	想起、言葉の選択、説明の組み立て	待つ、話しやすい雰囲気づくり
	拒否的な行動が伴う	発話意欲が低い、不快感	面談の継続意欲を確認
着座の姿勢	前傾姿勢　いすに浅く座る	積極的、好意的、発話意欲が高い	Cl. のペースでの面談を試みる
	後傾姿勢　いすに深く座る	受け身、消極的、警戒心	ラポールの形成に努める
特徴的な行動	腕を組む	警戒心、受け身	ラポールの形成に努める
	足を組んで前に出す	安心感、開放的	積極的に話題を展開する
	うつむいている	落ち込み、不安感、消極的	受容的な対応に努める
	涙ぐむ	悲嘆、核心や琴線にふれている	穏やかかつ受容的に努める

これはあくまでも考えられる心情の例と対応例ですので、絶対的なものではありません。

3 質問の技法

「質問」は、カウンセリングの場面で最も重要な関わりの一つです。

カウンセリングの過程を考えるうえでも、クライエントからの情報を収集したり、クライエントが心に抱いている思いを吐露する機会を設けたり、課題解決へ向けた相談過程や内容を確認したりすることなどを可能にします。そのほかにも、クライエントの発話意欲の促進、クライエントへの積極的関心の表現など、さまざまな目的があります。ここでは、質問に関する基本的な技法とその留意点について理解しましょう。

質問は、単なる情報収集のためだけでなく、いろいろな目的があるものなのですね。

1 開かれた質問／閉ざされた質問

開かれた質問（Open Question：OQ）とは、たとえば、「あなたは、なぜ腹を立てているのですか?」などのように、相手が自由に長くも短くも返答できる質問の形式をいいます。

一方、閉ざされた質問（Closed Question：CQ）とは、たとえば、「あなたは、今悲しいのですか?」などのように、相手が「はい」「いいえ」など短く応答できる質問の形式をいいます。

このようにカウンセラーは、相談の展開や場面に応じて、質問のしかたを意識して使い分けるようにしています。

ワーク OQ/CQの使い分けを練習してみましょう。

（1）次の質問文は、OQでしょうか、CQでしょうか。

・久しぶりだね。最近はどうしているの?（OQ/CQ）

・一人暮らしには、もう慣れたかな?（OQ/CQ）

・そういえば、先週の宿題はちゃんとできましたか?（OQ/CQ）

・お父さんの帰宅はいつも何時くらいですか?（OQ/CQ）

・なぜ、あなたは「いつもさびしい」と感じてしまうのでしょうか?（OQ/CQ）

（2）次のテーマで、OQの質問文、CQの質問文をつくってみましょう。

・「朝ご飯をきちんと食べているのか」尋ねてみたい。

（OQ）_____

（CQ）_____

・「試合に負けてくやしいのか」本心を聞いてみたい。

（OQ）_____

（CQ）_____

　相談時間が定められている場合、時間内に有意義な相談ができるように、ある程度、相談の展開をイメージしておくことが望ましいと考えられます。その一つの観点として、クライエントの「発話意欲」からOQ/CQの使い方を考えてみましょう。

（例1）「今日は先生に思い切りいいたいことをいおう」と意気込んで来談したクライエントの場合（Coはカウンセラー、Clはクライエント）

> Co：最近はいかがですか？
> Cl：もう、腹が立って怒りが収まらないんです。先生、聞いてください。実は……

　このように、発話意欲が高いクライエントの場合、OQによってたくさん発話しやすいように心がけるとよいでしょう。また、これによって、クライエントにはストレスの浄化作用（カタルシス）にもなることがあります。ただし、このままでは話題が拡散してしまい、課題解決に向けた進展につながらないことも考えられます。そこで、面談終了時刻に近づいたら次のように展開することもできます。

> Co：そろそろ終わりの時刻が近づいてきましたが、今日、たくさんのお話を伺ったなかで最も腹が立っていたのは、最近お子さんの帰宅時間が遅いということなのですね？
> Cl：そうです。先生、わかっていただけますか。

　このように、まとめの展開で確認の意味を込めたCQを意識的に用いることにより、論点の整理や次回のカウンセリングへの展望を考えることができるのはもちろん、共感性の高まりも期待できます。

　以上、発話意欲の高いクライエントの場合、OQ→CQという相談の展開をイメージするのも一つの方法です。

（例2）「今日はカウンセリングに行きたくもないし、特に話すこともないんだけどなぁ……」と、しかたなく来談したクライエントの場合

> Co：最近、調子はどう？
> Cl：別に……。普通。
> Co：そうか……。お父さんとは、あれから話ができたかな？
> Cl：ううん。
> Co：そうなんだね、やっぱり。「お母さんが間に入ってくると話がややこしくなるから、家では話したくない」っていってたものね。
> Cl：そう。この前も、いちいちうるさいことをいってきたし……。
> Co：ああ、それは腹も立つよね。何があったの？
> Cl：じゃあ、まあ……。この前の日曜日のことなんだけど……

クライエントは、もともともっている性格や個性、さらに、その日の気分などによって、発話意欲や積極性に違いがみられることもあります。

このように、発話意欲が低いクライエントについては、CQを優先的に用いることによって、会話が成立しやすくなることがあります。はじめにCQを多用しながら、クライエントの発話可能性を探っていき、そこから関心が少しでもありそうな話題を展開するというCQ→OQの考え方です。

実は、開かれた質問（OQ）と閉ざされた質問（CQ）では、クライエントにとって認知的な負荷がかなり違うのです。OQの場合、伝えるべきことを「思いだして、言葉を選び、わかってもらえるように文を組み立てて……」と、回答するにも重い認知的な負荷が要求されます。しかし、CQの場合、まずは「はい」「いいえ」と反応するだけでよいわけですから、認知的な負荷は比較的軽いといえます。

もちろん、そこにはクライエントのさまざまな思考や感情が入りますから、発話意欲が低いことに対し共感的な対応をするなど、多様な関わり方があります。それでも、このような質問のしかたを配慮してみることで、クライエントが少しでも話しやすくなることがあるのです。

では、クライエントの課題解決に役立つために、質問をする際には、どのような点に気をつけるとよいのでしょうか。

①質問の心構えと注意

第一に、「カウンセラーのクライエントに対する積極的な意識」が求められます。カウンセラーの質問の背景に、「私はあなたの人生や考え方に関心がある」という意識があれば、言葉の内容やイントネーションなどが適切なものになります。逆に、カウンセラー自身が懐疑的、消極的な感情を抱いていれば、それもまた表現されてしまうことがあるのです。前講の「カウンセリングの理論」にも書かれていたように、カウンセリングは、カウンセラーとクライエントの相互の信頼関係（ラポール）の成立によって、真の課題解決に向かうことができるのです。

第二に、「その質問は、クライエントの課題解決に本当に役立つのか？」をよく考えることです。たとえば、クライエントのプライベートな情報を、カウンセラーが単なる興味本位で聞いていては、クライエントは「なぜそのようなことを聞くのか」と懐疑的になりがちです。そのようなことを防ぐために、カウンセラーは「相談の展開に見通しをもつ」ということも大切です。「今はクライエントにじっくりと内省してもらったほうがいいのかな」とか、「今はまず、思いを発散してもらおうか」など、はじめに望ましい状況を考えてみます。さらに、「話しながら、やがて自分にも非があったことに気づくんじゃないかな」「しばらくすると、自分を冷静に客観視できるようになっていくんじゃないかな」など、その展開に資する質問を考えていくのです。これらは高度な内容かもしれませんが、「すべてはクライエントの課題解決のため」と考えることで質問のしかたも変わってくるものです。

②5W1Hを意識してみよう

いうまでもなく、いつ（When）、どこで（Where）、誰が（Who）、何を（What）、なぜ（Why）、どのように（How）を指します（図表3-2）。カウンセリングの場面で、場当たり的な質問を繰り返しても、課題解決に向けて有効な展開にならないことがあります。そこで、「今、自

> 「ラポール」とは、カウンセラーとクライエントの信頼関係を意味するもので、カウンセリングが成立する基本となります。

5W1Hは、カウンセリングだけでなく、ビジネスシーンなどでも重要とされています。

図表3-2　5W1H

分は、クライエントのためにどんな質問が必要なのかを知ってどうしたいのか。さらに、どんな相談の展開を考えているのか」を、５Ｗ１Ｈをうまく利用して考えると、効果的な質問が可能となります。

 4　反映技法

　反映技法は、クライエントの発話を受け止める、いわば「応答」の技術です。カウンセラーが適切な応答の態度を示すことができれば、クライエントの発話意欲や、課題解決への意欲の向上につながり、さらに、信頼関係を高めることもできます。しかし逆に、クライエントが好意的に、あるいは一生懸命に話をしてくれていても、カウンセラーの受け止め方が不適切であれば、クライエントの発話意欲も失せるでしょうし、カウンセラーへの不信感につながることもあります。

　ここでは、反映技法の例を具体的に紹介していきますが、読み進めていくなかで、「これは常識的な対応で、意識する必要などないのではないか」と感じる人も出てくるかもしれません。しかし、気をつけてほしいのは、それが「適切な応答の態度なのかどうか」を決めるのは、自分ではなく、あくまでもクライエントだということです。たとえば、自分がきちんと応対しているつもりでも、クライエントにはぶっきらぼうに聞こえることもあり得ます。ですから、日頃から、友達にみてもらうなどして、意識することも大切です。

■1■　最小限の励まし

　多くは、「うなずき」「相づち」に相当します。クライエントの発話に対し、カウンセラーが適切にうなずくことによって、クライエントは話を続けやすくなります。また、うなずきの表現によって、内省を促したり（例：「う～ん」）、詳細な説明を求めたりする（「んっ？」）ように展開できることもあります。ただし以下のようなこともあり得ますので気をつけてください。

●うなずきが多い→圧迫感、懐疑的（例：本当にわかっているのかな）
●うなずきが少ない→不安感、ぞんざい感（例：ちゃんと聞いているのかな）
●不適切なうなずき→不信感、信頼関係の喪失

2　感情語の反映

　クライエントの発話に対して、その行動に伴う感情を理解し、それをクライエントに応答する技法です。たとえば、「昨日、大好きなアーティストのコンサートのチケットを買っていたのに、ゼミの時間が長引いて行けなかったんですよ」という発話に対して、「それは『悔しかった』でしょう」というような応答です。相手の感情を的確につかみ、それを伝え返すことで、共感性の高まりが期待できます。

> **ワーク**「感情語当てゲーム」をやってみよう！
> 　２人１組で実施します。まず、お互いに見せないようにして、最近あったエピソードを３つ書き出し、さらにこれに対応する感情語を書きます（例：昨日、阪神一巨人戦の観戦チケットをもっていたのに、雨天中止になっちゃった→「悲しかった」）。出来上がったら、じゃんけんをして勝ったほうから１つエピソードを紹介します。これに対し、負けたほうは、相手が書いている感情語を当ててみます（例：その言葉は「悔しかった」ですね？）。
> 　さあ、相手の感情語をいくつ言い当てることができるでしょうか。試してみましょう。
>
>

3　繰り返し

　クライエントの発話のなかから、重要と考えるキーワードを見いだし、それを伝え返す技法です。前述した「感情語の反映」と重複する内容でもあります。この応答によって、カウンセラーがしっかりとクライエントの話を聞いていることの表明にもなりますし、クライエント自身の思考の整理を支援することにもつながります。

4　明確化

　クライエントが、思考の整理がつかないなどの際、まだ言葉にできていない言葉を先取りして伝える技法、いわば「察する」技法です。
　たとえば、生徒から「先生は中学生のとき、部活動をやめたいと思ったことはありますか」と尋ねられたとします。通常の返答であれば、「あるよ」か「いや、ないね」のいずれかだと思います。では、なぜこの生徒は、教師であるあなたにこのような質問をしてきたのでしょうか。一つの考え方として、生徒が「今、部活動をやめてしまいたい」と思っているのかもしれません。そこで、「ある」「ない」ではなく、「どうしたんだ。きみは部

明確化による応答
では、もし、隣の席の
友達に、「ねえ、あな
た、今、スマホ持って
いる?」と尋ねられた
ら、明確化で応答する
場合、どのような返答
内容になるだろうか?

活動をやめたくなっちゃったのか?」と気持ちを先読みして伝え返します。このような関わりによって、クライエントが思い切って相談してみようと前向きな気持ちになれる可能性や、共感性の高まりが期待できます。

5 その他のカウンセリング技法

1 自己開示

　カウンセラーが、自分の想いや考え方をオープンにすることをいいます。たとえば、カウンセリングの場面で話題になっていることについて、自分の経験談などを語るのもその一つです。「実は、私も子どもの頃は……」などのように、自分のエピソードを話してみます。すると、悩み苦しんでいたクライエントが、「なんだ、自分だけではなかったんだ」「自分の気持ちを理解してくれている人もいるんだ」と感じることができ、親近感や救われた気持ちなどが生じることも期待できます。

　ただし、これから教師になろうとするみなさんには、一つ気をつけてほしいことがあります。「自己開示」が、その状況で本当に適切な技法や内容なのかを考えるようにしてください。たとえば、クライエントが話すことを恥ずかしがっている、ためらっているときに、安心してもらうために使用する、というのであれば有効といえます。カウンセリングは、あくまでもクライエントの課題解決が第一であって、カウンセラーの過去を自慢する場ではありません。ベテラン教師になるほど、このような傾向が高まるともいわれています。ですから、「今、自己開示が本当にクライエントのためになるのか」をよく考えて、適切に使用するようにしましょう。

「自己開示」は教師としてとても大切な関わり方ですが、場面や話題の流れなど、「適切性」も意識する必要がありますね。

2 受容

　カウンセラーが自分の価値観を排除して、クライエントの立場に寄り添って発話する技法です。たとえば、「私、なんだか頭がおかしくなってきちゃった」というクライエントの発話に対し、「そんなことないよ。大丈夫だよ」というのが通常の応答だと思います。しかし、大丈夫というのはカウンセラー側の勝手な判断です。

　そこで、「そうか、今、そう思えてしまうくらい悩んでいるんだね」と、クライエントの気持ちをそのままに受け止める関わりが受容です。

　このほかにも、積極技法として、指示や助言、解釈や対決などさまざまなものがあります。これらはすぐに習得できるものではありませんが、知っておく、あるいは意識できるということだけでも、有意義な面談として活かすことができます。教師はプロのカウンセラーではありませんが、児童・生徒や保護者との面談にあたり、積極的な問題解決に向けて利用可能な知見をぜひ意識してみましょう。

マイクロカウンセリング

　この講で最初に説明した通り、カウンセリングを有意義な機会とするためには、相手の心情を理解できるだけでなく、「よく聞き」「よく洞察し」「うまく伝える」というコミュニケーションの技法を意識することも大切です。この技法と効果を体系的に考え、モデルを構築し、教育プログラムとしてまとめたものの一つが、「マイクロカウンセリング」というものです。

　これは、アメリカのカウンセリング心理学者である Allen E. アイヴィ博士が開発を手がけ、日本では、導入者の福原眞知子先生（日本マイクロカウンセリング学会）をはじめ、多くのカウンセリング研究者がこれを学び、さらに発展的に教育研究と普及に努めています。

　以下は、日本マイクロカウンセリング学会のホームページ（http://www.microcounseling.com/）で公式に説明されている内容ですので、これを尊重し、そのまま紹介したいと思います。

　「マイクロカウンセリングとは、一言でいうならば、カウンセリングの基本モデル（メタモデル）です。マイクロという言葉に表われているように、コミュニケーションの形をひとつひとつ技法と命名し、目に見える形で習得できるようになっています。

　カウンセリングや心理療法にはさまざまなアプローチがありますが、マイクロカウンセリング技法を学ぶことによりそれらを再認識することができ、面接のスタイルを意図的に構造化することも可能となります。こうして、マイクロカウンセリングは統合モデルとしてカウンセリングの学習者にとり大切な学習課題の一つとなっています。」

　具体的には、カウンセリングや人間関係のなかから導き出された技法のユニットが階層表（右図参照）として構成されており、これを解説→モデリング→練習→フィードバックという一連の体系的な学習法によって一つずつ習得し、さらにこれらの統合を図るように考案されています。本講で紹介した技法のいくつかも、これらの考え方にもとづくものなのです。

個人的
スタイルと
理論をきめる

技法の統合
ー異なった理論では異なったパタンの技法の使用法になる
ー異なった状況下では異なったパタンの技法の使用法を要求される
ー異なった文化的なグループは異なったパタンの技法の使用法をもっている

積極技法
（指示、論理的帰結、解釈、自己開示、助言、情報提供、説明、教示、フィードバック、カウンセラー発言の要約）

意味の反映

焦点のあてかた
（文化に・環境に・脈絡に）
（クライエントに、問題に、他の人に、私たちに、面接者に）

対決
（矛盾、不一致）

5段階の面接構造
面接を傾聴技法の連鎖のみで完結する
共感的理解の視点でそれを評価する

面接の5段階
・ラポート
・問題の定義化
・目標を設定
・選択肢を探求し不一致と対決する
・日常生活への般化

感情の反映
ー基本的傾聴の連鎖

はげまし、いいかえ、要約

クライエント観察技法

開かれた質問、閉ざされた質問

かかわり行動
（文化的に適合した視線の位置、言語追跡、身体言語、声の質）

民族的多重文化的要素・ウエルネス*

福原眞知子、A.E.Ivey &、M.Ivey(マイクロカウンセリングの理論と実践、風間書房)の許可を得て掲載

復習問題にチャレンジ

（奈良県　2014年）

①下のA〜Eの文は、教育相談で用いるカウンセリングの技法について説明したものである。A〜Eに該当する技法の正しい組合せはどれか。次の1〜6から1つ選べ。

A　丁寧かつ積極的に相手の話に耳を傾ける。よくうなずき、受け止めの言葉を発し、時にこちらから質問をする。

B　うまく表現できないものを言語化して、心の整理を手伝う。

C　児童生徒がかすかに言ったことでも、こちらが同じことを繰り返すと、自分の言葉が届いているという実感を得て児童生徒は自信を持って話すようになる。

D　反論したくなったり、批判したくなったりしても、そうした気持ちを脇において、児童生徒のそうならざるを得ない気持ちを推し量りながら聞く。

E　不適応に陥る場合には、自分の感情をうまく表現できない場合が少なくない。少しでも感情の表現ができたときには、同じ言葉を児童生徒に返し、感情表現を応援する。

1　A−傾聴　B−繰り返し　C−明確化　　　　D−受容　E−感情の伝え返し
2　A−受容　B−繰り返し　C−感情の伝え返し　D−傾聴　E−明確化
3　A−傾聴　B−明確化　　C−感情の伝え返し　D−受容　E−繰り返し
4　A−傾聴　B−明確化　　C−繰り返し　　　　D−受容　E−感情の伝え返し
5　A−受容　B−明確化　　C−繰り返し　　　　D−傾聴　E−感情の伝え返し
6　A−傾聴　B−繰り返し　C−感情の伝え返し　D−受容　E−明確化

（和歌山県　2014年）

②次の文は、「傾聴」について説明したものである。文中の（A）、（B）にあてはまる語句の正しい組み合わせを、下の1〜5から1つ選びなさい。

「傾聴」とは、カウンセリングやコーチングにおけるコミュニケーションスキルの一つであり、人の話をただ聞くだけではなく、注意を払って、より深く、丁寧に耳を傾けることである。「来談者中心療法」を創始したアメリカの心理学者（A）が提唱した技法で、相手の話を受容的・（B）的態度で聴くものである。

　　　　A　　　　　　B
1　フロイト　　　共感
2　フロイト　　　同情
3　ロジャーズ　　同情
4　ロジャーズ　　共感
5　ユング　　　　共感

ノートテイキングページ

・「感情語当てゲームをやってみよう！」など「ワーク」の内容を中心に、「相手の気持ちの察し方」について理解したことをまとめておきましょう。

・教育相談の場面をシミュレーションしながら、自分が心がけたいと思うことをメモしておきましょう。

学校における諸課題とその対応① いじめ

理|解|の|ポ|イ|ン|ト

いじめは、被害を受けた子どもが安心して教育を受ける権利を侵害し、心身の健康な発達を脅かすため、早期に発見して解決することが求められる深刻な課題です。本講で、いじめの種類やいじめの構造、いじめの加害者の心理について学び、教師として効果的ないじめの防止策を考えられるようになりましょう。

1 いじめの現状

1 いじめの定義

いじめは、2013（平成25）年に施行された「いじめ防止対策推進法」第2条において「児童等に対して、当該児童等が在籍する学校に在籍している等当該児童等と一定の人的関係にある他の児童等が行う心理的又は物理的な影響を与える行為（インターネットを通じて行われるものを含む。）であって、当該行為の対象となった児童等が心身の苦痛を感じているもの」と定義されています（→p. 55参照）。この法律における学校とは、「小学校、中学校、義務教育学校、高等学校、中等教育学校及び特別支援学校（幼稚部を除く。）」（第2条第2項）が該当します。したがって教師は、加害者が悪意を否定したとしても、その行為によって苦痛を感じた被害者が存在する場合には、「いじめ」として対応を行う必要があるということです。

さらに、「(1)いじめにより当該学校に在籍する児童等の生命、心身又は財産に重大な被害が生じた疑いがあると認めるとき。(2)いじめにより当該学校に在籍する児童等が相当の期間学校を欠席することを余儀なくされている疑いがあると認めるとき」（第28条）はいじめの「重大事態」に該当します。

2 いじめの種類

いじめは、その手口によっていくつかの分類があります。いじめの分類を知ることで、それぞれのいじめの特徴や児童・生徒に与える影響を詳細に知ることができます。ただし、いくつかのタイプのいじめが組み合わさ

れて同時に行われることもあります。

① 直接的いじめ

「叩く、蹴る」などの身体的攻撃、「悪口を言う、からかう」などの言語的攻撃によって、被害者の心身に直接的な苦痛を与えるタイプのいじめです。ネットいじめと比較して伝統的いじめと呼ばれることもあります。休み時間や授業中に子どもたちの様子を観察することが、早期発見につながります。

② 関係性いじめ

「無視、仲間はずれ、悪い噂を広める」など、親しい仲間内の対人関係や受容感に危害を加えるタイプのいじめです。教師からは加害者の攻撃行動が見えにくいため、いじめへの介入が遅れることがあります。親しい友人に裏切られる経験を伴うため、いじめを受けた際の心理的なダメージが大きいいじめです。仲間関係が固定化していて、他の仲間集団に移動しにくい環境で発生しやすくなります。

③ ネットいじめ

インターネットを利用して「悪口や個人情報をSNSや掲示板などに書き込む」「チェーンメールやなりすましメールで誹謗中傷を送る」などの行為により被害者に苦痛を与えるタイプのいじめです。オンラインゲームのグループチャットのなかで攻撃が行われることもあります。また、LINEなどのグループに被害者だけ入れない、被害者を誘わずに遊びに行った写真を共有して見せつけるなど、ネット環境を利用した無視・仲間はずれ（関係性いじめ）もみられます。ネットいじめは、学校を休んでも攻撃が回避できないという特徴があります。

3 日本のいじめの認知件数

図表 4-1 は 2013（平成 25）年度から 2022（令和 4）年度までの国内

図表4-1　いじめの認知件数の推移

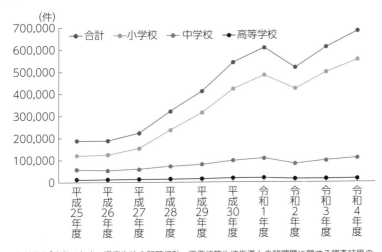

文部科学省「令和 4 年度　児童生徒の問題行動・不登校等生徒指導上の諸課題に関する調査結果の概要」2023年をもとに作成

のいじめの認知件数をグラフに示したものです。いじめの認知件数は、いじめの実際の発生件数とは異なり、教師がいじめを認識して報告した数を表しているため、いじめのアンケートなどが積極的に行われると増加する傾向があります。

2 いじめの集団要因

1 いじめの集団構造

　いじめは、加害者と被害者の二者関係のなかで成り立つものだと考えられていましたが、近年、いじめの現場には、加害者の周囲でいじめを面白がっている子どもたち（観衆）やいじめを見て見ぬふりをしている子どもたち（傍観者）が存在していることが明らかになってきました（図表4-2）。これをいじめの4層構造といいます（森田、2010）。このように、いじめのある学級では、子どもたちがさまざまな役割を担っていますが、この状態は、どの子どもたちにとっても安心して学べる環境ではありません。いつ自分が次の被害者に選ばれるかわからない空間で、周囲のようすを気にしながら生活しています。子どもたちがどのような状態にあるのか、次に具体的に説明していきます。

2 いじめと学級の集団規範

　集団規範とは、集団に共有されている明文化されていないルールのことです。学級で、子どもたちが同じ時を過ごすうちに、さまざまな暗黙の了解のルールが共有されるようになります。これに違反した行動をとると、集団規範に従うように同調圧力*がかかり、クラスメイトから「空気が読めない」などと批判されたり、冷たい視線を浴びたりすることになります。

　学級の集団規範がいじめを許容するほど、その学級の子どものいじめ加害傾向が高くなることが示されています（大西、2015）。いじめに否定的な集団規範のある環境では、誰かをいじめることはクラスメイトの期待を裏切ることになるため、いじめをすることに対して罪悪感が強くなります。多くのクラスメイトから批判的な反応をされてもいじめを続けたいという

図表4-2　いじめ集団の4層構造

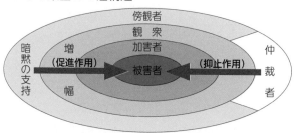

森田洋司『いじめとは何か——教室の問題、社会の問題』中央公論新社、2010年、p.132をもとに作成

図表4-3　いじめのある学級に所属する中学生へのインタビューの結果

いじめは日常	・いじめがあるのが普通 ・また悪口を言っている
いじめは娯楽	・楽しんでいる ・おもしろがっている
いじめに無関心	・自分には関係がないと思っている ・どうでもいいと思っている
関わりたくない	・注意したら自分もいじめられる ・あまり関わりたくないと思っている
いじめはこらしめ	・ざまあみろと思っている人もいる ・（被害者は）遅刻が多いから仕方がないと思っている
いじめは悪い	・ダメだと思っている ・いじめはないほうがいいと思っている
かわいそう	・かわいそうだと思っている
嫌	・楽しく過ごせないから嫌だと思っている ・いじめが嫌な人はずっと考えて悩んでいる

伊藤亜矢子編『学校で使えるアセスメント入門──スクールカウンセリング・特別支援に活かす臨床・支援のヒント』遠見書房、2022年の図をもとに作成

子どもは少ないのです。逆に、多くの子どもたちが多少のいじめなら許容する学級では、いじめが発生しやすくなります。

　図表4-3は、実際にいじめのある学級で、そこに所属する中学生全員に「クラスのみんなはいじめをどう思っていると思いますか」という内容のインタビューを行い、生徒たちの回答を意味ごとにまとめて、それぞれの具体例を示したものです。生徒へのインタビューでは「いじめには無関心」に分類された「クラスのみんなは、いじめは自分には関係がないと思っている」という内容の回答と、「いじめは娯楽」に分類された「クラスのみんなは、いじめを楽しんでいる」という内容の回答が最も多くみられました。この学級では、いじめを許容する集団規範が存在するといえます。

3　いじめを予防する学級運営

　いじめを予防するためには、学級でいじめに否定的な集団規範を維持することが大切です。担任の先生はうれしいときに一緒に喜んでくれる、納得がいく理由でしかってくれる、悪いことをしたらどの子どもも同じようにしかるなど、教師が受容的で親近感があり、自信をもった客観的な態度で子どもに接している学級では、集団規範がいじめに否定的になることが明らかになっています。そして、担任の先生は言うことを聞かないと成績を下げる、言うことを聞かない子どもを嫌うなど、子どもが教師による不適切な権力の行使を感じている学級では、こらしめることを目的とした制裁的ないじめや、自分とは異なる他者を排除するいじめ、娯楽としてのいじめが行われる傾向があります（大西、2015）。子どもは身近な大人であ

る教師の言動を観察し、モデルとして取り入れようとします。教師は自分の言動が子どもたちの対人行動に影響を与えるという自覚をもっていることが大切です。

 3 いじめの加害者の理解と対応

1 いじめと認知の歪み

Bandura（2002）は社会的学習理論から、人の攻撃行動を道徳不活性化というモデルで説明しています。このモデルによると、「人は自分の行動の是非を自己調整過程という心の機能で判断する」とされています。自己調整過程には、これまで学んできた道徳に関する知識や善悪の基準が情報として入っています。自分が予定している行動が自己調整過程によって「悪いこと」だと判断されれば、人はその実行を中止します。しかし、この自己調整過程に以下の7つの認知の歪み*が入ると、自己調整過程が不活性化し、人は善悪の判断を間違えることがあります（吉澤・大西・ジニ・吉田、2015）。

いじめの加害者は道徳不活性化が高いことが明らかにされていますが、傍観者も道徳不活性化が高いことがわかっています。いじめは悪いことだとわかっていても、「加害者に逆らっていじめられたくない」「どうせ自分には止められない」などの理由でいじめを制止できない傍観者が、良心が痛むことを防ぐために「被害者は○○だから、いじめられても仕方がない」などと認知を歪めてしまうのです。このように学級にいじめが存在すると、さまざまな立場の子どもたちに悪い影響を与えます。

教師は、いじめが生じた際に、被害者と加害者（及び観衆）双方の意見を公平に聞こうとする傾向があります。しかし、認知の歪みにもとづいた多数の発言に影響を受けて、「みんなが、あなたのことを迷惑に思っている」「加害者はあなたの過去の発言に怒っているそうだよ。まずはあなたが謝りなさい」などと被害者を責めるような対応をしないように十分に気をつけることが大切です。加害者側にどのような理由があっても、いじめという手段で問題を解決することは間違っています。

〈認知の歪みのタイプ〉

① 道徳的正当化

目的のよさを主張することで、方法が悪質であることを過小評価すること。
具体例：「○○は乱暴な性格で嫌がる人が多いから、みんなが楽しく遊べるように仲間はずれにしよう。みんな、○○に話しかけられても無視しようね。」

② 都合のよい比較

自分の行為の悪質さを他のさらに悪質な行為と比較して、悪い印象を軽減させること。
具体例：「○○に腹が立ったから殴ろうと思ったけれど、○○のノートを

ゴミ箱に捨てるだけですませてやった。明日は消しゴムを捨ててやる。」

③ 婉曲なラベル

悪質な行為を社会的に容認される名前に変えることで、その印象を変化させること。

具体例：「いじめなんてしてない。みんなで○○に冗談を言っていたら、なぜか○○が泣き出したの。遊んでただけなのに。」

④ 責任の転嫁と拡散

自分の行為の責任を他者に押しつけたり、分散させて軽減したりすること。

具体例：「自分だけが○○を無視していたんじゃありません。クラス全員が無視していたんです。それに、仲間はずれにしようって最初に言いだしたのは別の子です。」

⑤ 結果の無視や矮小化

自分の行為によって生じた相手の苦痛や損害を小さく見積もること。

具体例：「○○は反応がうすいな。もっとみんなで強く叩いてみようよ。実はそんなに痛くないんじゃない？」

⑥ 非人間化

相手を同じ立場の人間であると認めず、人権を尊重しなくても許されると考えること。

具体例：「おまえは犬だから、飼い主の命令に従えよ。まずはジュースを買ってこい。」

⑦ 非難の帰属

相手がなにか悪いことをした（迷惑をかけている）のだから、罰として苦痛や損害を与えられても仕方がないと考えること。

具体例：「○○は友達の恋人を奪ったのだから、仲間はずれにされても仕方がない。」

ディスカッションしてみよう！

認知の歪みの具体例について、あなたが教師なら、加害児童（生徒）に対してどのように攻撃行動をやめるように伝えますか。上記のタイプから1つ選んで対応を考えてみましょう。

> たとえば・・・

どのような理由があってもいじめは肯定されないことを、どう説明するのがよいでしょうか。

いじめの加害者は、道徳的不活性化が高いだけでなく、他者の気持ちを理解しようとする「認知的共感性」と、他者の気持ちを自分のことのように感じる「情動的共感性」がやや低い傾向にあることがわかっています。一方で、いじめの加害と「心の理論＊（他者の意図や感情を読みとる能力）」との関連は示されていません。多くのいじめの加害者は、周囲の児童・生徒を上手く取り込んでコントロールしながら被害者を攻撃する傾向があり、社会的な能力が低いわけではありません（Imuta et al.、2022）。いじめの加害者は、被害者の気持ちを考えようとしないことが問題なのです。したがって教師は、いじめの加害者が被害者の気持ちを考えるように指導することが大切です。いじめの観衆についても、はやしたてることも広義の加害行動ととらえれば、同じことがいえると考えられます。

いじめの傍観者も認知の歪みを抱えています。道徳的不活性化が高い生徒ほど、いじめの被害者を助けないことによる道徳的苦痛（罪悪感など）が生じにくいため、いじめを見かけた際に傍観行動を選びやすいのです（Gini et al.、2020）。

3 いじめへの対応

いじめへの対応は、教員がチームを組み、保護者と協同することで効果的に行うことができます。近年はいじめによる裁判も増えています。子どもからいじめの訴えはあったが「詳しくは調べていない」「被害者の話を聞いただけ」では不十分な対応だと判断されるでしょう。いじめの事実関係を把握し、いじめの加害行為を止めるための努力をしながら、具体的に何をしたのかは必ず記録をつけておきましょう。

被害者からいじめを受けたという相談があったら、「しばらく様子をみる」のは絶対にやめましょう。教師が様子をみている間に、子どもが安心して学ぶ権利が侵害され続けることになります。ここでは、教師がいじめに対応する具体的な方法について紹介します（詳細はロバーツJr.／伊藤監訳、2015を参照）。

① 教師は学級でいじめが発生している可能性があることに気がついたら、いじめに関係する子どもの授業を受けもつ教師たちと情報共有を目的とした会議を開き、最近の子どもの行動やいじめの様子について確認する。

② いじめの事実が確認されたら、教師はいじめ防止に向けた短期的目標（例：加害者のネガティブな行動を減らす）・長期的目標（例：友人関係を改善する）を立てて、加害者の保護者と面談を行い、いじめの状況を説明する。

③ 加害者の保護者にいじめ解決への理解と協力を呼びかけ、保護者と共に加害者の行動を改善するための具体的な計画を立てる。保護者は、加害者に「被害者を含むみんなにとって学校は安全な場所であるべきだ」ということを説明し、親や教師が加害者の行動を改善するためのサポートをすることを伝える。

重要語句

心の理論

→心の働きや性質についての知識や理解のこと。霊長類学者のプレマックとウッドラフによって提唱された理論。

④　担任教師はいじめに関係する子どもの授業を受けもつ教師たちと
チームを組み、最新情報を共有しながら、保護者と作成した計画に
沿って個々の教師に役割（加害行為を見かけたら注意するなど）を割
り当てる。

　上記のような取り組みを行うなかで、必要に応じて被害者の心のケアを
スクールカウンセラーなどと連携をとりながら行うことも大切です。また、
修復的正義*という考え方を知っておきましょう。修復的正義を理念とし
たいじめ対策では、被害者の置かれている状況を、できる限り被害前の状
態にまで修復し、学校で子どもが安心して学べる場を再構築することをめ
ざします。被害者は、加害者に何をされたのかを伝える機会や、これから
どうしたいかを発言する機会をもてるように配慮されます。加害者は、い
じめ行為について単に注意や罰を与えるだけではなく、謝罪や反省を示す
場を設けるなど自分が傷つけた被害者に責任をとる機会を与えたうえで、
学級のメンバーとして再統合することをめざします。

4　いじめの被害者の理解と予防教育

1　いじめ被害の影響

　いじめによる被害の影響は、短期的には子どものウェルビーイング*（幸
福や健康）、特に不安と抑うつレベルに悪影響を与えることが明らかにさ
れています（Imuta et al.、2022）。たとえば、ネット上のいじめ、集団無視、
金品をたかるような種類のいじめにあうと、被害者は不登校や希死念慮を
特に強く経験することが報告されています（伊藤、2017）。

　いじめ被害の長期的影響には、中学生のときにいじめを受けた生徒は、
高校入学後に(1)抑うつ傾向が高いために学習面に関する学校適応が悪いこ
と、(2)肯定的で積極的な将来展望が低いために、友人関係に関する学校適
応が悪いことが示されています（三島、2022）。

　また、日本ではいじめの被害者の自殺が深刻な社会問題となっています
が、アメリカでは学校で銃乱射事件を起こした犯人の多くが過去にいじめ
の被害を受けており、事件の犯行の動機が「自分を助けてくれなかった社
会への復讐」であることが近年の調査でわかってきました。こうした深刻
な結果を導かないためにも、いじめはできる限り未然に予防し、いじめが
生起した場合は早期発見・早期解決に努めることが大切です。

2　いじめの予防教育

　いじめの予防には、学級でいじめに否定的な集団規範をつくることが大
切になります。それには担任教師が、いじめは絶対に許さないという学校
の方針を児童・生徒に示すことが重要です。中村・越川（2014）は、中
学生を対象にいじめを防止するためのプログラムをつくり、その効果測定
を行いました。プログラムの内容は、「いかなるいじめも容認されない」

第4講　学校における諸課題とその対応①いじめ

✏️ 語句説明

修復的正義

すべての関係者が正
義感と完全性を取り
戻すことをめざすアプ
ローチ。

✏️ 語句説明

ウェルビーイング

病気ではないとか、
弱っていないというこ
とではなく、肉体的に
も、精神的にも、そし
て社会的にも、すべて
が満たされた状態に
あること（日本WHO
協会訳）。

ということを生徒に伝える心理教育（例：いじめに関する動画視聴や「特別の教科『道徳』」における学習機会など）と、「いじめ抑止プログラム」として、いじめを発見した際にいじめを止める方法をロールプレイ*のなかで練習するソーシャルスキル・トレーニング*です。具体的には、まず生徒たちがいじめを止める方法を考えてリストにします。そして、いじめ場面を演じる生徒に対してリストから選んだいじめの制止行動を行います。いじめを止める方法については、「誰かと止めにいく」「先生を呼びに行く」などが出されましたが、「被害者に話しかける」方法が、加害者とケンカにならずにいじめを止めることができる最も有効な手段として選ばれました。このような、「いじめ抑止プログラム」の実施後は、実施前と比較して生徒たちのいじめ加害傾向が低くなり、いじめを否定する規範意識といじめの停止行動に対する自己効力感*が高くなったことが報告されています。

　国際的ないじめ防止プログラムとしては、フィンランドで開発されたKiVaプログラムがあります（KiVa Program & University of Turku、2024）。KiVaプログラムは、学校でいじめの傍観者の役割をしている子どもたちにいじめの制止者になるための教育をすることに重点が置かれています。具体的には、子どもたちが主体となって行ういじめの授業やオンラインゲームを活用したプログラムを通して、いじめの被害者を助ける責任感や、自分が介入すればいじめはなくなるという効力感を高めます。また、いじめを防止するうえで大切なことは、(1)いじめ防止の方法を学ぶための十分な授業時間を確保すると同時に、いじめ防止の取り組みを学校の日常的な運営や指導に取り入れること、(2)学校のいじめへの介入の方法と手段を子どもと保護者に明確に伝えておくこと、(3)学校の管理職が、教職員といじめ防止活動の運営方法を共有し、いじめ防止活動を指揮するうえで重要な役割を果たすこと、(4)いじめの防止策として実証的研究の結果に裏づけられた方法を採用するよう心掛けることであるとされています。

　学校でいじめに関する心理教育やいじめ抑止プログラムを実施する場合は、スクールカウンセラーに相談するか、地域の大学に専門家を紹介してもらうとよいでしょう。

いじめ防止対策推進法

「いじめ防止対策推進法」は、2011（平成23）年に発生した大津市の中学2年生のいじめ自殺事件が契機となって、2013（平成25）年に国会で成立しました。

「第1章　総則」では、法律の目的、「いじめ」の定義、いじめの防止等のための対策の基本理念、いじめの禁止、関係者の責務を定めています。「第2章　いじめ防止基本方針等」では、文部科学大臣、地方公共団体及び学校（文部科学大臣及び学校は策定の義務、地方公共団体は策定の努力義務）の各主体による「いじめの防止等のための対策を総合的かつ効果的に推進するための基本的な方針」の策定について定め、地方公共団体は、いじめ問題対策連絡協議会を置くことができると定められています。「第3章　基本的施策」では、学校におけるいじめの防止、いじめの早期発見のための措置などについて定めています。「第4章　いじめの防止等に関する措置」では、学校におけるいじめの防止等の対策のための組織について定め、また、学校でいじめが犯罪行為として取り扱われるべきものであると認めるときの所轄警察署との連携について定めています。そして、懲戒、出席停止制度の適切な運用等その他のいじめの防止等に関する措置を定めています。「第5章　重大事態への対処」では、重大事態が起こったときには速やかに調査を行うことや、調査に係るいじめを受けた児童・生徒とその保護者に対し、必要な情報を適切に提供することが定められています。また、地方公共団体の長等に対する重大事態が発生した旨の報告、地方公共団体の長などによる再調査、再調査の結果を踏まえて措置を講ずること等について定めています。

このように、「いじめ防止対策推進法」では、いじめに対するいろいろな対策を法律によって定めています。すなわち、いじめに対して十分な対策を講じなければ、教師としての法令遵守に反するということです。教師をめざす学生のみなさんには、ぜひ一度、全文を通して読んでおくことをおすすめします。

「いじめ防止対策推進法」（平成25年法律第71号）（抜粋）（施行日：平成27年4月1日）

（定義）

第2条　この法律において「いじめ」とは、児童等に対して、当該児童等が在籍する学校に在籍している等当該児童等と一定の人的関係にある他の児童等が行う心理的又は物理的な影響を与える行為（インターネットを通じて行われるものを含む。）であって、当該行為の対象となった児童等が心身の苦痛を感じているものをいう。

（学校及び学校の教職員の責務）

第8条　学校及び学校の教職員は、基本理念にのっとり、当該学校に在籍する児童等の保護者、地域住民、児童相談所その他の関係者との連携を図りつつ、学校全体でいじめの防止及び早期発見に取り組むとともに、当該学校に在籍する児童等がいじめを受けていると思われるときは、適切かつ迅速にこれに対処する責務を有する。

（保護者の責務等）

第9条　保護者は、子の教育について第一義的責任を有するものであって、その保護する児童等がいじめを行うことのないよう、当該児童等に対し、規範意識を養うための指導その他の必要な指導を行うよう努めるものとする。

2　保護者は、その保護する児童等がいじめを受けた場合には、適切に当該児童等をいじめから保護するものとする。

復習問題にチャレンジ

（佐賀県　2022年）

①次の文は、「いじめ防止対策推進法」（平成25年法律第71号）の「第2条第1項」定義から抜粋したものである。（　①　）、（　②　）に入る語句を下の㋐〜㋗からそれぞれ1つ選び、その記号で答えなさい。

この法律において「いじめ」とは、児童等に対して、当該児童等が在籍する学校に在籍している等当該児童等と一定の人的関係にある他の児童等が行う（　①　）又は物理的な影響を与える行為（インターネットを通じて行われるものを含む。）であって、当該行為の対象となった児童等が（　②　）を感じているものをいう。

㋐　心理的　　　㋑　精神的　　　㋒　一方的　　　㋓　命の危険

㋔　心身の苦痛　㋕　定期的　　　㋖　不快　　　　㋗　孤独

（長崎県　2023年）

②次の文は、「いじめの防止等のための基本的な方針」（平成29年3月14日最終改定　文部科学省）の「第1　いじめの防止等のための対策の基本的な方向に関する事項」の「2　いじめ防止等の対策に関する基本理念」の文章である。当てはまる語句の組合せとして正しいものを後の①〜④の中から1つ選び、番号で答えよ。

　いじめは、全ての児童生徒に関係する問題である。いじめの防止等の対策は、全ての児童生徒が安心して［　ア　］を送り、様々な活動に取り組むことができるよう、［　イ　］、いじめが行われなくなるようにすることを旨として行われなければならない。
　また、全ての児童生徒がいじめを行わず、いじめを認識しながら放置することがないよう、いじめの防止等の対策は、いじめが、いじめられた児童生徒の［　ウ　］に深刻な影響を及ぼす［　エ　］であることについて、児童生徒が十分に理解できるようにすることを旨としなければならない。

① 　ア：学校生活　　イ：学校の内外を問わず　　　ウ：心身　　エ：許されない行為
② 　ア：社会生活　　イ：学校の内外を問わず　　　ウ：精神　　エ：迷惑行為
③ 　ア：社会生活　　イ：学校内の活動について　　ウ：心身　　エ：迷惑行為
④ 　ア：学校生活　　イ：学校内の活動について　　ウ：精神　　エ：許されない行為

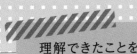

自分のクラスで「いじめ」が生じないクラスづくりを行うために、教師がどのような指導を行って
いくべきか、計画的に考えてまとめてみましょう。

学校における諸課題とその対応②
不登校

理 解 の ポ イ ン ト

不登校は、大変大きな教育上の課題になっています。本講では、不登校の現状と支援体制、また、新たに「生徒指導提要（令和4年改訂版）」に記された不登校に関する生徒指導の重層的支援のあり方及び不登校の児童・生徒の心理などを理解し、不登校を少なくするためにはどのように対応すればよいのか、また、「教育相談」について、どのようなことができるのかを考えられるようになりましょう。

1 不登校の現状

1 不登校の定義と現状

　1960年代、不登校は「学校恐怖症」と呼ばれていました。しかし、神経症の一種である恐怖症とすることへのためらいと、不登校の人数の増加により、1970年代から80年代にかけて「登校拒否」という名称が一般化されました。しかし、学校に行きたくても行けない児童・生徒は登校を拒否しているわけではないため、「拒否」という言葉は必ずしも適切ではないのではないかという指摘がなされました。そこで、1980年代後半に小児科医などが「不登校」という用語を使用するようになり、徐々に定着していきました。

　文部科学省は、不登校の定義を「何らかの心理的、情緒的、身体的あるいは社会的要因・背景により、登校しないあるいはしたくともできない状況にあるために年間30日以上欠席した者のうち、病気や経済的な理由による者を除いたもの」とし、「学校基本調査」及び「児童生徒の問題行動・不登校等生徒指導上の諸課題に関する調査」では、この基準に従って調査を行っています。

　文部科学省が行った「令和4年度　児童生徒の問題行動・不登校等生徒指導上の諸課題に関する調査」から不登校の現状をみてみましょう（図表5-1）。

　各校種で違いがあるものの、多くの児童・生徒が学校に行っていない状況がわかります。また近年、各校種で不登校の数が増えてきています。小学校では59人に1人、中学校では17人に1人になっています。中学校では、1クラスに2人は不登校生徒がいるという深刻な状況になっています。

不登校は小学校より中学校のほうが多いのですね。

図表5-1　不登校児童・生徒数の推移

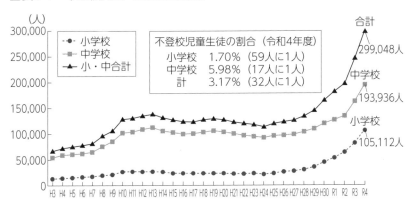

文部科学省「令和4年度　児童生徒の問題行動・不登校等生徒指導上の諸課題に関する調査結果について」
2023年をもとに作成

　次に、学年別の不登校児童・生徒数をみてみましょう（図表5-2）。ここで注目すべき点は、小6から中1にかけて不登校生徒が激増していることです。その理由として、中1ギャップ*が挙げられます。学級担任制から教科担任制へと変わることにより、担任教師との関係をうまく構築できない、あるいは、今までにない部活動での先輩・後輩などの上下関係などで、中学生活へのスムーズな移行に困難を示す子どもは少なくありません。

　また、学年が上がるごとに不登校児童・生徒が増えています。これは、その学年で新たに不登校児童・生徒が増えるだけでなく、不登校が解消できないまま、年度をまたいで不登校状態が続いているケースが多いことを示しています。

　では、どんな児童・生徒が不登校になっているのかが気になると思います。同調査では、図表5-3のように、「学校に係る状況」として8項目、「家庭に係る状況」として3項目、「本人に係る状況」として

> ✎語句説明
>
> **中1ギャップ**
>
> 小学校と中学校との間で生じる段差（ギャップ）による問題現象のこと。小学校と中学校の「文化」の違いが背景にあり、急激な変化に対してついていけない生徒が急増している。

図表5-2　学年別不登校児童・生徒の数

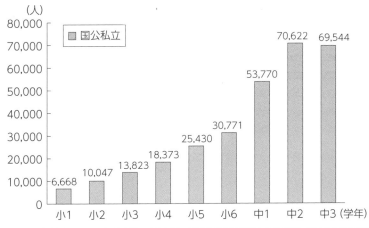

文部科学省「令和4年度　児童生徒の問題行動・不登校等生徒指導上の諸課題に関する調査結果について」2023年をもとに作成

> 不登校は、中1のときに急に増えるようです。中1ギャップに注意しないといけませんね。

図表5-3　小・中学校における不登校の要因

【国立私立】小・中学校

	不登校児童生徒数	学校に係る状況								家庭に係る状況			本人に係る状況		左記に該当なし
		いじめ	いじめを除く友人関係をめぐる問題	教職員との関係をめぐる問題	学業の不振	進路に係る不安	クラブ活動、部活動等への不適応	学校のきまり等をめぐる問題	入学、転編入学、進級時の不適応	家庭の生活環境の急激な変化	親子の関わり方	家庭内の不和	生活リズムの乱れ、あそび、非行	無気力、不安	
小学校	105,112	318	6,912	1,901	3,376	277	30	786	1,914	3,379	12,746	1,599	13,209	53,472	5,193
		0.3%	6.6%	1.8%	3.2%	0.3%	0.0%	0.7%	1.8%	3.2%	12.1%	1.5%	12.6%	50.9%	4.9%
中学校	193,936	356	20,598	1,706	11,169	1,837	839	1,315	7,389	4,343	9,441	3,232	20,790	101,300	9,621
		0.2%	10.6%	0.9%	5.8%	0.9%	0.4%	0.7%	3.8%	2.2%	4.9%	1.7%	10.7%	52.2%	5.0%
合計	299,048	674	27,510	3,607	14,545	2,114	869	2,101	9,303	7,722	22,187	4,831	33,999	154,772	14,814
		0.2%	9.2%	1.2%	4.9%	0.7%	0.3%	0.7%	3.1%	2.6%	7.4%	1.6%	11.4%	51.8%	5.0%

※「長期欠席者の状況」で「不登校」と回答した児童生徒全員につき、主たる要因1つを選択。
※下段は、不登校児童生徒数に対する割合。
文部科学省「令和4年度　児童生徒の問題行動・不登校等生徒指導上の諸課題に関する調査結果の概要」2023年をもとに作成

不登校にはいろいろな要因があるのですね。

「無気力」や「不安」で不登校になっている児童・生徒が多いのですね。

2項目に「該当なし」を加えた計14項目から、不登校と回答した児童・生徒全員に対して不登校の主たる要因を一つ選んで報告してもらっています。

これらの項目からわかるように、不登校の要因は「無気力、不安」「生活リズムの乱れ、あそび、非行」「いじめを除く友人関係をめぐる問題」「親子の関わり方」「学業の不振」と多岐にわたっています。この図表によると、不登校のきっかけと考えられる状況は、「無気力、不安」が小・中学校を通して高い傾向にあることがわかります。

2　「教育機会確保法」について

不登校の数が増加すると同時に、背景要因も多様化・複雑化してきました。こうした状況に対して、不登校の子どもに校外での多様な学びの場を提供することを目的とした「義務教育の段階における普通教育に相当する教育の機会の確保等に関する法律」（以下、「教育機会確保法」）が2016（平成28）年に超党派の議員立法で成立しました。

この法律の成立により、不登校に対する支援体制が大きく転換しました。教育機会確保法は、「教育基本法」および「児童の権利に関する条約」等の教育に関する条約の趣旨にのっとって、義務教育段階における普通教育に相当する教育の機会の確保等に関する施策に関して、基本理念を定め、基本指針を策定し、教育の機会確保等に関する施策を総合的に推進することを目的としています。

「教育機会確保法」の第3条には、次に掲げる5つの基本理念を規定しています。

1　全ての児童生徒が豊かな学校生活を送り、安心して教育を受けられるよう、学校における環境の確保が図られるようにすること。
2　不登校児童生徒が行う多様な学習活動の実情を踏まえ、個々の不登校児童生徒の状況に応じた必要な支援が行われるようにすること。

3　不登校児童生徒が安心して教育を十分に受けられるよう、学校における環境の整備が図られるようにすること。

4　義務教育の段階における普通教育に相当する教育を十分に受けていない者の意思を十分に尊重しつつ、その年齢又は国籍その他の置かれている事情にかかわりなく、その能力に応じた教育を受ける機会が確保されるようにするとともに、その者が、その教育を通じて、社会において自立的に生きる基礎を培い、豊かな人生を送ることができるよう、その教育水準の維持向上が図られるようにすること。

5　国、地方公共団体、教育機会の確保等に関する活動を行う民間の団体その他の関係者の相互の密接な連携の下に行われるようにすること。

この基本理念を踏まえ、不登校児童・生徒等に対する教育機会の確保等、夜間その他特別な時間において授業を行う学校における就学の機会の提供等、教育機会の確保等に関する施策を行うことが必要になりました。

また、「教育機会確保法」の第10条には、

（特別の教育課程に基づく教育を行う学校の整備等）

第10条　国及び地方公共団体は、不登校児童生徒に対しその実態に配慮して特別に編成された教育課程に基づく教育を行う学校の整備及び当該教育を行う学校における教育の充実のために必要な措置を講ずるよう努めるものとする。

と書かれ、不登校児童・生徒の実態に配慮した特色ある教育課程を編成し、教育を実施する「不登校特例校」の設置が促進されています。2023（令和5）年現在、24校（公立学校14校、私立学校10校）が設置されています。また、教育支援センターやフリースクール等の民間団体との連携の重要性についても述べられています。

3　不登校児童・生徒に対する基本的な考え方

「登校拒否問題への対応について」（1992年）のなかでは、「不登校はどの子にも起こりうる」という視点と「やみくもに登校刺激*を与えるのではなく、待つことが大切」ということが強調されました。その後不登校の数が増えるにしたがって、ただ「待つ」のみではなく、不登校の児童・生徒がどのような状況にあり、どのような支援を必要としているのかを見極め、個々の状況に応じた適切な働きかけや関わりをもつことの重要性が指摘されるようになりました。

教育機会確保の基本指針（「義務教育の段階における普通教育に相当する教育の機会の確保等に関する基本指針」2017年）には、「不登校は、取り巻く環境によっては、どの児童生徒にも起こり得るものとして捉え、不登校というだけで問題行動であると受け取られないよう配慮し、児童生徒の最善の利益を最優先に支援を行うことが重要である」と書かれ、不登校を問題行動と判断してはならないという点が前面に出されています。

また、「生徒指導提要（令和4年改訂版）」では、「『不登校児童生徒に問題がある』という決めつけを払拭し、教職員・保護者・地域の人々等が不登校児童生徒に寄り添い共感的理解と受容の姿勢を持つことが、当該児

不登校というだけ
で問題行動と思っ
てはいけないので
すね。

不登校児童・生徒
の支援目標は、社
会的自立なのです
ね。

童生徒の自己肯定感を高めるためにも重要であり、不登校児童生徒にとっても、支援する周りの大人との信頼関係を構築していく過程が社会性や人間性の伸長につながり、結果として、社会的自立につながるという視点を重視したものと捉えることができます」と述べ、不登校児童・生徒に寄り添い共感的理解と受容の姿勢をもつことの重要性を指摘しています。

■4 不登校児童・生徒への支援の方向性

　教育機会確保の基本指針には、「不登校児童生徒が行う多様な学習活動の実情を踏まえ、個々の不登校児童生徒の状況に応じた必要な支援が行われることが求められるが、支援に際しては、登校という結果のみを目標にするのではなく、児童生徒が自らの進路を主体的に捉えて、社会的に自立することを目指す必要がある。なお、これらの支援は、不登校児童生徒の意思を十分に尊重しつつ行うこととし、当該児童生徒や保護者を追い詰めることのないよう配慮しなければならない」と書かれ、不登校支援に際しては、「登校という結果のみを目標にするのではない」など、不登校支援の方向性が示されています。

　具体的に、不登校となった児童・生徒の支援を考えるうえで必要なのが、不登校の背景にある要因を多面的かつ的確に把握し、早期に適切な支援につなげるアセスメントの視点です。「なぜ行けなくなったのか」と原因のみを追求したり、「どうしたら行けるか」という方法のみにこだわったりするのではなく、どのような学校であれば行けるのかという支援ニーズや、本人としてはどうありたいのかという主体的意思（希望や願い）、本人がもっている強み（リソース）や興味・関心も含め、不登校児童・生徒の気持ちを理解し、思いに寄り添いつつ、アセスメントにもとづく個に応じた具体的な支援を行うことが重要になります。また、「生徒指導提要（令和4年改訂版）」にも、「不登校児童生徒への支援の目標は、将来、児童生徒が精神的にも経済的にも自立し、豊かな人生を送れるような、社会的自立を果たすことです。そのため、不登校児童生徒への支援においては、学校に登校するという結果のみを目標とするのではなく、児童生徒が自らの進路を主体的に捉え、社会的自立を目指せるように支援を行うことが求められます。このことは、『児童生徒一人一人の個性の発見とよさや可能性の伸長と社会的資質・能力の発達を支えると同時に、自己の幸福追求と社会に受け入れられる自己実現を支える』という生徒指導の目的そのものと重なるものであると言えます」と書かれ、不登校児童・生徒の支援目標は、学校に登校するという結果のみを目標とするのではなく、社会的自立であることを示しています。

　文部科学省は、「令和3年度　児童生徒の問題行動・不登校等生徒指導上の諸課題に関する調査」で、小・中・高の不登校が約30万人に急増し、90日以上の不登校であるにもかかわらず、学校内外の専門機関等で相談・指導等を受けられていない小・中学生が4万6000人もいる状況を受け、「誰一人取り残されない学びの保障に向けた不登校対策」（COCOLOプラン*、2023年）を取りまとめました。

2023（令和5）年4月には、COCOLOプランを踏まえ、取り組みの進捗状況を管理するとともに、不登校に係る取り組みの不断の改善等を図るため、「誰一人取り残されない学びの保障に向けた不登校対策推進本部」を設置しました。

2　不登校に関する生徒指導の重層的支援

1　不登校対応の重層的支援構造

今回の「生徒指導提要（令和4年改訂版）」では、児童・生徒の課題への対応を時間軸や対象、課題性の高低という観点から類別することで、構造化しています。不登校に関する生徒指導の重層的支援構造は、図表5-4になり、各階層に応じた支援が必要になります。以下、各階層で重要な視点について「生徒指導提要（令和4年改訂版）」から抜粋して述べることにします。

2　不登校対策につながる発達支持的生徒指導

この段階では、(1)魅力ある学校づくり・学級づくり、(2)学習状況等に応じた指導と配慮、が重要になります。

すべての児童・生徒にとって「自分という存在が大事にされている」「学校が自分にとって大切な意味のある場になっている」と実感できる学級・ホームルームづくりをめざすことが求められます。これは、発達支持的教育相談の考え方にも記されている内容です。また、不登校の原因として、学業の不振がその一つとなっている場合があります。「どの児童・生徒もわかる授業」「どの児童・生徒にとっても面白い授業」を心がけることで、学級・ホームルームでの自己存在感を感受することが可能になるからです。

図表5-4　不登校対応の重層的支援構造

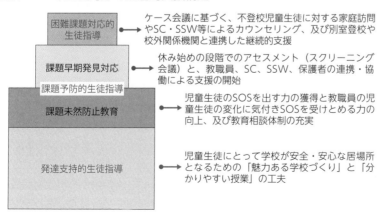

文部科学省「生徒指導提要（令和4年改訂版）」2022年

3 不登校対策としての課題未然防止教育

　この段階では、(1)児童・生徒がSOSを出すことができるための教育の大切さ、(2)教職員の相談力向上のための取り組みが重要になります。

　まず、悩みが生じたときにすぐに話を聴いてもらえるような、気軽に教育相談ができる体制をつくることは、児童・生徒の安心感につながります。ところが、不登校に限らず、悩みがあることは「恥ずかしいこと」と思い込み、人に相談することを否定的にとらえる児童・生徒もみられます。「悩みをもつ」ことは決して悪いことではなく、悩んだときに、人に話す・聴いてもらう（言語化する）ことの重要性を伝え、安心して周囲の大人や友人にSOSを出す方法を身につけるための教育の推進が求められています。

　一方、児童・生徒が発するSOSを受け止めるためには、子どもの行動や表情の変化、クラスの人間関係等、児童・生徒の状況を把握し、教育相談コーディネーター、養護教諭、スクールカウンセラー（SC）やスクールソーシャルワーカー（SSW）などが連携して、多角的・多面的な児童・生徒理解を可能にする教育相談体制を築くことが重要です。教員とSC、SSWによる相互コンサルテーションの機会をもち、不登校の背景要因や具体的な関わりについて話し合うことにより、不登校児童・生徒への対応のヒントが得られたり、保護者支援の方向が見いだせたりするなど、支援の幅が広がる効果も期待されます。

子どもが困ったときにSOSを出せるための教育はとても重要ですよね。

4 不登校対策における課題早期発見対応

　この段階では、(1)教職員の受信力の向上と情報共有、(2)保健室や相談室との連携、(3)保護者との日頃からの関係づくりが重要です。

　児童・生徒の理解は、児童・生徒と日頃から継続的に関わる教職員だからこそできることであり、毎日見ているという強みを活かして、「ちょっとした変化」「小さな成長」に気づくことが重要です。また、状況に応じて「声かけ」をすることも教育相談の一環となります。同時に、友人関係や教職員との関係や、学業成績まで、幅広い事項について児童・生徒の変化や成長に対して敏感である必要があります。早期対応に向けては、「気になる児童・生徒」について、できる限り早期に複数の教職員で情報を共有し、検討・分析するスクリーニング会議を実施することが求められます。

　次に、保健室・相談室との連携ですが、多様な困難を抱えた児童・生徒が保健室や相談室を訪れることがあります。児童・生徒の話を受け止める養護教諭や教育相談コーディネーター、SC、SSW等と学級・ホームルーム担任、教科担当教員等が連携し、適切に情報を共有することで、心身に不調のある児童・生徒を早期に把握し、継続的に休み始める前に関わることが可能になります。

　そして、保護者との日頃からの関係づくりですが、心身の不調を訴えてくる背景に家庭の要因が関係していることも少なくありません。その意味からも、不登校の予兆の早期発見・対応において**教職員と保護者との信頼関係にもとづく情報共有**が不可欠といえます。一方で、児童・生徒が不登校になることで不安や焦りを感じている保護者への教育相談等を通じた支

援も重要です。SC、SSWの協力も得ながら、保護者の話をよく聴き、保護者との間に、不登校児童・生徒を支援する協力者としての関係を築くことで、保護者を元気づけ心理的に安定させることができます。そのことが、児童・生徒への有効な支援につながることも少なくありません。

■5■ 不登校児童・生徒支援としての困難課題対応的生徒指導と教育相談

この段階になると、支援するべき内容は多くなり、以下の8項目の支援の内容が挙げられています。いずれも教育相談的取り組みが重要となることを理解しておきましょう。

(1)ケース会議による具体的な対応の決定、(2)校内における支援、(3)家庭訪問の実施、(4)校外の関係機関等との連携、(5)家庭や保護者を支える、(6)校種を越えた移行期における支援の大切さ、(7)ICTを活用した支援、(8)多様な自立のあり方に向けての進路支援、等です。

まずは、「ケース会議」において、児童・生徒や学級への的確なアセスメントを行い、支援の目標や方向性、具体的な対応策等を検討するなどして、実効的な「チーム支援」の体制を構築することが求められます。そして、校内における支援として、別室で安心して過ごせるよう、教職員の配置や学習機会の整備など、組織的に運営することが求められます。

次に、児童・生徒に欠席が続いたときには、電話だけでなく、教職員が直接「家庭訪問」を行うことも有効な対応方法になります。家庭訪問の目的の一つは、教職員が児童・生徒を「気にかけている」というメッセージを伝えるとともに、安心させることにあります。不登校の状態像が多様化するなか、校内の支援だけでは十分ではないケースもみられます。そのときは、個々の不登校の状態や背景要因を適切にアセスメントし、その児童・生徒に合った「関係機関につなぐ支援」が必要になる場合もあります。しかし、不登校となった児童・生徒を関係機関等につなぐことは、学校がその児童・生徒を関係機関等に全面的に委ねるものではないことはいうまでもありません。

不登校の子どもをもつ保護者は、わが子の将来を案じ、不安を抱えていることが少なくありません。そうした保護者とは、児童・生徒への支援等に先立ち、まずは信頼関係を築くことが重要です。具体的には、「保護者との個別面談」で、保護者の不安や心配事を丁寧に聴き取ることが、児童・生徒への関わりを見直す契機となる場合もあります。

また、小学校、中学校、高等学校という「校種間の移行期」は、不登校児童・生徒への支援においてもきわめて重要となります。移行期においては、情報の引き継ぎを重視するとともに、それがレッテル貼りにならないように、柔軟な見守りの姿勢をとることも必要です。

さらに、「ICTの活用」では、オンラインによる学習を校内でも共有し、一定のルールの下で出席扱いとするような取り組みを推進することが求められます。また、1人1台端末を活用し、学校に出てくることができない児童・生徒の健康状況や気持ちの変化を確認するなど、ICTを適切に活

不登校対応には、教職員や専門スタッフをはじめ、地域の人々などいろいろな人の協力が必要なのですね。

不登校支援の目標が社会的自立だとすると、「キャリア教育」とも関係しますね。

用した客観的な状況把握を組織的に進めることも重要です。

　最後に、「多様な自立のあり方」に向けての進路支援ですが、高校段階の進路については、多様な選択肢があります。中学校における進路指導や高校における転学・編入等の相談において、こうした多様な進路を実現するための情報提供を行い、生徒が自分に適した高校教育を受けることができるための支援が求められます。

　このように各階層によって支援の内容は変わってきます。児童・生徒の状態を的確にアセスメントして、各段階に応じた対応や支援をしていきましょう。

ディスカッションしてみよう！

　タカシくんは中学1年生で、あなたは担任です。タカシくんは、おとなしくてあまり目立たない生徒ですが、火曜日、水曜日と遅刻をしてきました。木曜日の朝、お母さんから「少し熱があるので休ませます」という電話がかかってきました。金曜日も「今日も微熱があるので休ませます」という連絡が入りました。翌週の月曜日、タカシくんは学校に来ていませんが、お母さんからの連絡はありませんでした。このような状況をどうとらえ、どのような対応策を考えますか。みんなで考えてみましょう。

たとえば・・・

3　不登校の支援

1　不登校の経過と支援

　不登校は、よく似た経過をたどって登校に至ることが知られています。ここでは、小澤（2003）による5つの段階と、それぞれの支援について説明します。

　支援にあたっては、前節の「不登校に関する生徒指導の重層的支援」にもあるように、教育相談コーディネーター、養護教諭、SCやSSWなど

と連携して、チーム学校で対応することが必要です。そして、ケース会議において、児童・生徒や学級への的確なアセスメントを行い、不登校の経過の段階を踏まえて、支援の目標や方向性、具体的な対応策などを検討し、実効的なチーム支援の体制を構築することが求められます。そして、4段階目の後期や5段階目の社会復帰期の校内における支援として、別室で安心して過ごせるために、教職員の配置や学習機会の整備など、組織的に運営することが求められます。

① 前兆期

子どもの不適応が進行し、不登校になる直前の段階です。これまでの適応的な状態の終わりの時期で、周囲がそれまでに何らかの防止的支援を行っていれば、不登校は避けられたかもしれない時期です。この段階の支援において重要なのは、子どもの異変に素早く気づき、子どもを孤立させずに、他者（特に大人）との間に安心できる関係を築くことです。

② 初期（学校を休み始めた時期）

子どもたちは、頭痛や腹痛などの身体症状や情緒不安定などさまざまな症状を呈します。そして、これらの症状は、子どもの言葉にできない気持ちの表れだと考えられます。子どもたちの不登校という訴えの背景にある本当の気持ちに気づくことが大切です。

③ 中期（欠席が長期化した時期）

この時期は、昼夜逆転をしたり、家に閉じこもったりすることがあります。保護者が登校を無理強いせずに、子どもに寄り添っていこうという態度を決めると、子どもが動き始めることが多いようです。子どもの心理状態を理解したうえで、子どもが安心して心のエネルギーを蓄えられるように支援することが大切です。

④ 後期（再登校の準備の時期）

心の安定とともに、生活リズムが元に戻ったり、学校のことを気にし始めたりします。また、登校の意思表示をする場合もあります。子どもが登校したいと意思表示した場合は、いきなり登校させるのではなく、どの程度であれば登校できるかなどをよく話し合い、心の準備をさせることが大切です。また、再登校においては、友人関係と学習に対して不安を抱える子どもが多いため、細心の配慮をして登校の準備をする必要があります。

⑤ 社会復帰期（再登校したとき）

再登校に関して、子どもは、登校することだけで大きなエネルギーを使うので、登校してきた子どもに対して自然体で接することが大切です。また、いつ登校するのか、過ごす場所はどこにするのか、どのくらい学校にいるのか、どの先生が対応するのかなど、本人が具体的にイメージできるように話し合うことが必要です。その後、続けて登校できる場合も、少し休む場合も、どちらの場合も自己決定できたことを十分認め、子どもの生活が軌道にのるまで長期的な視点で関わることが大切です。

2 不登校と教育相談

前項の経過を参考に支援の方法を変えていくことは大切ですが、ここで

不登校の各段階によって状態や関わり方が違うのですね。

は不登校と教育相談について述べてみます。

　子どもが不登校になって、一番驚き困惑するのは保護者です。不登校支援にはさまざまなアプローチがあり、近年では、各都道府県の教育センターや、児童相談所、さらに民間の不登校支援施設など、校外における支援機関も増加しています。増加しているからといって、本人と保護者に十分な説明をせずに、すぐに支援機関につなげるようなことをすると、「学校に見捨てられた」という感情を抱きやすくなり支援の効果が少なくなります。まずは、保護者の支援を行います。保護者の多くは子どもの不登校に対してとまどいと不安を抱えています。また、自分の子育てが悪かったのではないだろうかと自責の念にかられたり、学校に行かない子どもに対して怒りを感じたりする保護者も多くいます。保護者自身が心理的に安定し、子どもとよりよく向き合うためにも、保護者の不安や悩みに寄り添いながら、関わりを継続することが大切です。

　不登校での家庭訪問は、登校支援であると同時に、学校が不登校の児童・生徒とその家族を見捨てないということを伝える重要な教育支援です。家庭訪問のしかたにはいろいろありますが、「午前中より午後にする」ほうがいいといわれています。学校に行くことができないことに対して自責の念を抱いている児童・生徒には、授業を行っている時間帯を避けるほうがいいかもしれません。「土・日曜日は避けて平日にする」ほうが比較的受け入れられやすいとされています。また、「定期的に訪問するか」などは、子どもや保護者の状況をみながら臨機応変に対応するのがよいでしょう。

　たとえば、家庭訪問するときは連絡し、保護者と連携をとりつつ家庭訪問をする。子どもと会えないことも多いですが、声をかけたり「よろしくと伝えてください」と保護者に頼んで帰る、などです。子どもは、先生と会えない状態のときでも、必ず心のどこかで「助けてほしい」という気持ちをもっていると考えるべきです。

　不登校の背景は複合的なことが多いものです。不登校という言葉だけで安易にとらえようとするのではなく、その子どもの個別事情をくみとっていくことが基本です。そのうえで、子どもは不登校という行動を通して何を訴えているのかに気づいていくことが重要です。子どもは現在、どういう状態にあり、何が障害になっているのか、何を求めているのかという視点から関わっていくことが必要です。そのためには、焦らずじっくりと話を聴いて、悩みを共有することが大切です。それは、子どもが心のエネルギーを貯めて動きだすことにつながります。

　子どもと保護者がともに心理的に安定できるように支援することが、不登校における教育相談の基本です。そして、再登校できる環境を整えて、再登校後も、子どもと保護者をともに支えていくことが大切です。

保護者支援と家庭訪問はとても重要なのですね。

不登校の個別事情をくみとって、子どもと保護者が心理的に安定できるように支援するのが、不登校の教育相談なのですね。

学びの多様化学校
（いわゆる不登校特例校）

　不登校特例校とは、文部科学大臣が指定する学校で、学習指導要領の内容などにとらわれずに、不登校の状態にある児童・生徒の実態に配慮した特別な教育課程を編成し、実施している学校のことです。不登校特例校は、2002（平成14）年の「構造改革特例区域法」によって、規制緩和の一環として、2005（平成17）年に学校教育法施行規則の改正で制度化されました。また、2017（平成29）年に施行された教育機会確保法では、不登校特例校の整備を国や自治体の努力義務とし、教育機会確保法にもとづいて国が策定した基本方針では、特例校の設置を促進することが示されています。深刻さを増す不登校児童・生徒の増加に対応するために、法改正や新法が制定されるなかで設置が進められた学校であることがよくわかります。

　さらに、文部科学省は、2023（令和5）年に、不登校により学びにアクセスできない子どもたちをゼロにすることをめざし、「誰一人取り残されない学びの保障に向けた不登校対策（COCOLOプラン）」を取りまとめました。COCOLOプランの具体的な内容の一つとして、「都道府県・政令指定都市に、将来的に希望する児童生徒が居住地によらず通えるよう、分教室型も含め全国300校を目指します」と示されています。今後不登校特例校は全国に設置されると思います。そして、2023年8月に、「不登校特例校」は「学びの多様化学校」に名称が変更されました。

　今後、たとえば、大阪府が2027年までに学びの多様化学校として、児童・生徒に対し、卒業後の「上級学校」を設置することを積極的に推進する方針を出しているなど、各自治体において不登校児童・生徒への対応が具現化されていくことを期待します。

学びの多様化学校（いわゆる不登校特例校）の設置状況（2023）

文部科学省「学びの多様化学校（いわゆる不登校特例校）の設置者一覧」
https://www.mext.go.jp/a_menu/shotou/seitoshidou/1387004.htm（最終アクセス：2023年12月2日）

復習問題にチャレンジ

（広島県　2022年）

①次の文章は、平成29年3月に文部科学省から示された「義務教育の段階における普通教育に相当する教育の機会の確保等に関する基本指針」の　2．不登校児童生徒等に対する教育機会の確保等に関する事項の一部です。内容に誤りがあるものはどれですか。次の①～⑤の中から、誤りがあるものを1つ選び、その記号を答えなさい。

①　不登校は、その要因・背景が多様・複雑であることから、（中略）不登校のきっかけや継続理由、当該児童生徒が学校以外の場において行っている学習活動の状況等について継続的に把握することが必要である。（略）

②　不登校児童生徒は、コミュニケーションを取ることが難しい児童生徒が多いため、（中略）学校全体の支援ではなく、担任のみがその状況を把握し、支援ができる体制の整備を推進する。

③　全ての児童生徒が豊かな学校生活を送り、安心して教育を受けられるよう、（中略）児童生徒にとって学校が安心感、充実感が得られる活動の場となるように魅力あるより良い学校づくりを推進する。（略）

④　児童生徒によっては、学業の不振が不登校のきっかけとなっている場合があり、児童生徒が学習内容を確実に身に付けることができるよう、（中略）指導方法や指導体制を工夫改善し、個に応じた指導の充実を推進する。

⑤　不登校児童生徒が自らの意思で登校してきた場合は、（中略）保健室、相談室や学校図書館等も活用しつつ、安心して学校生活を送ることができるよう児童生徒の個別の状況に応じた支援を推進する。

（和歌山県　2022年）

②次のA～Dの各文について、「不登校児童生徒への支援の在り方について（通知）」（令和元年10月　文部科学省初等中等教育局長）に示されている内容として正しいものを○、誤っているものを×としたとき、正しい組み合わせを、下の1～5の中から1つ選べ。

A　不登校は、学業の遅れや進路選択上の不利益といったキャリア形成上のリスクとなるため、不登校児童生徒本人にとって、何ら積極的な意味はない。

B　不登校のきっかけは教師と児童生徒の人間関係の問題から生じることが大半であるため、不登校の児童生徒に対しては、学習内容を確実に身に付けることができるよう、個に応じた指導の充実を図ることが望まれる。

C　不登校児童生徒への支援は、「学校に登校する」という結果のみを目標にするのではなく、児童生徒が自らの進路を主体的に捉えて、社会的に自立することを目指す必要がある。

D　不登校児童生徒に対しては、ICTを活用した学習支援や教育支援センター、不登校特例校、フリースクール等の様々な関係機関等を、本人の希望を尊重した上で、場合によっては活用することが望まれる。

	A	B	C	D
1.	○	×	○	×
2.	×	×	○	×
3.	×	○	×	○
4.	○	○	×	○
5.	×	×	○	○

ノートテイキングページ

これからの時代の不登校児童・生徒の支援のあり方について、具体的にどのような方法が考えられるのか、授業内容をもとに書き出してみましょう。

学校における諸課題とその対応③ 虐待、自殺、いのちの教育への対応

理解のポイント

学校にはさまざまな解決が難しい課題があり、教職員もその対応に苦慮しています。そのなかでも、いのちに関わる課題は、児童・生徒、教師ばかりではなく、すべての人たちにとって重大な課題です。特に子どものいのちが身近な大人の虐待によって奪われる事件や、自らいのちを絶つ子どもの増加という深刻な事態が報道されています。そこで本講では、子どもの虐待、自殺、そしていのちの教育について考えてみましょう。

1 児童虐待とその対応

1 児童虐待とは

① 児童虐待の現状

　児童虐待（child abuse）は、2000（平成12）年に制定された「児童虐待の防止等に関する法律」（児童虐待防止法）において、保護者がその監護する児童（18歳に満たないもの）に対して行う**身体的虐待・性的虐待・ネグレクト・心理的虐待**と定義されました（図表6-1）。ここでの保護者とは、「親権を行う者、未成年後見人その他の者で、児童を現に監護するもの」と定義されており、実父母だけでなく、子どもの養育を担っているものであれば保護者にあたるとされています。

　また、2004（平成16）年の児童虐待防止法・児童福祉法の改正により、同居人による虐待を放置することはネグレクトに、ドメスティック・バイオレンスの目撃（面前DV）は心理的虐待に追加され、児童虐待の定義が拡大されました。他にも、通告義務範囲の拡大や市町村の虐待対応の役割強化、**要保護児童対策協議会***の法定化などの対策が強められ、2008（平成20）年の改正では、児童の安全確認のための強制的な立入調査や、保護者に対する児童との面会の制限など、行政の役割を強化することで虐待を受けた子どもを救う施策が推進されてきました。

　現状として、国内における児童相談所の児童虐待対応件数は増加し続けており、2022（令和4）年度は21万9,170件（速報値）と21万件を超え、過去最多となっています（こども家庭庁、2023、図表6-2）。

　この児童虐待対応件数は年々増加していますが、4つの虐待分類の割合は近年ほとんど変化がみられず、心理的虐待が多くを占め、性的虐待は非常に少ないという特徴が読み取れます（図表6-3）。心理的虐待については、

プラスワン

abuseとmaltreatment

日本では、child abuseの訳語として「児童虐待」が用いられてきた。abuseは直訳すると「濫用」であり、児童虐待は、親権の濫用であるともいえる。近年child maltreatment「不適切な養育・関わり」という概念も用いられている。

重要語句

要保護児童対策協議会（要対協）

→児童福祉法第25条の2に規定される、児童虐待への対応を行う関係機関（児童相談所、市町村の児童虐待担当部署、保健所、学校、保育所、民生委員・児童委員、警察など）が連携して児童虐待に対応するための枠組みである。個人情報保護や守秘義務の取り扱いについて適切に共有ができることから、支援が必要な子どもや家族と関わる複数の機関での連携が促進される（→第15講参照）。

2004（平成16）年に追加された家庭内でのドメスティック・バイオレンスの目撃（面前DV）に関する警察からの通告の多さがその件数を押し上げる要因となっています。一方、性的虐待は諸外国と比較すると日本

図表6-1 児童虐待の防止等に関する法律第2条 児童虐待の定義と種類
（例はこども家庭庁「児童虐待の定義」より引用）

身体的虐待	児童の身体に外傷が生じ、又は生じるおそれのある暴行を加えること（殴る、蹴る、叩く、投げ落とす、激しく揺さぶる、やけどを負わせる、溺れさせる、首を絞める、縄などにより一室に拘束する　など）
性的虐待	児童にわいせつな行為をすること又は児童をしてわいせつな行為をさせること（子どもへの性的行為、性的行為を見せる、性器を触る又は触らせる、ポルノグラフィの被写体にする　など）
ネグレクト	児童の心身の正常な発達を妨げるような著しい減食又は長時間の放置、保護者以外の同居人による身体的虐待や性的虐待、心理的虐待の放置その他の保護者としての監護を著しく怠ること（家に閉じ込める、食事を与えない、ひどく不潔にする、自動車の中に放置する、重い病気になっても病院に連れて行かない　など）
心理的虐待	児童に対する著しい暴言又は著しく拒絶的な対応、児童が同居する家庭における配偶者に対する暴力（配偶者の身体に対する不法な攻撃であって生命又は身体に危害を及ぼすもの及びこれに準ずる心身に有害な影響を及ぼす言動）その他の児童に著しい心理的外傷を与える言動を行うこと（言葉による脅し、無視、きょうだい間での差別的扱い、子どもの目の前で家族に対して暴力をふるうドメスティック・バイオレンス：DV、きょうだいに虐待行為を行う　など）

図表6-2 児童相談所での児童虐待相談対応件数

心理的虐待	129,484
身体的虐待	51,679
ネグレクト	35,556
性的虐待	2,451
総　　数	219,170

こども家庭庁「令和4年度　児童相談所での児童虐待相談対応件数（速報値）」2023年

図表6-3 児童相談所での虐待相談の内容別件数の割合

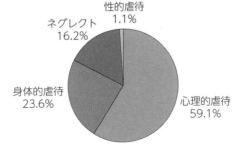

性的虐待 1.1%
ネグレクト 16.2%
身体的虐待 23.6%
心理的虐待 59.1%

こども家庭庁「令和4年度　児童相談所での児童虐待相談対応件数（速報値）」2023年

子どもたちは、特に性的虐待の被害について、私たち学校の教職員に話してくれることが多いのですね。どのように対応すればよいか、知っておきたいです。

プラスワン

トラウマと、トラウマ・インフォームド・ケア（TIC）

トラウマとは、対処が困難なほどのつらい経験（逆境体験）により生じる心理的ストレスである。子どものトラウマは、虐待だけでなく、いじめや事件・事故の目撃、病気やケガなどさまざまな逆境体験において生じる。トラウマ・インフォームド・ケア（TIC）は、トラウマへの対応や支援を一部の専門家だけが担うのではなく、多くの支援者がトラウマを理解し、適切な対応（理解する：realize、気づく：recognize、対応する：respond、再受傷させない：resist re-traumatize の4つのR）の実践をめざす支援の枠組みである（大阪教育大学学校危機メンタルサポートセンター・兵庫県こころのケアセンター訳、2018）。

はかなり低い割合にとどまっています。ただし、性的虐待は発覚しにくく、通告されにくいため、多くの被害が潜在化している可能性があります。

② 児童虐待の発覚経路

児童虐待の通告は、後述（第2項①）の通り、「児童福祉法」に定められているすべての国民に課せられた義務で、市町村の担当課や児童相談所等に通告することとされていますが、実態としては、どのような経路で児童相談所に通告されるのでしょうか。2022（令和4）年度の児童相談所での虐待相談の経路別件数では、全体の約51.5％（11万2,965件）が警察からの通告でした。次に近隣・知人からが11.0％（2万4,174件）、家族・親戚からが8.4％（1万8,436件）と続き、学校からの通告は6.8％（1万4,987件）を占めました（こども家庭庁、2023）。学校は日常的、そして継続的に子どもと関わりをもつことができる機関であり、子どもの様子や家庭の状況をつかみやすい立場にあります。つまり学校は、最初に虐待被害に気がつき、専門機関へつなぐ重要な役割を担っています。

また、特に性的虐待は、学校からの通告が多いことが報告されています（神奈川県児童相談所、2023）。この報告書では、性的虐待における児童相談所への相談経路は学校からが最も多く76件（27％）であり、通告につながった子どもの（被害についての）告白相手は、担任教諭26件（9％）、養護教諭18件（6％）、スクールカウンセラー3件（1％）、学校関係のその他38件（14％）を合わせて学校関係者は85件となり全体の3割を占めており、子どもが性的虐待の被害を告白する相手は学校関係者が最も多いことが報告されています。

つまり、学校現場では子どもが教職員に性的虐待被害について告白する可能性が高いことから、学校は、最も発覚しにくく潜在化しやすい性的虐待に、最初に気がつくことができる機関であるといえるでしょう。

③ 虐待が子どもに及ぼす影響

児童虐待は、子どもの心身の発達に長期にわたって深刻な影響を及ぼすことが示されており、身体的発達や知的発達面への影響、心理的影響などその影響は広範囲に及びます（図表6-4）。また、虐待を受けた子どもは、周囲を困らせる問題行動や迷惑行為とみなされる行動をすることがありますが、それらは虐待を受けたことによって生じる逸脱行動や逸脱症状であることもあります。したがって、逸脱行動や逸脱症状について知ることは、教職員が子どもの被害に気がつくきっかけになるでしょう。

たとえば、虐待の経験はトラウマになりやすく、被害にあった子どもは自分なりの方法でトラウマに対処しようとしますが、この対処行動が、問題行動とみなされがちな形で現れることがあります（イライラしたり、反抗的な行動や攻撃的な行動など）。そのため、子どもの問題行動を単なる生徒指導上の課題としてとらえるのではなく、問題行動の背景に「なんらかの逆境体験やトラウマがないだろうか」という視点をもち、対応することが重要です。このような視点は、トラウマ・インフォームド・ケア（TIC）と呼ばれ、適切な対応が提案されています。

虐待を受けることは、子どもがその後に歩む人生に長く深刻な影響を及

図表6-4　虐待の児童・生徒への影響

身体的影響	外から見てわかる傷（打撲、切創、熱傷など）、外から見えない傷（骨折、鼓膜穿孔、頭蓋内出血など）、栄養障害や体重増加不良、低身長などがみられる。愛情不足により成長ホルモンが抑えられた結果、成長不全を呈することもある。身体的虐待が重篤な場合には、死に至ったり重い障害が残る可能性がある。
知的発達面への影響	落ち着いて学習に向かうことができなかったり、学校への登校もままならない場合がある。もともとの能力に比しても知的な発達が十分に得られないことがある。また、虐待する養育者は子どもの知的発達にとって必要なやり取りを行わなかったり、逆に年齢や発達レベルにそぐわない過大な要求をする場合があり、その結果として子どもの知的発達を阻害する。
心理的影響	対人関係の障害（他人を信頼することができない）、低い自己評価、行動コントロールの問題（暴力的、攻撃的、衝動的）、多動（落ち着きがない）、心的外傷後ストレス障害（PTSD）、偽成熟性（大人びた行動）、精神的症状（解離など）

厚生労働省「子ども虐待対応の手引き（平成25年改正版）」2013年をもとに作成

ぼし、その影響は広範囲に及ぶことを、教職員は十分に理解して虐待の早期発見に努めなければなりません。

2　児童虐待における教育機関の対応

① 早期発見と早期対応、通告の重要性

　虐待は、子どもの安全や安心感を阻害し、時に子どものいのちが危険にさらされることもあります。また、先述のように、子どもに長期的に深刻な心身へのダメージを与えます。前述の通り、児童虐待防止法において、虐待を受けたと思われる子どもについて、市町村（虐待対応担当課）や児童相談所等へ通告することは学校に課せられる義務とされており、早期発見と適切な早期対応、速やかな通告は"学校のもつ役割"として大変重要です。

　特に文部科学省は、2012（平成24）年3月の「児童虐待に係る速やかな通告の一層の推進について」の通知のなかで、「一般的な主観により児童虐待が認められるであろうという場合は通告義務が生じる」と明記しています。また、通告が誤りであっても、「刑事上、民事上の責任を問われることは基本的には想定されない」とされ、主観による疑いをもてば通告する義務が生じ、学校には虐待の確証を探す義務はないことを強調しています。

　通告までの学校における虐待対応の流れは、発生予防、早期発見、チームとしての早期対応（情報収集・共有、対応検討）として示されています（図表6-5）。

　発生予防には、子どもや保護者への相談窓口の周知や児童虐待に関する

図表6-5　学校における虐待対応の流れ（通告まで）

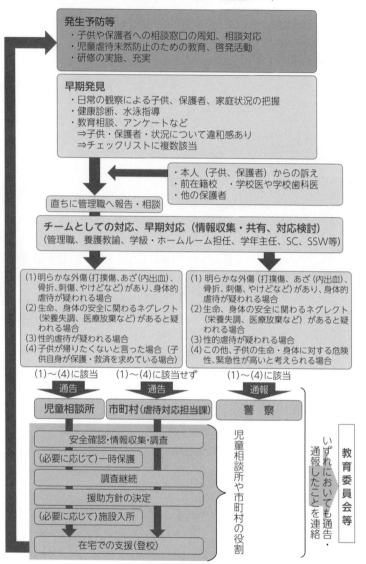

文部科学省「生徒指導提要（令和4年改訂版）」2022年、p.182

啓発活動などが含まれます。早期発見については、日常の観察による子どもの状況把握だけでなく、学校生活では健康診断などの場面も子どもの心身の変化についてとらえる機会となり、子どもに対する気づきや違和感を見逃さないことが重要です。また、本人や保護者からの訴えや、関係者からの情報提供を適切に受け止めることも重要でしょう。そのような報告や相談があった場合には、チームとしての早期対応を行うことになります。

　早期対応とは、情報収集と共有、対応の検討であり、校内での役割分担と連携が求められます。情報収集のため、子どもの訴えを適切に聴き取る被害確認や、教育委員会や関係機関との連携だけでなく、子どもの心情に寄り添い、継続的に子どもへの支援を続けることも大切です。そのため、複数の教職員が分担・連携しながら早期対応にあたるとよいでしょう。

図表6-6　さまざまな質問（問いかけ）と応答の自由度

高	**開かれた質問（オープン質問）**。応答を限定せず、自由に話せる（自由報告ができる）ような問いかけや促し	
		例：最初から最後まで全部話してください（誘いかけ）
		○から△の間のことを全部話してください（時間分割）
		さっき話した○についてもっと教えてください（手がかり質問）
		それから？　その後は？（それから質問）
		子どもの言葉をそのまま繰り返す（エコーイング）
		うん、うん（うなずき・あいづち）
	WH質問	5W1H（いつ・どこで・誰が・何を・どうした・なぜ）の問いかけ
		例：○さんはどこに行きましたか？
		誰が来ましたか？
	閉ざされた質問（クローズド質問）。応答を方向づける（限定する）ような問いかけ	
		例：○しましたか？（はい／いいえ質問）
低		○ですか？　それとも△ですか？（選択肢質問）

（応答の自由度：高←→低）

② 早期対応における子どもからの聴き取りのポイント

　児童虐待の早期発見と早期対応においては、子どもからの訴えを適切に聴き取ることが重要になります。しかし、子どもは記憶や言語など認知発達の途上にあるため、自分の体験をうまく語ることが難しく、また聴き取る側の大人の言葉（問いかけ）の影響を受けやすく、誘導や暗示に弱い（被暗示性＊が高い）傾向があります（仲、2016）。

　虐待被害が疑われる場合の聴き取りにおけるポイントは、子どもの**自由報告**を促すことです。自由報告とは、子どもの語りを制限せず、自由に話してもらうことです。この自由報告は、第3講でも学んだ開かれた質問（**オープン質問**）と呼ばれるアプローチを用いて引き出すことができます（図表6-6）。オープン質問は、誘導や暗示となる可能性が低く、子どもの報告の正確性が高まります。そのため、まずはオープン質問を用いて、子どもから自由報告を十分に引き出すことが求められます。

　一方、子どもの語りを方向づけたり、限定する問いかけを閉ざされた質問（**クローズド質問**）と呼びます。代表的なクローズド質問として、はい・いいえで答えられる（応答をはい・いいえに限定する）質問が挙げられます。クローズド質問は、誘導や暗示となってしまう可能性があり、実体験とは異なる報告が引き出されることもあるため注意が必要です。なお、WH質問は、比較的応答の自由度はあるものの、「いつ？」と聴かれれば日時を、「どこ？」と聴かれれば場所に関する情報を答えるよう方向づけられるため、オープン質問とクローズド質問の間に位置づけられます。

　また、学校における早期対応では、「誰が、何をしたのか」の最小限の聴き取りをして通告判断をし、詳細な聴き取りは専門機関に任せることが重要です。「誰が、何をしたのか」に関する情報は、通告の判断をするのに最低限必要となる情報であり、比較的子どもが答えやすい事項でもあるからです（概ね3、4歳頃から報告可能）。

　なお、性的虐待は、特に聴き取りが難しく、その後の対応において子どもの語りが重要となる可能性も高いため、疑いがあれば、詳細を根掘り葉

語句説明

被暗示性（suggestibility）

記憶や出来事の報告が、社会的要因や認知発達的要因によって影響される程度をいう。子どもは、大人と比べて被暗示性が高く、誘導や暗示の影響を受けやすいことが知られている。

掘り聴こうとせず、速やかに専門機関（児童相談所）へ通告しましょう。

　子どもが話す虐待被害は、聴き取る側に強い衝撃を与えることがありますが、決して感情的にならず、自分の推測や意見・感想は話さないように心掛けるとよいです。

　子どもから聴き取った内容を適切に記録に残すことも重要です。記録には、教職員がどのように聴き、子どもがなんと話したのかについてそのままの表現を残します。したがって、可能であれば録音しておくのがよいでしょう。録音が困難な場合には、要約ではなく逐語録のような記録を残しておくことが推奨されます。子どもとのやり取りの記録だけでなく、被害を疑ったきっかけなど、どのような事柄から疑いをもったのか発覚の状況についても記録しておくと役立ちます。

③ 早期対応における二次被害の防止

　子どもが話すことをためらったり、途中で「被害は嘘だった」などと撤回した場合など、繰り返し話を聴きたくなることがあります。しかし、何度も被害について聴かれることは、子どもにとって大きな負担となり、二次被害につながります。二次被害とは、家族や周囲の人などからの不適切な対応により被害者が傷つくことを指します。子どもから繰り返し話を聴くことは、そのような二次被害につながるだけでなく、何度も聴かれる過程において誘導や暗示が入る可能性も高まることから、子どもの語りの信用性を阻害することにつながります。そのため、校内での子どもへの聴き取りはできるだけ1回にとどめ、繰り返すことは避けなければなりません。

　早期対応における適切なケアやサポートとして、まず被害について知らせてくれたことを褒め、感謝を伝えることが推奨されます（「話してくれてよかった」「よく知らせてくれたね」など）。その際、子どもが体験した「出来事（被害等）の内容」に関する意見や評価は控え、子どもが大人に話した（伝えた）という行動について褒めることが望ましいです。

　また、子どもが被害を告白した後、または告白する前に「誰にも言わないでほしい」とお願いされることがあります。約束を守ろうとすると通告や相談ができなくなりますので、そのような約束はしないことが重要です。そのような場合には、まず「あなたを守るためにほかの人と相談することもある」など情報共有の必要性を説明しましょう。また、なぜ誰にも言わないでほしいのか子どもから理由を聴き取り、不安に思っていることがある場合はそれを取り除くことができないか検討し、子どもが安心して話ができる状況を作るよう心がけましょう。

④ 多機関連携と学校の役割

　国内では、虐待被害が疑われる子どもから被害事実を確認するため、子どもの特性に配慮した面接法（司法面接）を用いた協同面接（代表者聴取）*の取り組みが進められています。この取り組みは、児童虐待に対応する福祉・司法機関等が連携し、専門的な面接トレーニングを受けた面接者が原則1回の面接で子どもから被害についての詳細を聴き取り、その様子を録音録画によって記録するものです。

　したがって、学校などの教育機関は、協同面接の前段階での早期対応と

プラスワン

二次受傷

トラウマとなる出来事を経験した人から話を聴いたり、共感することによって、支援にあたる人が負担やダメージを受けることを指す。代理受傷・共感性疲労・二次的外傷性ストレスとも呼ばれる。

被害児童に対応する支援者（教職員）自身も、子どもから話を聴いたり、支援に携わることにより、傷つきショックを受けることがあることを知り、支援者自身が十分にケアされ、支えられることが重要である。

重要語句

協同面接（代表者聴取）

→児童相談所・警察庁・検察庁が連携することにより、子どもからの事情聴取を原則1回で実施する取り組み。子どもの特性に配慮し、できるだけ負担をかけずに、子どもから正確に聴き取りを行う手法（司法面接）を用いて実施される。

2015（平成27）年に厚生労働省、警察庁、最高検察庁が協同面接（代表者聴取）の推進に関する通達を出したことにより3機関連携が広がり、2020（令和2）年度には国内で2,124件の協同面接（代表者聴取）が実施されている（法務省、2022）。

図表6-7　早期対応から協同面接への流れ

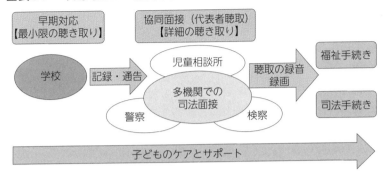

して、子どもから最初の被害告白を聴く機関として位置づけられます（図表6-7）。しかし、学校での早期対応において何度も子どもから話を聴いたり、誘導や暗示を与えてしまったり、聴き取りの記録が残っていないなど適切な対応が取られていなかった場合、二次被害による子どもへの負担、暗示や誘導の可能性が排除できないことから、後の協同面接において子どもの被害体験を正確に聴取することが困難となります。そのような事態を避けるため、教育機関においては、最小限の聴き取りをして記録に残すこと、詳細な聴き取りは専門機関に任せることが求められます（→第7講5-4も参照）。

　なお、2023（令和5）年6月の刑法・刑事訴訟法の改正により、協同面接での録音録画を証拠とすることができるようになりました。今後は、これまで以上に学校における早期対応の適切性が重要となるでしょう。

多機関連携のなかでの学校の位置づけを知り、校内での聴き取りは最小限にとどめ、疑いがあれば速やかに通告しましょう。

ディスカッションしてみよう！

　3人グループになり、聴き役・子ども役・記録係に分かれ、最小限の聴き取りを実践してみましょう。そして、うまくいったところや難しかったところなどについて意見交換しましょう。聴き取りには以下のような事例を想定するとよいでしょう。①健康診断で肩にあざが見つかった子どもへの聴き取り。②「お布団に入ってくるから眠れない」という曖昧な告白（ほのめかし）をした子どもへの聴き取り。

たとえば・・・🖊

2 子どもの自殺とその対応

1 子どもの自殺の現状とその背景

　自殺はどの国、地域、世代においても重大な問題ですが、とりわけ日本の若者の自殺者数の多さは繰り返し報道されているところです。たとえば2022（令和4）年の年間自殺死亡者数は2万1,881人です。図表6-8は最近の自殺死亡率（人口10万人当たりの自殺者数）の推移を示したものですが、特に、新型コロナウイルス感染症の影響で大きく生活スタイルが変化した2020（令和2）年以降、複数の世代で自殺者数が増えているの

図表6-8　自殺の状況

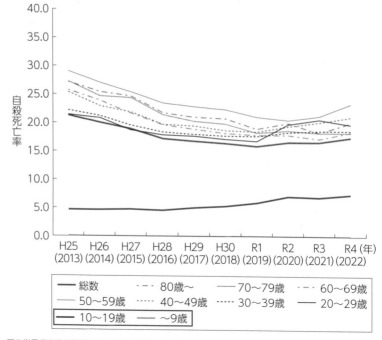

厚生労働省自殺対策推進室・警察庁生活安全局生活安全企画課「令和4年中における自殺の状況」2023年

図表6-9　学校の種別、男女別にみた自殺の原因・動機の割合

(%)

性　別	年　齢	家　庭	健康問題	経済・生活問題	勤務問題	交際問題	学校問題	その他	不　詳
男	小学生	35.9	1.6	0.0	0.0	0.0	21.9	1.6	46.9
男	中学生	19.8	7.5	0.0	0.0	2.3	31.0	6.4	43.4
男	高校生	13.2	15.5	1.3	0.2	7.8	35.6	9.2	31.2
女	小学生	38.3	6.7	0.0	0.0	0.0	21.7	3.3	41.7
女	中学生	26.0	15.5	0.0	0.0	2.9	38.6	8.4	28.6
女	高校生	17.6	31.8	0.9	0.5	9.5	27.9	7.7	23.5

厚生労働省「令和4年版　自殺対策白書」2022年をもとに作成

図表6-10　自殺直前のサイン

・これまでに関心のあった事柄に対して興味を失う	・家出や放浪をする
・注意が集中できなくなる	・乱れた性行動に及ぶ
・いつもなら楽々とできるような課題が達成できなくなる	・過度に危険な行為に及ぶ
・成績が急に落ちる	・アルコールや薬物を乱用する
・不安やイライラが増し、落ち着きがなくなる	・自傷行為が深刻化する
・投げやりな態度が目立つ	・重要な人の自殺を経験する
・身だしなみを気にしなくなる	・自殺をほのめかす
・行動、性格、身なりが突然変化する	・自殺についての文章を書いたり、自殺についての絵を描いたりする
・健康や自己管理がおろそかになる	
・不眠、食欲不振、体重減少など身体の不調を訴える	・自殺計画の準備を進める
・自分より年下の子どもや動物を虐待する	・別れの用意をする（整理整頓、大切なものをあげる）
・引きこもりがちになる	

文部科学省「生徒指導提要（令和4年改訂版）」2022年をもとに作成

が見て取れます。

　また、2022（令和4）年度における小・中・高生の自殺による死亡者数は514名です。全体の数からみれば、「子どもの自殺はそこまで多くないのでは？」という印象をもったかもしれません。しかし、図表6-8でも明らかなように、その数は右肩上がりになっており、先ほど挙げた小・中・高生の自殺者数は過去最悪の数字です。また他の世代と比べて、そもそも死亡率の低い世代です。日本の人口動態統計*によれば、10代の死因の第1位が自殺であり、これは先進国（G7）のなかでは唯一日本だけです。子どもの自殺は決して見過ごすことのできない問題の一つといえるでしょう。

　では、子どもの自殺の背景にはどのようなものがあるのでしょうか。図表6-9は、学校の種別、男女別にみた自殺の原因・動機の割合です。ここから読み取れるのは、「家庭」「学校問題」の割合が大きいことです。また男女共に校種が上がるにつれて、「家庭」がその原因を占める割合が下がっています。一方、男女差もあり、男子は学校問題の占める割合が成長とともに大きくなるのに対して、女子は中学生で4割近くにまで達した後、高校生では減少しています。代わりに、高校生女子では「健康問題」が3割を占めるようになります。学校や男女による違いにも留意しながら、子どもに関わっていくことが必要です。

　加えて、これらの要因は複合的に関わっているということにも注意が必要です。たとえば、「いじめ自殺」という言葉はよくマス・メディア等で取り沙汰されますが、これは問題を単純化、矮小化してしまう危険性があります。もちろん、実際にいじめが発生していた場合、そのことを重く受け止め、しかるべき対処をするべきですが、同時に、いじめと自殺を短絡的に結びつけることにも用心しなければなりません。「自殺は複合的な要因が複雑に絡み合った結果、起こるもの」だということを、ぜひ覚えておきましょう。

　図表6-10は、上記のような背景をもった子どもたちが、実際に自殺を

語句説明

人口動態統計

人口動態事象（出生、死亡、死産、婚姻及び離婚）の実態を把握するために調査されている、日本の基幹統計の一つである。

実行するとなった際のサインをまとめたものです。自殺をほのめかしたり、自傷が深刻化したり、自殺を計画したりするような気づきやすいものもあれば、集中することが難しくなったり、成績が急に落ちたりするなど、すぐに自殺のリスクと結びつけにくいものもあります。しかし、これらのサインは、子どもからのSOSであることは間違いありません。すぐに自殺のリスクとつながるかどうかはわからなくとも、迅速かつ丁寧に子どもに関わることが必要です。

さらに、いろいろと調べてみても自殺の原因がよくわからないことも決して珍しくありません。図表6-9でも、その割合はかなり大きいことがわかります。自殺で亡くなる青少年の3割には自傷経験がなく、他の危険因子や相談行動もあまりみられなかったという海外の報告もあります。サインに気づこうとすることはとても大事ですが、同時に、すべてのサインに気づけるわけではないということも、ぜひ肝に銘じておいてください。

2 学校における自殺予防の前提

前の項では、子どもの自殺の現状とその背景をみてきましたが、学校や教師はどんな役割を果たすことができるでしょうか。

まず、「生徒指導提要（令和4年改訂版）」にも詳細に取り上げられているように、学校での自殺予防は、教師が取り組まなければならない課題の一つです。しかし自殺は、専門家といえども一人で抱えることができないほど重く、かつ、困難な問題です。したがって、きめ細かな継続的支援を可能にするには、校内の教育相談体制を基盤に、関係機関の協力を得ながら、全教職員や専門スタッフが組織的に取り組むことが必要です。

実際、ほとんどの小・中・高等学校には、児童・生徒指導部（委員会）や教育相談部（委員会）など、子どもが悩みや問題を抱えたときに対応するための組織がすでに存在しています。このため、自殺予防に特化した新たな校内体制をつくるというのではなく、既存の教育相談体制が自殺予防のために機能するように自殺予防の視点から見直すことが、まず取り組まなければならないことです。特に教育相談コーディネーターと養護教諭は構成メンバーの核となり、各学年や生徒指導部・保健部などの他の**校務分掌***と連携した相談体制をつくることが重要です。また折に触れて体制の見直しをはかることが大切です。図表6-11は体制を見直すためのチェックポイントです。

そして、こうした体制を構築したうえで、実際には複数のターゲットに応じた重層的な支援に取り組んでいくことになります。図表6-12はこれをモデル化したものですが、基盤となるのはやはり、子どもたちが生き抜く力を身につけるための「発達支持的生徒指導」です。そしてこの土台の上に、自殺予防教育の実施や、リスクの高い子どもの早期発見と対応といった「課題予防的生徒指導」があります。最後に、自傷を繰り返していたり、自殺をはかった児童・生徒への危機介入という「困難課題対応的生徒指導」があります。自殺により遺された子どもたちや家族等への対応も、この段階での生徒指導に含まれます。

語句説明

校務分掌

学校運営に必要な校務（たとえば教務や生徒指導など）を教員が分担して行うこと。

図表6-11　教育相談体制を見直すためのチェックポイント

・子どもの問題に気づいた人が、問題を全体に投げかけられる雰囲気があるか？
・教育相談担当者と養護教諭が連携の中心になっているか？
・教育相談担当者と生徒指導担当者との連携はとれているか？
・一人で抱え込まずに、チームで支援する体制になっているか？
・話し合いが継続的に行われるようなシステムができているか？
・事例検討会を実施しているか？
・スクールカウンセラーや学校医との連携はとれているか？
・学校内だけで対応するのではなく、地域専門機関を積極的に活用しているか？
　そもそも把握できているか？

文部科学省「教師が知っておきたい子どもの自殺予防」2001年をもとに作成

図表6-12　自殺予防に関する生徒指導の重層的支援構造

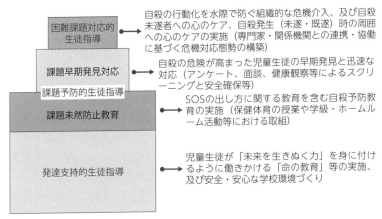

困難課題対応的生徒指導 → 自殺の行動化を水際で防ぐ組織的な危機介入、及び自殺未遂者への心のケア、自殺発生（未遂・既遂）時の周囲への心のケアの実施（専門家・関係機関との連携・協働に基づく危機対応態勢の構築）

課題早期発見対応 → 自殺の危険が高まった児童生徒の早期発見と迅速な対応（アンケート、面談、健康観察等によるスクリーニングと安全確保等）

課題予防的生徒指導

課題未然防止教育 → SOSの出し方に関する教育を含む自殺予防教育の実施（保健体育の授業や学級・ホームルーム活動等における取組）

発達支持的生徒指導 → 児童生徒が「未来を生きぬく力」を身に付けるように働きかける「命の教育」等の実施、及び安全・安心な学校環境づくり

文部科学省「生徒指導提要（令和4年改訂版）」2022年

　また、「生徒指導提要（令和4年改訂版）」にも明記されているように、学校には、生涯にわたる精神保健の観点から、すべての児童・生徒を対象とする「自殺予防教育」と、自殺の危険性が高いと思われる児童・生徒への直接的支援としての「危機介入」を並行して進めることが求められています。そして、自殺予防教育の中核は、「早期の問題認識（心の危機に気づく力）」と「援助希求的態度の促進（相談する力）」に焦点化して取り組む授業となります。しかし、それ単体ではうまく実行できません。自殺予防教育の下地づくり、つまり各学校ですでに取り組まれている「生命尊重に関する教育」「心身の健康の保持増進に関する教育」「温かい人間関係を築く教育」などを通じた安全で安心な足場があってこそ、はじめて自殺予防教育の中核に迫ることができるのです。もちろん、この足場には安定した教育相談体制も含まれますし、すべての教師が自殺予防の「ゲートキーパー」としての知識とスキルを十分備えていることが必要です。
　では、このゲートキーパーとは何なのかを次の項でみてみましょう。

3　自殺予防のゲートキーパーとしての教師

　ゲートキーパーとは、「命の門番」という意味です。ゲートキーパーの取り組みは、子どもの自殺予防だけに限りません。2022（令和4）年10

図表6-13　ゲートキーパーの役割

- 気づき：家族や仲間の変化に気づいて、声をかける
- 傾　聴：本人の気持ちを尊重し、耳を傾ける
- つなぎ：信頼できる専門家につなげる
- 見守り：温かく寄り添いながら、じっくりと見守る

月に見直された「自殺総合対策大綱*」でも、その育成が重点項目として明記されており、研修が全国各地で実施されています。ゲートキーパーには、おおむね「気づき、傾聴、つなぎ、見守り」という4つの役割があるとされています（図表6-13）。

「気づき」は、本人の変化に気づいて、声をかけることです。当然、子どもの変化やSOSについてまったく知識がなければ、何も気づくことはできません。研修などを通じて、子どもの自殺に関する知識を習得すること、そしてそれを常にアップデートし続けていくことが必要です。

「傾聴」は、本人の気持ちを尊重し、耳を傾けることです。自殺リスクが高まった状況では、自分の抱えている悩みや思いをうまく言葉にすることは難しいです。またきちんと話を聞いてくれるだろうかという不安も強いでしょう。子どもの気持ちを丁寧に受け止めることが何より大切です。そのうえで、子どもがもし「自殺したい」と口にしたのなら、その「気持ち」や「そう思った理由」についてたずねることも必要です。これは自殺予防において有名なTALKの原則*の「Ask」にあたります。頭ごなしに否定したり、話を逸らしてしまうと、せっかく子どもが勇気をもって伝えた気持ちも台無しになってしまい、もう二度と相談してくれないかもしれません。一方で、死にたい気持ちについてたずねるのは勇気のいることです。寝た子を起こすのではないだろうかと心配になるかもしれません。そのためにも専門的な内容の研修を受け、傾聴のスキルを養っておくことが大切です。

「つなぎ」は、信頼できる専門家につなげることです。いざ必要となってからつなぎ先（医療機関や自殺対策を専門とする行政組織など）を見つけようとしても遅すぎます。先に述べたように、校内の教育相談体制が組織されているのなら、このつなぎはスムーズに機能するでしょう。また、日頃から校外の支援機関とも積極的に交流しておくことで、地域連携もしやすくなります。

そして、「見守り」です。これは、児童・生徒に温かく寄り添いながら見守ることです。一度「自殺してしまいたい」と思った子どもが、思い直し、自殺の危機がすぐに消えてなくなることはごく稀です。実際は、じっくりと問題の本質に向き合っていくことで、少しずつリスクが和らいでいくものです。そのため、「見守り」の段階に至っても、すぐに手を離すのではなく、また、誰かに押しつけるのでもなく、安定した支援体制のなかで、周囲の

重要語句

TALKの原則

→自殺の危機対応における原則である。Tell（言葉に出して心配していることを伝える）、Ask（死にたい気持ちについて、率直にたずねる）、Listen（絶望的な気持ちを傾聴する）、Keep Safe（安全を確保する。危険と判断したら一人にしないで、他からの適切な援助を求める）の4つからなる。

プラスワン

学校での自殺予防教育プログラムGRIP

生徒一人ひとりが「課題に挑戦し回復する力」を身につけるために作成された5時間の自殺予防教育プログラム。このプログラムでは、学級や集団における援助の成立をめざしている点に大きな特徴がある。指導案や教材はすべて出版社のサイトからダウンロード可能である（川野・勝又、2018）。

みなが見守っていくことができるよう、普段から準備しておくことが大事です。

ゲートキーパーとして適切な対応ができるよう、事前に研修等を通じて適切な知識とスキルを身につけておきましょう。

4 自殺予防教育の実践

学校での自殺予防には、先に述べた教職員向けゲートキーパーとしての研修以外にも、自殺を考える可能性の高い児童・生徒のスクリーニング（→第1講参照）、ピアリーダーの育成、自殺未遂や自殺が生じた後の対応など、さまざまなものがあります（図表6-14）。なかでも、子ども自身を対象にした自殺予防教育のプログラムは各国で実施され、教育効果のエビデンスも多数報告されています。

日本でも、これまでいくつかの自殺予防教育が提案、実施されてきました。また改訂された自殺総合対策大綱では、子どもや若者への自殺予防対策が重点課題の一つとして位置づけられており、「SOSの出し方教育」の

図表6-14　学校における自殺予防の3段階

段　階	内　容	対象者	学校の対応	具体的な取組例
予防活動 プリベンション	各教職員研修	全ての教職員	校内研修会等の実施	教職員向けゲートキーパー研修
	自殺予防教育及び児童生徒の心の安定	全ての児童生徒	授業の実施（SOSの出し方に関する教育を含む自殺予防教育、及び自殺予防につながる教科等での学習）日常的教育相談活動	・自殺予防教育 ・生と死の教育 ・ストレスマネジメント教育 ・教育相談週間 ・アンケート
	保護者への普及啓発	全ての保護者	研修会等の実施	保護者向けゲートキーパー研修
危機介入 インターベンション	自殺の危機の早期発見とリスクの軽減	自殺の危機が高いと考えられる児童生徒	校内連携型危機対応チーム（必要に応じて教育委員会等への支援要請）	・緊急ケース会議（アセスメントと対応） ・本人の安全確保と心のケア
	自殺未遂後の対応	自殺未遂者と影響を受ける児童生徒	校内連携型危機対応チーム（教育委員会等への支援要請は必須）、若しくは、状況に応じて（校内で発生、目撃者多数などの場合）ネットワーク型緊急支援チーム	・緊急ケース会議 ・心のケア会議 ・本人及び周囲の児童生徒への心のケア
事後対応 ポストベンション	自殺発生後の危機対応・危機管理と遺された周囲の者への心のケア	遺族と影響を受ける児童生徒・教職員	ネットワーク型緊急支援チーム（校内連携型危機対応チーム、教育委員会等、関係機関の連携・協働による危機管理態勢の構築）	・ネットワーク型緊急支援会議 ・心のケア会議 ・遺族、周囲の児童生徒、教職員への心のケア ・保護者会

文部科学省「生徒指導提要（令和4年改訂版）」2022年

推進が明記されており、さまざまな教材が提案されています。

　学校の教育相談体制、子どもの状況、これまでの授業実践などを考慮して、最適な自殺予防教育を実践していきましょう。

5　自殺により遺された子どもへの対応

　子どもの自殺は周囲に甚大な影響を及ぼします。まず、子どもの死はそれだけで衝撃ですが、自殺の場合はトラウマ的な喪失となることが少なくありません。亡くなった現場を目撃したり、亡くなる直前に話を聞いていた児童・生徒への対応については、特に注意が必要です。必要に応じてトラウマに対する個別ケアを実施することも検討します。

　また、トラウマの影響を最小化することに加えて、身近な人との死別後に経験する「グリーフ*」に、遺された子どもたちがその人らしいやり方で向き合えるようにすることです。そのためには、教師がグリーフについての正しい知識とスキルを身につけることも必要です。自殺未遂や自殺が起こった後の対応は「ポストベンション（Postvention）」ともいわれます。これは遺された人の苦痛を和らげることが第一の目的ですが、同時に自殺の連鎖を防ぐという意味で、「予防」の側面も含まれています（川島、2022）。

　では、このような事態が生じたときに、具体的にどう対応すればよいのでしょうか。図表6-15は遺された子どもたちへの好ましい対応の例です。

　一方で、全校生徒を体育館に集めて学校長が講話を行ったり、亡くなり方の詳細を伝えるような機会を設けることは控えましょう。むしろ、図表6-16のような対応が推奨されています。また身近な友人が亡くなった児童・生徒は、その喪失によって起こりうる感情や身体の反応についての説明を受けることで安心したり、適切な相談先を知ることでそこへつながることができます。そうした支援を迅速に提供できるよう準備をしておくことが必要です。

図表6-15　遺された子どもたちへの好ましい対応の例

・話しを聞くこと（気持ちや表現を感じ取ること）。 ・うそをつかずに正直でいる。答えにくい質問にも誠実に答えること。 ・子どもが安心して悲しめる環境を整えること。 ・悲しみ方はそれぞれ違うこと、また年齢によっても悲しみの表現が違うことを理解し尊重すること。　　など

ダギーセンター／栄田・岩本・中島訳（2005）

図表6-16　事後対応での留意点

1. 自分や他人を責める子どもや後追い自殺の危険性の高い子どもに配慮しつつ、情報発信 2. 遺された家族等への継続的な関わり 3. 専門家のケアが必要な人をリストアップし、ケアが受けられる体制を用意 4. 大きな集会を避け、クラスで事実を伝える。ただし、自殺手段の詳細は伝えない

文部科学省「教師が知っておきたい子どもの自殺予防」2009年、p.29をもとに作成

しかし、すべての事柄を事前に学習しておくというのは現実的ではないでしょう。教職員による対応チームを組成して取り組むうえで、メンバーのなかにそうした知識をもっているものがいる、あるいはいざというときに助言を求めることができる外部の専門家とつながりをもっておくといった形でも構いません。ぜひ、身近にどのようなリソース（専門機関や有識者）があるのかを調べてみましょう。

6 自殺予防に継続的に関わるために

子どもの自殺は、家族や他の子どもにとどまらず、教師自身にも大きな影響を及ぼします。たとえば、罪責感、他の人から非難されることへの恐れ、自己非難、ショック、怒りなどを招くこともあるでしょう。また、トラウマ化するリスクもあります。さらに、教師としての自信の喪失や自殺リスクへの過剰な警戒などの専門性への影響も出てくるかもしれません。

このため、教師自身も積極的にセルフケアを行うことが必要でしょう。たとえば、自分自身の心身の健康や生活が脅かされないようにすること、自分自身のための時間を取る（休息、趣味、食事、睡眠など）こと、自分の感情や健康に気を配ること、無力感や希望がもてないと感じたら、ためらわずに誰かに援助を求めること、支援に際して大変だったことについて定期的に同僚や信頼できる人と話をすること、などが考えられます。教師自身が安定して継続的に関わることができてはじめて、子どもや家族に良質のケアが提供できるのです（川島、2022）。

3 いのちの教育

1 いのちの教育とは

教育基本法や学校教育法に明記されているように、生命を尊重する心を育むことは、学校教育における重要な目標です。また、「特別の教科 道徳」では、「生命の尊さについて、その連続性や有限性なども含めて理解し、かけがえのない生命を尊重すること」（『中学校学習指導要領解説 特別の教科 道徳編』）と説明されています。これらを踏まえると、いのちの教育とは、まさに生命尊重の心を育む教育と考えることができます。また、この教育は道徳教育に限りません。国語や理科などの他教科あるいは総合的な学習（探求）の時間などと関連づけた系統的な教育実践を行うことが大切です。

さらに、いのちの教育は、単純に生物としての生命だけを扱っているのではありません。WHO憲章の「健康」の定義にもあるように、身体的側面だけでなく、精神的な側面や社会文化的側面からも生命をとらえたうえで、よりよい状態（well-being：健康）へと導くことも、いのちの教育における重要な観点といえるでしょう。

加えて、社会文化的な側面にも目を向けることで、日本社会や学校にお

プラスワン

WHO憲章による「健康」の定義

「健康」とは、病気でないとか、弱っていないということではなく、肉体的にも、精神的にも、そして社会的にも、すべてが満たされた状態にあることをいう、と定義づけられている。

いて「いのち」がどのように扱われてきたのかという文化や歴史についても考えることができます。学校では「生命の尊さ」について積極的に扱われてきた一方で、生命の最終局面である死については十分扱われてきませんでした。死を正面から取り上げることで、寝た子を起こすのではないかという危惧から、学校現場では死はタブー視されてきた傾向さえあります。次項で取り上げる、生と死の教育（デス・エデュケーション）は、こうした状況に対する反省から提案されてきたものです。

■ ディスカッションしてみよう！

いのちについて考えるうえで、現在重要なテーマとなっている事象の一つに「脳死は死なのか？」という問題があります。とりわけ、臓器移植については、その認否についてさまざまな議論があります。そこで、もし、あなたの大切な家族が「脳死」と判定された場合、あなたはその後、どのような対応を考えますか？　難しいですが、考えてみましょう。

たとえば・・・✏

2　いのちの教育の実践

いのちの教育の実践として、「安全教育」「がん教育」「デス・エデュケーション」などが挙げられます。図表6-17は、各教育実践でどのようなことを目標に掲げているかをまとめたものです。では、これらの目標を達成するために、具体的にどのような教育実践が行われているのでしょうか。

安全教育では、生活安全、交通安全、災害安全の観点から、生命の安全に関する資質・能力を育むため、地域の特性や児童・生徒の実情に応じた教育実践がされています。たとえば、生活安全の観点では、SNSでのトラブルや性暴力など、日常生活で起こりうる事件・事故の内容やその背景、そして自他の生命の安全を守るための方法などについて正しく理解し、望ましい行動ができることをめざして、さまざまな教材が提案されています。

また災害安全の観点では、災害発生時における危険について理解し、正しい備えと適切な判断ができ、行動がとれるように教育・指導を行います（図表6-18）。また近年、さまざまな防災教育の教材が開発されていますが、たとえば「クロスロード」（矢守・吉川・網代、2005）というカードゲームは、参加者が、災害時の対応について自分自身の問題として考え、他の参加者とコミュニケーションをすること、そしてそれを通して自分とは異なる意見・価値観に気づくことを促す目的で作成されています。

教育実践	目　標		発達段階に応じた目標
安全教育[1,2]	・日常生活全般における安全確保のために必要な事項を実践的に理解し、自他の生命尊重を基盤として、生涯を通じて安全な生活を送る基礎を培うとともに、進んで安全で安心な社会づくりに参加し貢献できるよう、安全に関する資質・能力を育成する。 ・生命の尊さを学び、性暴力の根底にある誤った認識や行動、また、性暴力が及ぼす影響などを正しく理解したうえで、生命を大切にする考えや、自分や相手を尊重する態度などを、発達段階に応じて身につける。	幼稚園	・危険な場所・遊び方を理解し、安全な生活に必要な習慣や態度を身につけ、災害時などに、教職員や保護者を含む大人の指示に従い行動し、危険を伝えることができるようにする。 ・自分と相手の体を大切にできるようにする。
		小学校	・安全に行動することの大切さ、危険の要因、事故等の防止について理解し、日常生活における安全な状況判断や行動ができるだけでなく、周りの人の安全にも配慮できるようにする。 ・自分と相手の体を大切し、よりよい人間関係を構築する態度を身につける。 ・性暴力の被害に遭ったとき等に適切に対応する力を身につける。
		中学校	・地域の課題を踏まえ、犯罪や災害の実情、メカニズムの基礎、事例、日常の備えや災害時の助け合いの大切さを理解し、危険を予測し自他の安全のために主体的に行動し、地域の安全にも貢献できるようにする。 ・性暴力への正しい知識をもち、性暴力発生を防ぐ考え方・態度を身につけ、性暴力発生時等に適切に対応できるようにする。
		高等学校	・安全で安心な社会づくりの意義、地域の自然環境の特色、自然災害の種類、過去に生じた規模や頻度等、安全上の課題を理解し、自他の安全な生活を実現するための状況評価や意思決定により行動できるだけでなく、地域社会の一員として、安全で安心な社会づくりに積極的な貢献ができるようにする。 ・性暴力に関する現状を理解し、正しい知識をもち、性暴力が起きないようにするために自ら考え行動しようとする態度や、性暴力が起きたとき等に適切に対応する力を身につける。
		特別支援	・障害の状態や特性及び発達の程度等、さらに地域の実態等に応じて、安全に関する資質・能力を育成する。 ・被害・加害児童生徒等が性暴力について正しく理解し、適切に対応する力を身につける。
がん教育[3]	・がんが身近な病気であることや、がんの予防、早期発見・検診等について関心をもち、正しい知識を身につけ、適切に対処できる実践力を育成する。また、がんを通じてさまざまな病気についても理解を深め、健康の保持増進に資する。	小学校	・生活行動が関わって起こる病気の予防には、健康によい生活習慣を身につける必要があることを理解できるようにする。

	・がんについて学ぶことや、がんと向き合う人々と触れ合うことを通じて、自他の健康と命の大切さに気づき、自己のあり方や生き方を考え、共に生きる社会づくりをめざす態度を育成する。	中学校	・不適切な生活習慣は、生涯にわたる心身の健康にさまざまな影響があり、健康を保持増進するためには、年齢、生活環境等に応じた食事、適切な運動、休養及び睡眠の調和のとれた生活を続けることが必要であることを理解できるようにする。 ・健康の保持増進や疾病の予防には、健康を支える社会的な取り組みが有効であることを理解できるようにする。
		高等学校	・悪性新生物などを適宜取り上げることで生活習慣病を予防し、健康を保持増進するには、適切な食事、運動、休養及び睡眠など、調和のとれた健康的な生活を実践することが必要であることを理解できるようにする。 ・生涯を通じて健康を保持増進するには、自己の健康上の課題を的確に把握し、地域の医療機関及び保健・医療サービスなどを適切に活用していくことなどが必要であることを理解できるようにする。
デス・エデュケーション[4]	・死をテーマとして、「今、生きていることの尊さ」を可能な限り理解し、実感させる。		・子どもの個々の発達段階をよく理解し、それに応じたカリキュラムを組むことで、自分が生きていることを実感させる。 ・授業を経て、自分の存在は尊く大事なものだと納得できる答えを自分自身で見つけさせる。 ＊　明確な定義がないため、各発達段階に応じた統一的な目標は定まっていない。

1：文部科学省「『生きる力』をはぐくむ学校での安全教育（平成31年改訂版）」2001年をもとに作成
2：文部科学省「生徒指導提要（令和4年改訂版）」2022年をもとに作成
3：文部科学省「中学校・高等学校版 がん教育プログラム 補助教材」2021年をもとに作成
4：心の教育「生と死の教育」研究会（2000）

図表6-18　いのちの教育の一環としての防災教育

「出勤!! こども消防隊」京都市市民防災センターHP

がん教育では、「がん」という病気についての正しい理解と、がんに向き合う人々に対する理解を通して、自分らしい生き方や、健康といのちの尊さについて考えます。文部科学省では、有識者による「がん教育」のあり方に関する検討会が設置され、またそのホームページには「がん教育」に関するさまざまな教材が掲載されています。がんは国民の2人に1人がかかるといわれる重大な疾患です。「生きている限り誰にでも起こりうる病気や死といかに向き合うか」という問いに向き合うことが求められています。

デス・エデュケーションは、生と死の教育や死への準備教育ともいわれ、死を通して生命の大切さや生きることの喜びに気づくことをめざして、これまで多くの学校で実施されています。たとえば、兵庫県の「生と死の教育」研究会が作成した、中・高生を対象としたカリキュラムでは、死別の悲しみや、避けられない死・避けられるかもしれない死、死の看取りなどを学ぶ内容になっています。しかし、死を正面からとらえることの意義はあるものの、「そもそも学校で死を教えるべきなのか」という批判や、「日常生活では死を意識することがあまりない児童・生徒には、必要以上に不安を与えることにならないか」という心配が語られることも珍しくありません。その背景には、死をタブー視する価値観だけでなく、そもそも何をもってデス・エデュケーションとするのか、その定義が未だに定まっていないことや、指導方法やカリキュラムが整備されていないという問題もあります。

以上、いのちの教育に関する実践をいくつか紹介しましたが、各実践も発達段階によって具体的なねらいは異なります。教育教材についてもさまざまなものが提案されていますので、ぜひ調べてみましょう。

3 いのちの教育における留意点

いのちの教育では、友達を大切にする、いのちを大切にする、自分を大切にするといった内容が扱われます。すでに述べた通り、道徳教育における「生命の尊さ」は、まさにいのちの教育の中核的な内容でしょう。一方で、「それをどう教えるか」という点においては難しさがあります。「いのちを大切にしなさい」と言うだけでは子どもにはなかなか届かないでしょう。ましてや、前節までで扱った虐待や自殺のリスクを抱えている子どもについては、「親にもらったいのちを大切に？　その親から虐待されているんだけど」「ああ、やっぱり自分の気持は『大人』にはわからないんだ」といったネガティヴな反応を引き起こしかねません。

したがって、いのちの大切さを伝えると同時に、いのちを大切にできない、大切に思えない辛さ、苦しさに共感すること、そして子どもたちの思いを傾聴することがより大切です。他方で、リスクの高くない子どもたちにとっては、「辛いときに死にたくなるのは仕方ないよね」といった安易な共感を示すことも逆効果でしょう。つまり「辛くなったら自分を傷つけてもいいんだ」「死にたくなってもいいんだ」という誤った学習の機会になってしまう危険性があるからです。

プラスワン

がん教育

授業では、がんについての基礎知識だけでなく、がんと向き合いながら日常生活を送る事例を取り上げ、そこでの話し合いやワークなどを交えた授業を展開する。これによって、がんについての正しい知識を習得することにとどまらず、自分らしい生き方や健康と命の大切さについて考えることができる。

それでは、「いのち」について何も伝えないほうがよいのでしょうか。あるいは、リスクの高い子どもたちへの個別対応と、クラス集団へのいのちの大切さの授業とは、単純に区別して関わるのがよいのでしょうか。残念ながら、教師が「いのちの教育はリスクのある難しい問題である」などと回避したとしても、子どもは自分たちで学習しあってしまい、時には間違った理解や考えをもつ可能性もあります。教師として、この内容について目をそらすことなく、明確な正解がないと知りつつも、辛抱強く関わり続けていくしかないものなのです。

■ 4 ■ 子どものいのちと向き合うために

この第6講では、子どものいのちに関わる虐待、自殺の問題と、そこに教師がどのように関わることができるのかをみてきました。子どもたちの危機に対応し、見守り続けていくためにも、教師自身が生と死をどうとらえているか、すなわち自分自身の死生観を振り返ることがまず必要です。そして、子どもに真摯に向き合い、周囲の状況を丁寧に観察し、適切な対応を行います。しかし、それで終わりではありません。教師が自身の実践について常に省察し、また、それを次の実践に活かしていくことが、特にいのちに関わる問題に対応する際には必要なことです。

〈コラム〉災害からいのちを守るための教育相談活動

みなさんもご存知の通り、日本は自然災害が生じやすい国であるといわれています。とりわけ、地震災害から大きな被害が発生していることが実感できると思います。もちろん、地震以外でも各種災害によって日常生活が困難となるケースも多くあります。

そのようなとき、第一次避難施設とされる場所の一つが「学校」です。日頃、当たり前に過ごしていた学校生活の場の一部が、たちまち被災者の生活の場に変わります。復旧に長い時間を要する場合、グラウンドに多くの仮設住宅が建設されることもあり、学校が再開しても、その状況を意識しながら学校生活を送ることとなります。よって、災害発生時から当面の間、多くの児童・生徒は、辛い気持ちを抱きながら学校生活を送ることもあるでしょう。そのとき、あるいはそのような状況に備えて、教師には何ができるでしょうか。本書からも多くの内容が援用できます。この講で書かれている内容はもちろんのこと、児童・生徒が「自分の気持ちを素直に話せる」学級づくりは、日頃から「発達支持的教育相談」の考え方を意識することからつながるものです。また、教師が児童・生徒からの話を十分に受け止めるにあたっては、第3講で学んだ「繰り返し」や「感情語の反映」などの反映技法をはじめ、さまざまなカウンセリング技法を十分に習得しておくことも大切です。さらに学校におけるチーム支援の取り組みでは、専門スタッフとの協力や助言のもと、学校生活に関する個々の事情に応じた支援のための相談活動の役割も期待されています。

一方、近年、防災教育の分野でも「レジリエンス教育」という取り組みが多くみられるようになりました。レジリエンス*とは、回復力や逆境力という意味で、さまざまな分野で用いられていますが、教育心理の分野では、「困難や逆境に直面したときにその事象を乗り越える心の力を養うこと」とされています。そのため、日頃から避難訓練を経験するなどの防災教育は欠かせない内容となりますが、そこで児童・生徒に育むべき基盤となる力が「話す力」「伝える力」など、表現する力とそれが許容される環境づくりなのです。そのために、先に述べた通り、今後、生じうる災害時でも、誰もが「自分の気持ちを素直に話せる」ことができる資質と体制づくりが教師に求められることを理解しておきましょう。

児童・生徒に信頼される学校・教師でありつづけるために
──「学校・教育委員会等向け虐待対応の手引き」（文部科学省、2020年）を踏まえて

　2019年1月に千葉県野田市で、10歳の小学生が「親からの虐待」により命を奪われるという事案が発生しました。この事案において、学校や教育委員会、児童相談所は、家庭における虐待について把握し、児童の一時保護などを行ってきた経緯がありました。さらに、学校が実施したアンケートに対して、当該児童から、家庭で親から虐待を受けている、助けてほしいという訴えが出されていました。それは児童から学校や教師への切実な訴えであったと思われます。しかしながら、虐待を行っていた親の強い要望によって、学校・教育委員会より、当該児童がアンケートにこのような回答をしたことが親に知らされてしまいます。その後、さらに虐待はエスカレートし、親自身の通報によって救急隊員に発見された児童は、自宅で亡くなっていたことが確認されました。

　児童・生徒のなかには、家庭生活のなかで、「辛い」「怖い」思いをしている子が存在している可能性が、本講に示されている児童虐待相談対応件数の調査データ等から想定されます。家庭内に辛さや怖さがある場合、学校や教師は、児童・生徒にとって頼ることができる数少ない対象です。もし、その学校や教師が児童・生徒のSOSの訴えに十分に応えることがないまま、児童・生徒を守る手立てを十分にとらないまま、児童・生徒に危害を与えている親に児童・生徒からの訴えを伝えてしまったら、親の否定的感情や攻撃がさらに児童・生徒に向かってしまうおそれもあります。虐待事案は、学校や教師だけで対応できるものではありません。本書で学んだ通り、児童相談所や警察などさまざまな関係機関と連携して、児童・生徒を守らなければなりません。それでも、多くの児童・生徒は、学校や教師は家庭外で最も深いつながりをもつ対象であり、まず最初に助けを求めることができる対象であると信じています。この信用に応えられるよう、学校や教師は、児童・生徒を「助ける」「守る」という役割を果たしていくことがなにより重要なこととなります。

　この野田市の事案を重く受け止めた文部科学省は、学校や関連機関の虐待事案への対応の仕方について改めて周知を図るべく、全国の学校・教育委員会等に向けて「虐待の対応の手引き」を作成し、通知しました。さらに当時の文部科学大臣は、全国の児童・生徒に対して、安心して周りの大人に相談できるよう「全国の児童生徒の皆さんへ～安心して相談してください～」というビデオメッセージを発表しました。教師をめざすみなさんには、このメッセージが発信された経緯を知り、ぜひ、視聴していただきたいと思います。学校や教師は、すべての児童・生徒を守り、育てる役割をもっています。そのために、学校や教師は日々あらゆることを行っていること、行い続ける必要があることは、本書全体を通して学ぶことができるでしょう。実際に、多くの学校、教師が安心・安全な学校づくりのための取り組みを日々重ねることで、児童・生徒との信頼関係を丁寧に築いています。

　学校や教師は、何か緊急の対応が生じたときだけでなく、平時の問題や課題が顕在化していないときから、児童・生徒との間に丁寧に信頼関係を育んでいくことが重要です。そして、何かがあったときにはいつでも、どんなことでも相談してほしいこと、学校や教師は全力で児童・生徒を守ることを、繰り返し児童・生徒に伝えていくことが大切です。

出典：（1）「学校・教育委員会等向け虐待対応の手引き」
　　　　https://www.mext.go.jp/a_menu/shotou/seitoshidou/
　　　　1416474.htm（最終アクセス：2023年11月8日）
　　　（2）文部科学省「mext channel」
　　　　https://www.youtube.com/watch?v=qHkMOAPp3CE
　　　　（最終アクセス：2023年11月8日）

復習問題にチャレンジ

（京都府　2023年　改題）

①「生徒指導提要」（令和4年12月　文部科学省）に示されている「児童虐待の定義」として正しいものには○、誤っているものには×を記入しなさい。

ア　身体的虐待とは、児童の身体に外傷が生じるような暴行であり、暴行の有無を外傷があることによってのみ判断する。

イ　性的虐待とは、児童にわいせつな行為をすること又は児童をしてわいせつな行為をさせることであり、子供を児童ポルノの被写体にすることなども含む。

ウ　ネグレクトとは、児童の心身の正常な発達を妨げるような著しい減食又は長時間の放置、兄弟姉妹など同居人が行う暴力などの虐待行為を保護者が止めないことや、自宅に子供だけを残して長期にわたって外出をすることや車中に放置することなども該当する。

エ　心理的虐待とは、児童に対する直接的な著しい暴言又は著しく拒絶的な対応によって、児童に著しい心理的外傷を与えることである。

（福岡県　2023年）

②次の文は、「学校・教育委員会等向け虐待対応の手引き」（文部科学省　令和2年6月　改訂版）の一部を抜粋したものである。文中の下線部ア〜オについて正しいものを○、誤っているものを×としたとき、正しい組合せを選びなさい。

○　虐待は、子供の心身の成長及び、ア家族関係に重大な影響を与えるとともに、次の世代に引き継がれるおそれもあり、子供に対する最も重大な権利侵害です。（略）

○　学校が保護者から威圧的な要求や暴力の行使等を受ける可能性がある場合は、即座に、イ設置者に連絡すると同時に、設置者と連携して速やかに、ウ児童相談所、警察等の関係機関、弁護士等の専門家と情報共有し、対応を検討すること等が重要です。（略）

○　管理職は個々の教職員から虐待が疑われる事案についての報告を受けたら、速やかに学年主任や、エ養護教諭、スクールカウンセラー、スクールソーシャルワーカーなど可能な範囲で関係職員を集め、それぞれがもつ情報を収集し、事実関係を整理することが重要です。

　　この場合、必要に応じて、オ民生委員に助言や協力を求めることも有効です。

	ア	イ	ウ	エ	オ
①	×	○	○	○	×
②	○	×	○	×	○
③	×	×	×	○	○
④	○	○	×	×	×
⑤	×	○	○	×	×

理解できたことをまとめておこう！

ノートテイキングページ

本講で学んだ「子どもたちに生じているさまざまな課題」について、学校あるいは教師として、自分にはどのような取り組みができるのかを考えて書いてみましょう。

学校における諸課題とその対応④
少年非行への対応

理解のポイント

少年非行という言葉から思い浮かべるのはどんなことですか。事件の報道、テレビドラマのシーン、学校生活での経験など、意外と漠然・雑然としたものではないでしょうか。社会の変化に伴い、非行の様相、背景、何よりも人々の視線が変化しています。知らぬ間に、差別や偏見に囚われているおそれもあります。本講では、学校が少年非行にどう関わっていくべきかに視点を置いて、さまざまな問題について考えていくことにします。

1　少年法の改正と生徒指導観の変化

1　「大人」と「子ども」の境界

　2018（平成30）年に民法改正が行われ、成年年齢が20歳から18歳に引き下げられました。しかし、18歳・19歳を社会がどう扱うかに関しては、いくつもの考慮すべき事柄があり、変更には慎重な判断が求められます。2021（令和3）年に少年法が改正されましたが、18歳・19歳は引き続き少年法の適用対象とされ、少年事件はすべて家庭裁判所*（以下、家裁）に送致するという従来の枠組みが維持されることになりました。

　そこで次のようなことについて、あなたはどう考えますか。①14歳未満の少年は、犯罪に当たる行為をしても逮捕されず、刑事責任は問われない。②14歳以上の少年が罰金以下に当たる罪を犯した場合、家裁での少年審判*により保護処分*を受けることになるが、刑事裁判は受けない。③14歳以上18歳未満の少年が重大な罪を犯した場合、刑事裁判を受け、刑事処分*を受けることになるが、刑は成人に比べ緩和される。

2　厳罰化の流れのなかで

　1949（昭和24）年に施行された現行少年法は、少年保護という基本原理を崩すことに対する懸念や反対から、長い間、改正されませんでした。

　ところが、1997（平成9）年の神戸連続児童殺傷事件を機に流れが変わります。連日、マス・メディアが事件を大きく報道し、少年非行の凶悪化・低年齢化という不安が煽られ、社会の処罰感情が醸成されていきました。

　その後も少年による衝撃的な事件が起き、2000（平成12）年に初めての少年法改正が行われました。その後3次にわたって少年法は改正され、厳罰化の流れが続きましたが、2021（令和3）年の第5次改正では、少

語句説明

家庭裁判所

家庭内の紛争に関する審判及び調停、離婚手続き等の人事訴訟の裁判と共に、少年法で定める少年の保護事件の審判を行う。

少年審判

罪を犯した少年などに、過ちを自覚させ、更生させることを目的に、非行があったかどうかを確認したうえで、非行の内容や個々の少年の抱える問題性に応じた適切な処分を選択するための手続きのこと。単に審判ともいう。

保護処分

家裁に送致された少年を更生させるための少年法上の処分のことで、保護観察、少年院送致、児童自立支援施設等送致の3種類がある。

刑事処分

成人の犯罪者に対し、死刑、懲役、禁錮、罰金、拘留及び科料などの刑罰を科す処分のこと。

図表7-1　少年法改正の経過

改正年	主 な 改 正 点	事　件
2000年	刑事処分可能年齢を16歳から14歳に引き下げ。16歳以上が故意に被害者を犯罪行為により死亡させた場合、家裁から検察に逆送。重大事件の事実認定手続きに検察官・付添人の関与が可能に。被害者が非行事実の記録を閲覧・複写可能に。	神戸連続児童殺傷事件（1997年）
2007年	触法少年[1]への警察の調査権を拡大。少年院送致の下限年齢を「おおむね12歳以上」に引き下げ。保護観察中、遵守事項に違反した場合、審判により少年院等への送致も可能に。	長崎男児誘拐殺人事件（2003年）・佐世保小6女児同級生殺人事件（2004年）
2008年	重大事件の被害者等が少年審判の傍聴可能に。被害者等に審判の状況を説明できる制度を導入。記録の閲覧・複写の範囲を拡大。	
2014年	有期刑上限が15年から20年に。不定期刑の上限を15年に引き上げ。	富田林男子高校生殺害事件（2009年）の大阪地裁判決で法改正に言及
2021年	18歳・19歳を特定少年[2]として逆送[3]対象の拡大。保護処分に関する特例。ぐ犯少年[4]の適用除外。起訴された場合、当該事件の本人であることを推知できる報道の解禁。	民法改正（2018年）

1：p.100参照
2：p.109参照
3：p.100参照
4：p.100参照

神戸連続児童殺傷事件

1997年2〜5月、神戸市で、中学3年生の男子生徒（当時14歳）が小学生5人を殺傷した事件。「酒鬼薔薇聖斗事件」とも呼ばれる。少年は殺人・殺人未遂などの容疑で家裁に送致され、家裁審判の決定により医療少年院に長期収容された。

年司法・矯正教育の経験者や刑事法研究者から適用年齢引き下げに反対する意見が続出し、厳罰化一辺倒の流れに一定の歯止めがかけられることになりました（図表7-1）。

3　「指導する」から「支える」へ

　子どもを取り巻く環境が大きく変化するにつれ、子どもや保護者の価値観の多様化が進み、生徒指導に関する問題状況も複雑化しています。

　2022（令和4）年に改訂された「生徒指導提要」（以下、「生徒指導提要（令和4年改訂版）」）では、児童・生徒の発達を支えるという観点にもとづく指導について詳しく解説されています。ここでの「発達を支える」という意味は、児童・生徒の心理面の発達だけでなく、学習面、社会面、進路面、健康面での包括的な支援を充実させ、児童・生徒一人ひとりの自己指導能力の獲得を支えるということです。

　特定の課題に対しては、引き続き「指導する」という表現が使われていますが、大きな意味では、「指導する」「援助する」から「支える」「支援する」へと生徒指導観が変化しつつあるのです。

2 少年非行はなぜ起こるのか

1 非行と子どもを取り巻く社会的環境

　子どもたちはなぜ非行を起こすのか。社会学的な視点からは、非行は家族、学校、職場、地域等、子どもを取り巻く社会的環境の相互作用により生起すると説明されてきました。

　非行に至るメカニズムに関しては、学校や家庭の環境のなかで、欲求が満たされないことによる緊張が起こり、緊張状態から逃れるために非行を起こすとみる緊張理論、親密な私的集団のなかでの相互作用から非行行動を学習するとみる学習理論（分化的接触理論）、周囲からのラベリングによって非行が常習化するとみるラベリング理論等による説明があります。

2 非行と個人特性・ストレス経験との関連

　個人の内的要因に焦点を当て、個人の特性やストレス経験が非行を引き起こすとする研究も数多くなされてきました。

　精神医学的な視点からは、パーソナリティ障害、行為障害、摂食障害、知的障害、広汎性発達障害（自閉スペクトラム症）や注意欠陥多動性障害（注意欠如・多動症）等と非行との関連が指摘されてきました。

　心理学的な視点からは、家族の機能不全による愛着形成、情緒発達、自我同一性形成などの心理発達上の問題と非行との関連や被害体験と非行との関連が指摘されてきました（→発達障害は第8講参照）。

3 非行を複眼的にとらえる必要性

　単独の要因と非行や犯罪とを直結させるのではなく、他の要因と重なり合い、絡まり合って生じたと説明することが一般的です。最近では、広汎性発達障害や注意欠陥多動性障害と非行との関連、虐待等の被害体験と非行との関連が特に注目されています。

　しかし、広汎性発達障害や注意欠陥多動性障害を非行の直接的な原因とみるのではなく、その特性が周囲から十分に理解されず、適切な対応がなされなかったがために非行に結びついたと説明されています。

　虐待という強度のストレスが心理的な発達に影響した、あるいはネグレクトが常習的な万引きを誘引した、身体的暴力や性被害等からの回避が薬物依存や暴力行為を引き起こした等の説明も説得的です。

4 少年犯罪は増加、凶悪化、低年齢化しているのか

　『令和4年版犯罪白書』によれば、少年刑法犯等検挙人数は、戦後、20年周期の4つの波を経て、2004（平成16）年以降、減少を続けています。

　2021（令和3）年の検挙人数は2万9,802人で、2003（平成15）年のおよそ7分の1（10万人当たりの人口比は272.5でおよそ6分の1）になりました（図表7-2）。罪名別トップの窃盗は1万691人で、およそ9

図表7-2 少年による刑法犯等 検挙人員・人口比の推移

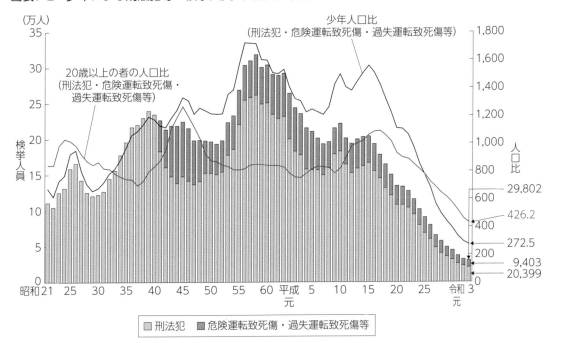

法務省『犯罪白書（令和４年版）』2023年をもとに作成

分の１に、凶悪犯に分類される殺人は34人で、およそ３分の１に、強盗は217人で、およそ９分の１に減少しています。

　件数の多い窃盗事件、凶悪犯罪に分類される殺人・強盗事件の検挙人数（人口比及び年齢層別も含めて）等からみる限り、少年犯罪の増加、凶悪化、低年齢化という見方はいずれも的外れであることがわかります。

　ところが、内閣府の「少年非行に関する世論調査（平成27年度）」では、「少年非行は増加しているか」という質問に対して、78％の人が「増えている」と回答しており、実態と人々の意識との間には大きなギャップが存在しています。このギャップがどうして生まれたのかは重要な問いです。

 3　少年法と少年事件の手続き

1　少年法の主たる目的は少年の保護育成

　生徒指導・学校教育相談が対象とする問題行動や非行と警察や家庭裁判所等の機関が対象とする非行や犯罪は、重なる部分はあるものの、完全に一致するわけではありません。しかし、元々教育的な働きかけを理念とする少年法は学校教育との共通性があります。司法的手続きでは、学校は関係者という位置に置かれますが、少年事件の現状や少年法による司法手続きについて理解しておくことは重要です。

　少年法には刑事法的手続きに関する規定もありますが、中心にあるのは、

非行のある少年（少年法では性別を問わず少年と呼ぶ）の成育環境や家庭環境、非行時の精神状態や心理状態の調査にもとづき、少年を理解し、非行の原因や背景を解明し、教育、治療、環境調整等の教育的、福祉的な援助を行うという保護手続きに関する規定です。

なお、少年法では、非行のある少年を次の3つに類型化しています。

> ①罪を犯した14歳以上20歳未満の少年（犯罪少年）
> ②刑罰法令に触れる行為をした14歳に満たない少年（触法少年）
> ③18歳未満で、ぐ犯事由に該当する不良行為があり、性格や環境からみて、将来罪を犯すおそれがある少年（ぐ犯少年）

具体的には14歳以上の少年には刑事責任能力があるとされていますが、可塑性（成長し更生できる可能性）を考慮して家裁に送致され、少年法による手続き（＝保護処分）を受けるのが原則です。16歳以上の少年が故意の犯罪行為により被害者を死亡させた場合、従来から、家裁は原則として事件を検察官に送致（逆送）しなければなりませんでしたが（第20条）、2021（令和3）年の法改正で、18歳以上の少年が短期1年以上の懲役・禁錮に当たる罪を犯した事件についても原則逆送の対象となりました（第62条）。

14歳未満の場合には、刑罰に触れる行為を行っても法的な犯罪行為とはならず、児童相談所＊（以下、児相）に通告され、児童福祉法にもとづく福祉的な措置を受けるのが原則です。

ぐ犯少年とは、ぐ犯事由のいずれかに該当し、将来、罪を犯す可能性等のぐ犯性を有していることが要件とされています（第3条）。『犯罪白書』では、ぐ犯の態様について、「家出、不良交友、不純異性交遊、怠学、不健全娯楽、夜遊び、その他」に分類しています。

2 少年非行の現状

「令和4年中における少年の補導及び保護の概況」によれば、2022（令和4）年の少年非行の現状は次の通りです。

刑法犯少年の検挙人数は1万4,887人で、年齢別には16歳の3,003人をピークに14歳から19歳まで1,859人から2,915人の間で分布しています（人口比では0.17%から0.28%）。罪種別では、万引き、自転車盗、オートバイ盗等の窃盗犯が7,503人、暴行・傷害等の粗暴犯2,844人、占有離脱物横領その他の刑法犯が2,818人です。占有離脱物横領とは大抵、駅前等に放置された自転車に乗っているところを発見・検挙されたというものです。危険運転致死傷・過失運転致死傷等は8,985人で、数では窃盗を上回ります。刑法犯・特別法犯＊・危険運転致死傷・過失運転致死傷で検挙された犯罪少年に、触法少年、ぐ犯少年として補導された少年を加えると、およそ3万6,000人となります。

薬物犯罪は、シンナー乱用のピーク時（1982年）には毒物及び劇物取締法違反での検挙人数が2万9,254人に上りましたが、現在は減少しています。覚せい剤取締法違反はほぼ横ばいで推移していますが、大麻取締法違反は2014（平成26）年から8年連続で増加するなど、歯止めがかか

語句説明

児童相談所

子どもに関する家庭その他からの相談のうち、専門的な知識及び技術を要するものに応じる機関。一時保護や措置も行う。

語句説明

特別法犯

刑法犯及び道路交通関係法令違反以外の軽犯罪法、覚せい剤取締法等の法令違反や青少年保護育成条例等の条例違反。

らない状態になっています。

オレオレ詐欺、預貯金詐欺、キャッシュカード詐欺等、特殊詐欺に関わって検挙される少年が増えています。検挙された少年は473人（前年比9.2％増）で、総検挙人数に占める割合は19.2％となっています。

触法少年の補導*人数は6,025人で、窃盗は3,404人（57.5％）、その他の刑法犯1,140人（18.9％）、粗暴犯1,123人（18.6％）の順となっています。

ぐ犯少年の補導人数は656人です。内訳は、保護者の正当な監督に服しない性癖のある者が426人（64.9％）で、自己又は他人の徳性を害する行為をする性癖のある者が159人（24.2％）と続いています。

不良行為少年の現状にも触れておきます。**不良行為少年**＊も、2012（平成24）年に100万人を下回って以来、減少し続け、29万7,078人でした。態様別には、深夜はいかい15万948人（50.8％）、喫煙8万7,165人（29.4％）、不健全娯楽1万6,500人（5.6％）の順となっています。

3 少年事件の手続きの流れ

少年事件の手続きは、おおまかには次のような流れになっています（図表7-3）。

① 警察

非行少年を発見すると、捜査や調査を行い、関係機関に送致または通告する他、保護者に助言を与え、適切な指導を行うよう措置します。

14歳以上の少年は、逮捕され、そのうえ留置されることがあります。その場合、警察は逮捕後48時間以内に検察に送致しなければなりません。

14歳以上18歳未満の少年で罰金以下の刑に当たる罪の嫌疑があるときは、事件を家裁に送致し、それ以外の刑に当たる事件は検察に送致します。

14歳未満の少年は捜査対象ではありませんが、調査のうえ、**要保護児童**＊等と判断した場合は、児相に通告します。故意に被害者を死亡させる等、家裁の審判に付すことが適当であると判断した場合は、児相に送致します。

14歳以上18歳未満のぐ犯少年は、事案の内容や家庭環境から判断して家裁への送致、または児相への通告を行います。

飲酒、喫煙、家出等の不良行為で補導した20歳未満の少年には、注意・助言等を行うとともに、保護者に連絡して指導を促します。

② 検察官

警察から少年事件の送致を受けると、必要な捜査を行い、犯罪の嫌疑を認めた場合、事件を家裁に送致します。逮捕された少年の送致を受けた場合、24時間以内に、勾留（原則10日間）の請求、勾留に代わる観護措置の請求、または家裁に送致するかの決定をしなければなりません。これらの措置を取らない場合には釈放されます。家裁から刑事処分相当として送致された場合、原則として、公訴を提起します。

③ 家庭裁判所

少年事件は、原則としてすべて家裁に送致されます（勾留または勾留に

語句説明

補導

警察法、少年法等を根拠に、警察が少年警察活動規則にもとづいて行う、少年の非行の防止及び保護を通じて少年の健全な育成を図るための活動全般のこと。一般には、警察官が不良行為を行っていた少年に対し、（任意同行も含め）保護・注意・助言・警告をすることととらえられている。

不良行為少年

「非行少年には該当しないが、飲酒、喫煙、深夜はいかい、その他自己又は他人の徳性を害する行為をしている少年」（少年警察活動規則第2条）をいう。

要保護児童

保護者のない児童または保護者に監護させることが不適当であると認められる児童のことをいう。必ずしも被虐待児だけではなく、非行児童なども含まれる。

図表7-3　少年事件処理手続概略図

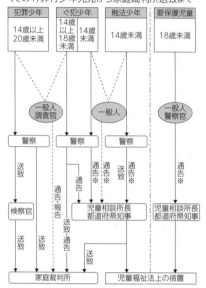

(その1)非行少年発見から家庭裁判所送致まで

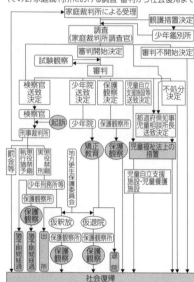

(その2)家庭裁判所における調査・審判から社会復帰まで

※保護者がないか、又は保護者に監護させることが不適当な者に限る。

内閣府『子ども・若者白書(令和4年版)』2022年

代わる観護措置の場合でも、期間終了後に家裁に送致されます)。

　家裁では、裁判官が非行事実に関する調査を行い、**家庭裁判所調査官**＊(以下、調査官)が、少年や保護者と面接して、非行原因、交友関係や家庭環境等の調査を行います。少年の調査は在宅で行うのが基本ですが、鑑別＊・行動観察のために、原則2週間、更新によりさらに2週間、少年を少年鑑別所に収容することがあります。これを**観護措置**＊といいます。観護措置を取らない場合、自宅からの出頭を求めて調査・審判を行います。

　少年に対する処分を直ちに決定することが困難な場合、調査官が少年に更生のための助言や指導を与え、自分の問題点を改善していこうとしているかという視点で観察を行うことがあります(試験観察)。

　裁判官は、調査・観察結果や鑑別結果をもとに、審判を開くかどうかを検討し、審判を開くまでもなく終了することが相当な事件については、審判不開始を決定します。

　審判では、保護観察＊、児童自立支援施設・児童養護施設・少年院への送致、検察官送致、児童相談所送致、あるいは不処分のいずれかの決定を行います。

④ 児童相談所

　警察から触法少年、ぐ犯少年の通告を受けると、児童福祉法にもとづく福祉的措置を取るか、事件を家裁に送致するかを決定します。重大な事件として送致を受けた場合には、一時保護所＊の調査で必要なしとされた場合を除き、家裁に送致しなければならないことになっています。

　家裁から児童福祉法の規定による措置が適当として送致された場合は、相談援助活動を行います。児童自立支援施設または児童養護施設への入所

が適当と判断され送致された場合は、当該施設への入所の措置を取ります。

4 処遇機関の状況

① 少年鑑別所*

2003（平成15）年には入所者数が2万3,063人に上りましたが、その後は減少しています。2022（令和4）年は4,658人（前年比2.0％増）で、入所事由の内訳は、観護措置87.2％、勾留に代わる観護措置が6.3％となっています。

② 少年院*

年齢、犯罪傾向の程度、心身の状況などに応じ、第1種から第5種まで5種類の少年院が全国に46カ所設置されています。入院者数は2000（平成12）年の6,052人をピークに減少が続き、2005（平成17）年以来、戦後最少を記録し続けて、2022（令和4）年には1,332人になりました。

処遇期間は2年以内（短期課程は6カ月以内）と定められていますが、2年を超える長期処遇となる場合もあります。在院者はまず3級に編入され、改善更生状況により上位または下位の段階に移行します（図表7-4）。

個人別矯正教育計画が目標、内容、方法、期間等について作成され、矯正教育が実施されます。内容は、生活指導、職業指導、教科指導、体育指導、特別活動指導の5分野で、義務教育年齢の者には学習指導要領に準拠した教科指導を行います。義務教育修了者に対しては、高校への入学・編入学や高卒認定試験合格をめざす教科指導を行うことができます。

2022（令和4）年の少年院出院者数は1,363人で、99.7％が収容期間満了前の仮退院者でした。仮退院後は保護観察に付されることになります。

③ 少年刑務所*

少年刑務所は全国に6カ所あり、すべて男性の少年受刑者収容施設です。女性の少年受刑者は女子刑務所に収容されています。

受刑者数は、1966（昭和41）年には1,000人を超えていましたが、そ

語句説明

少年鑑別所

家庭裁判所の少年審判実施前に、対象少年の非行性や性格などを「鑑別」する施設。

少年院

少年審判の結果、「少年院送致」を言い渡された少年に矯正教育を行う収容施設。

少年刑務所

家裁での少年審判ではなく、殺人や強盗などの重大な事件を起こし、刑事裁判で実刑判決を受けた16歳以上20歳未満の少年を収容するために設けられた刑事施設。

図表7-4　少年院における段階処遇

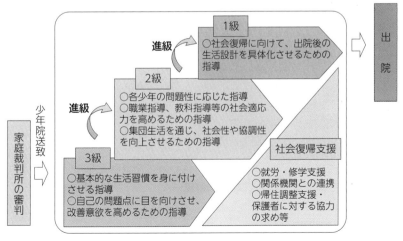

文部科学省「新しい時代の高等学校教育の在り方ワーキンググループ資料　矯正教育の概要」2020年

語句説明

保護司

法務大臣から委嘱され、犯罪や非行をした人の更生を地域で支える民間のボランティア。

児童自立支援施設

不良行為を行った、または行うおそれのある児童や家庭環境等の環境上の理由により生活指導等が必要な児童を入所させ、または保護者の下から通わせることを目的とする施設。かつては「感化院」「教護院」と呼ばれていた。退所者にも相談その他の援助を行う。

児童養護施設

保護者のない児童、保護者に監護させることが適当でない児童に対し、安定した生活環境を整えると共に、生活指導、学習指導、家庭環境の調整等を行いつつ養育をし、児童の心身の健やかな成長とその自立を支援する施設。

の後大幅に減少し、2022（令和4）年には14人になりました。

④ **保護観察所**

全国50カ所の保護観察所に約1,000名の保護観察官が配置され、民間ボランティアである約4万8,000名の保護司*と協働して、家裁から保護観察処分を受けた少年、少年院を仮退院した少年の保護観察に当たっています。

⑤ **児童自立支援施設*・児童養護施設***

児童自立支援施設は、職員が夫婦で寮に住み込む夫婦制または6人ほどの職員が交替で勤務・宿直する交替制で運営され、1つの寮当たり児童10人程度で集団生活を送っています。2021（令和3）年度末の入所児童数は全国58カ所の施設に1,162人で、大半の施設に、小学校・中学校の分校・分教室が併設されています。

児童養護施設は、2021（令和3）年10月1日現在、全国610カ所の施設で3万140人が生活しています。義務教育については、施設のある校区の小・中学校に通学しています。高校進学に要する経費は1989（平成元）年から国費で措置されるようになり、現在では、大学等への進学希望者に、受験料等の支援や給付型奨学金の給付、授業料の減免も行われています。

4 子どもの人権の視点からみた少年非行

1 少年非行に関わる手続きの検証と改善

少年の非行に関わる手続き全般を、児童の権利に関する条約（児童の権利条約）や国際人権規約等の国際条約、少年非行の防止に関する国連ガイドライン等にもとづき、検証し、改善していくことが求められています。

児童の権利条約は第37条で、拷問・死刑等の禁止、逮捕、抑留、拘禁の禁止等、不当に自由を奪われることがないよう求めていますが、わが国では未だ非行少年を権利主体としてとらえる発想が弱く、補導、任意同行や捜査段階での人権侵害事例、少年院、少年鑑別所、児童自立支援施設や児童養護施設における人権侵害や不適切処遇の事例が報告されています。

少年法は18歳未満時に犯した事件の当事者であることを推知できるような記事や写真の掲載を禁じています。しかし今日でも、知る権利・報道の自由を理由に実名報道が行われているのが実態です。

2 教育権保障の課題

少年保護手続き中も教育を受ける権利は保障されなければなりません。義務教育年齢の子ども（学齢児童・生徒）の保護者には就学させる義務、国や地方公共団体には義務教育の機会の保障、教育水準の確保等の義務があります。現在では、児童自立支援施設への入所や少年院への入院を理由に就学義務が猶予・免除されることはありません。したがって、当該児童・生徒は入院前に在籍していた学校に引き続き在籍するか、指定された学校

に転出するかのいずれかになります。いったん転校した場合でも、退院・退所後は家族のもとに戻り、元の学校に再転入する場合があるので、学習状況等の把握のために、元在籍校教員に面会が認められているのです。

国際人権規約は初等中等教育のみならず高等教育の教育機会の確保も求めています。法務省の再犯防止推進計画では、「学校等と連携した修学支援の実施」が重点課題とされ、非行等による学校教育の中断の防止や学校や地域社会で再び学ぶための支援が具体的施策として盛り込まれています。

3　青少年を取り巻く環境整備の課題

2009（平成21）年には、子ども・若者の育成支援施策を総合的に推進するための子ども・若者育成支援推進法が成立しました。2023（令和5）年に創設されたこども家庭庁は、少年非行対策に関する総合調整、関係行政機関の連絡調整を担当することになりました。

少年非行・被害を防止するための条例制定や施策展開、地域の支援ネットワーク形成も進められています。すべての都道府県で青少年の保護育成と環境整備を図る条例が制定され、有害図書や有害がん具の規制、学校周辺での風俗営業規制、インターネットフィルタリング規制、深夜または夜間の外出の規制等が行われています。

青少年の成長に悪影響を及ぼす有害環境を除去し、社会環境を整備するために、行政・事業者・保護者・地域が連携協力しなければならないのは当然のことです。しかし、これらの規制が果たして実効性を伴うものになっているのかについては疑問が残ります。

5　学校における非行対応の留意点

1　司法的手続き等と学校との関わり

警察に補導された児童・生徒、少年事件としての司法的手続き中、矯正教育中の生徒に対して求められる学校の対応は次の通りです。

警察に補導された場合、学校への連絡はほとんどの場合ありませんが、保護者に代わって身柄を引き取らねばならないような場合や学校と連携した継続補導が必要と警察が判断した場合などには連絡があります。

少年鑑別所に収容されている間に、鑑別所からの要請に応じ、あるいは学校から申し出によって、担任等による面会や相談が行われます。また、鑑別中の生徒との手紙のやりとりも可能です。

家裁が調査資料を作成するため、出欠状況や普段の生活の様子について学校に対し書面での照会が行われます。その場合には、担当の調査官に連絡し、連携を取り合うことが望ましいと思われます。

少年審判は、刑事裁判とは違い原則として非公開で行われますが、保護者や付添人（弁護士）と共に、教員には在席を許可できるとの規定があります。裁判官から出席が要請される場合もあります。

少年審判の結果、保護観察処分となった場合、学校生活を再開し、保護司の指導を受け、社会生活を送りながら更生に励まなければなりません。学校は、保護者の了解を得て、保護司と連携しながら学校生活を支援する必要があります。

　少年院に入所すると、少年院から連絡があり、学校は書類の送付等を行います。面会は原則３親等以内の親族に限られますが、教員は許可を受ければ面会が可能です。少年院を仮退院になると、保護観察を受けながら学校生活を再開することになり、保護司との連携が必要です。

■2■　問題行動指導の一環としての非行の未然防止

　学校では、暴力行為・いじめ等の問題行動の未然防止や早期発見、課題解決の取り組みが日々懸命に行われています。しかし、問題行動と少年非行との間にあらかじめ線を引き、責任を負う領域を学校が勝手に決めてしまっていることに対する批判があるのは周知のことです。

　指導に困難をきたす問題行動の背景には発達障害、知的障害等の課題や貧困、虐待等の課題が隠れていることが多く、学校が主体的に行わなければならない支援があります。また、いじめが短期間にエスカレートし、初期対応に手間取る間に暴行・傷害や恐喝・窃盗等の犯罪行為に及んだような場合には、直ちに警察に相談・通報しなければなりません。初発型非行のなかには、周囲の関心を惹くための試し行動のケースもあり、そのことを理解せずに事件自体の指導に終始すると逆効果になることもあります。

　警察・少年サポートセンターによる非行防止や犯罪被害防止のプログラム等を利用して連携を図るとともに、児童・生徒自身が集団の秩序を守り、他者を思いやり、他者を傷つけず、他者からも攻撃を受けずに、自分を守る知識やスキルを学習することが重要です。

■3■　少年非行に対する重層的支援構造

　非行を繰り返すような厳しい状況にある児童・生徒にこそ、自己存在感を感受させ、共感的な人間関係を育て、自己指導能力の獲得を支える粘り強い指導が必要であり、学校内外の交友関係や支援を要する家庭の問題等の環境調整に、関係機関とも連携しながら取り組まなければなりません。

　「生徒指導提要（令和４年改訂版）」は、いじめや暴力行為など個別の課題の指導について、重層的支援構造が図示されています。少年非行に関する重層的支援構造については、次のようにまとめることができます。

① 発達支持的生徒指導

　児童・生徒が「他者を思いやり、傷つけない人」に育つこと、「他者の役に立つことを喜べる人」に育つことを意識した、校内の雰囲気づくりや道徳教育、人権教育、法教育等の多彩な教育及び日常の働きかけを行う。

② 課題未然防止教育

　特別活動、総合的な学習（探求）の時間や道徳科のテーマとして、児童・生徒への暴力防止、非行防止、薬物乱用防止等の内容の学習に、少年サポートセンターの非行防止教室など、関係機関の事業とも連携して取り

組む。

③ 課題早期発見対応

　暴力行為の前兆や不良行為の可能性が窺える児童・生徒の早期発見及び早期対応を、担任任せではなく、生徒指導や教育相談等の全校的な指導体制の下で、SC、SSWとも連携し、アセスメントとチーム対応を行う。

④ 困難課題対応的生徒指導

　補導された児童・生徒、一時保護所で保護中の児童・生徒、少年鑑別所で鑑別中の生徒、保護観察中の生徒、少年院に入院中の生徒への必要な対応及び学校復帰後の指導の検討を関係機関や保護司と連携しながら行う。

4　問題行動・非行対応の基盤と基本

　学校における問題行動・非行対応は、発達支持的生徒指導や課題未然防止教育という日常的な生徒指導の基盤のうえでなされるものです。

　事案の発生前であれ発生後であれ、関係する児童・生徒と直接向き合い、対話することが必要です。問題行動・非行がみられる児童・生徒の「検挙」や問題行動・非行事案の「摘発」が目的ではなく、問題行動・非行の発覚を機に、レジリエンス（復元力、回復力）を掴ませ、自尊感情を向上させ、立ち直りを支援することが大切なのです。

　児童・生徒間のトラブルの際、取り調べを行い、どちらがより悪いかを判定し、悪い方に罰を与え、悪い方が謝罪すれば一件落着というような指導では、双方の児童・生徒のより深い部分に迫ることができません。加害の児童・生徒の行動の背景にあるものを明らかにできなければ、指導の手掛かりも得られず、被害の児童・生徒の「気持ちを聴く」こともなければ、心のケアや回復支援の糸口も見いだせず、児童・生徒からの信頼をなくすだけです。

　事実を特定し、可能であれば背景も特定するために、正確な記録を取りながら指導を進めることは必須ですが、それはアセスメントにもとづく個別の指導のためにこそ有用なのです。

　「生徒指導提要（令和4年改訂版）」では、聴取担当者を1人に限定した「司法面接」（→第6講1-2も参照）の技術を紹介しています。多人数で説教したり、うなずきやあいづちを入れたりするほうがよいと考えるかもしれませんが、1人もしくは2人で、淡々と、しかし表情は柔らかく、あったことを話すように求めるほうがよいのです。聴取担当者は、日常、指導関係にない教員でも構いません。大事なことは、決めつけたり、否定したり、非難したり、大声で脅したりせず、自らの行動を言語化させ、心のなかの澱を吐き出させることです。

　時系列で経過を話すことで、児童・生徒は自分の行動をより客観的に振り返ることができるようになります。また、トラウマとなっている被害体験や、障害や性格の特性が周囲から理解されずに苦しんでいること等、これまで学校側が把握していなかったことを話し出す場合もあります。

　自分でもわかっているのに、教員から「お前が悪い」と決めつけられれば、反抗したくなるのは人の常ではないでしょうか。「指導死」がようやく注

目されるようになりましたが、教員の指導が児童・生徒を追い詰め、死に追いやることもあることを肝に銘じなければなりません。

　これまで述べてきた問題行動・非行対応の指導は、理解し合い、支え合う教職員集団の同僚性、共感的な人間性を育む学級・ホームルームづくり、豊かな生徒理解の視点に立つ個に応じた教科指導、地域や関係機関との積極的な連携、道徳教育、人権教育、法教育等の多彩な教育活動があってこそ可能になるのはいうまでもありません。問題行動・非行対応にだけ突出して取り組み、成果を挙げることなどできないのです。

ディスカッションしてみよう！

「大阪府青少年健全育成条例」（第24・25条）では
　保護者に対して、通勤・通学その他の正当な理由がある場合を除き、
・16歳未満の者は午後8時から翌午前4時まで
・16歳以上18歳未満の者は午後11時から翌午前4時まで
外出させてはならないとする努力義務を課しています。

　ゲームセンター、ボウリング場、カラオケボックス、まんが喫茶、インターネットカフェの営業者に対して、
・16歳未満の者は午後7時（保護者が同伴する場合その他規則で定める場合は午後10時）から翌午前5時まで
・16歳以上18歳未満の者は午後10時から翌午前5時まで
施設内への立ち入りを禁じ、違反した場合は30万円の罰金を科しています。

　上記条例の規定にもとづき、「夜間（深夜）の外出はいけない、夜間営業店に遊びに行ってはいけない」と指導する保護者役・教師役と、「外出したい、遊びに行きたい」と反発する中学生役・高校生役に分かれて、相手を説得することを目標に、1対1で対話するロールプレイングをした後に、青少年の健全な育成を図るうえでの、上記条例による「深夜はいかい」の制約が実態に即しているか、また効果を発揮しているかを話し合ってみよう。

ロールプレイング（役割演技法）

知っておくと役立つ話

2021年少年法改正に関して

ここでは2021（令和3）年の少年法改正の内容を紹介し、何のための保護処分なのかについて考えてみたいと思います。

2021年改正の内容は次の通りです。

・18歳・19歳には引き続き少年法を適用し、全件を家裁に送致し、家裁が処分を決定することは変わらないが、18歳・19歳を「特定少年」として区別し、17歳以下とは異なる取り扱いをする。

・家裁から検察に原則逆送の対象とする事件に、18歳以上のときに犯した死刑、無期または短期1年以上の懲役・禁錮に当たる罪の事件（現住建造物等放火罪、強盗罪、強制性交罪、組織的詐欺罪等）を追加する。

・18歳以上のときに犯した事件について起訴された場合、実名・写真等の報道の禁止を解除する。

行政上、どこかの年齢で線を引く必要があることは理解できなくはありません。しかし、同じ年齢であっても、個人特性や成育歴は多様です。大人への道筋もさまざまであるはずです。個別性を前提としない、機械的なルールの適用こそ、子どもの成長発達を阻害するのです。

同じような非行歴を重ねてきた18歳の少年にとっては、従来の保護処分のどこに問題があったかを探り、更生改善させる最後のチャンスが18歳で検挙されたときかもしれません。また、家庭の保護環境が劣悪であり、本人が深刻な健康状態にある初検挙の19歳の少年に刑罰を科すことで、いったい何が解決するというのでしょうか。

自立への不安を抱え、社会に適応する途上にある18歳・19歳の非行少年が、みな素直で従順であるとはいえません。そのような若者の更生を願い、粘り強く取り組む家裁調査官や少年院教官の姿に接してきて、尊敬と感謝の気持ちを禁じえませんでした。

2021年少年法改正の当初案に、家裁や少年院の実務経験者がやむにやまれず反対声明を出したことも理解できます。厳罰化一辺倒の少年司法の流れに対してだけでなく、現場の声に耳を傾けようとせず、独善的な改革案を振り回すリーダーを称賛するような社会の風潮に対しても物申すことであったと思われます。

「少年法」（昭和23年法律第168号）（抜粋）（令和3年法律第47号により改正）

第1条　この法律は、少年の健全な育成を期し、非行のある少年に対して性格の矯正及び環境の調整に関する保護処分を行うとともに、少年の刑事事件について特別の措置を講ずることを目的とする。

第62条　家庭裁判所は、特定少年（18歳以上の少年をいう。以下同じ。）に係る事件については、第20条[1]の規定にかかわらず、調査の結果、その罪質及び情状に照らして刑事処分を相当と認めるときは、決定をもつて、これを管轄地方裁判所に対応する検察庁の検察官に送致しなければならない。

[1]　第20条　家庭裁判所は、死刑、懲役又は禁錮に当たる罪の事件について、調査の結果、その罪質及び情状に照らして刑事処分を相当と認めるときは、決定をもつて、これを管轄地方裁判所に対応する検察庁の検察官に送致しなければならない。

復習問題にチャレンジ

（東京都　2023年）

> ①「子ども・若者育成支援推進法」に関する記述として適切なものは、次の1～5のうちのどれか。

1　子ども・若者育成支援は、「一人一人の子ども・若者が、健やかに成長し、社会とのかかわりを自覚しつつ、自立した個人としての自己を確立し、他者とともに次代の社会を担うことができるようになることを目指すこと。」を基本理念の一つとして行われなければならないとされている。

2　「国及び地方公共団体は、子ども・若者育成支援に関し、広く国民一般の関心を高め、その理解と協力を得る必要はないが、社会を構成する多様な主体の参加による自主的な活動に資するよう、必要な啓発活動を積極的に行うものとする。」とされている。

3　「関係機関等は、修学又は就業を助けることに寄与するため、当該子ども・若者の家族その他子ども・若者が円滑な社会生活を営むことに関係する者に対し、相談及び助言その他の援助を行わなければならない。」とされている。

4　「学校は、関係機関等が行う支援を適切に組み合わせることによりその効果的かつ円滑な実施を図るため、単独で又は共同して、関係機関等により構成される子ども・若者支援地域協議会を置くよう努めるものとする。」とされている。

5　「本部は、子ども・若者育成支援推進本部長、子ども・若者育成支援推進副本部長及び子ども・若者育成支援推進本部員をもって組織し、本部の長は、子ども・若者育成支援推進本部長とし、文部科学大臣をもって充てる。」とされている。

（東京都　2023年）

> ②次の文は、学校教育法施行規則第26条の一部である。（ア）（イ）にあてはまる適切な語句の組合せを①～④から選び、番号で答えよ。

第26条（　ア　）が児童等に懲戒を加えるに当つては、児童等の心身の発達に応ずる等教育上必要な配慮をしなければならない。

　2　懲戒のうち、退学、停学及び訓告の処分は、（　イ　）が行う。

① （ア）校長及び教員　　　（イ）校長

② （ア）教育委員会　　　　（イ）校長

③ （ア）校長及び教員　　　（イ）教育委員会

④ （ア）教員　　　　　　　（イ）教育委員会

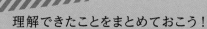

理解できたことをまとめておこう！

ノートテイキングページ

自分が担当する学級に問題行動・非行を繰り返す児童・生徒がいる場合、指導に際して心がけるべきこと、考慮すべきことを列挙し、学習したことをまとめてみましょう。

学校における諸課題とその対応⑤
発達障害への対応

理解のポイント

通常学級のなかにも、発達障害やその傾向によって学習面や行動面で困難さを示す子どもがいます。学校教育法では、通常の小・中学校等においても障害のある児童・生徒等に対して適切な教育を行うことが規定され、「生徒指導提要（令和4年改訂版）」においても発達障害に関する理解と対応の必要性が示されています。本講では、発達障害のある児童・生徒の特徴と、学習や行動面の困難さに対する理解と対応のあり方について考えてみましょう。

1 学習面や行動面の困難さと発達障害

1 学習面または行動面で困難を示す子ども

2022（令和4）年に文部科学省が公表した「通常の学級に在籍する特別な教育的支援を必要とする児童生徒に関する調査結果」によれば、小・中学校で学級担任から「知的発達に遅れはないものの学習面又は行動面で著しい困難を示す」とされた児童・生徒は8.8％で、女子よりも男子に多くみられました（図表8-1）。ここで気をつけておきたいのは、この調査では特別支援学校や特別支援学級は含まれておらず、通常学級に在籍する児童・生徒を対象にしたものであるということです。つまり、仮に通常学級の1クラスが35人とすると、その中に3人は学習面または行動面で著しい困難を示す児童・生徒がいるという計算になります。

図表8-1に示された項目は、発達障害の特徴に対応しています。すなわち、「学習面で著しい困難を示す」は学習障害（LD）、「『不注意』又は『多動性―衝動性』の問題を著しく示す」は注意欠如・多動性障害（ADHD）、「『対人関係やこだわり等』の問題を著しく示す」は自閉症スペクトラム

図表8-1 知的発達に遅れはないものの学習面、行動面で困難を示す小・中学生の割合

	全体	男	女
学習面又は行動面で著しい困難を示す	8.8%	12.1%	5.4%
学習面で著しい困難を示す	6.5%	8.3%	4.5%
「不注意」又は「多動性―衝動性」の問題を著しく示す	4.0%	6.6%	1.4%
「対人関係やこだわり等」の問題を著しく示す	1.7%	2.7%	0.7%

文部科学省「通常の学級に在籍する特別な教育的支援を必要とする児童生徒に関する調査結果（令和4年）」2022年

📝 プラスワン

障害・障碍・障がい

障害を表す際に、「障碍」あるいは「障がい」という表記を使うことがある。「障碍」とは、心身に生じている障害によって物事の成長、発達を阻害された状態を指す言葉で、「社会モデル」に近い考え方であるといえる。なお、法令文書等では「障害」に統一されているため、本講でもその表記を用いる。

✏️ 重要語句

障害者の権利に関する条約

→2006年に国連総会において採択。障害者の人権及び基本的自由の確保や、障害者の権利の実現のための措置等について定めた条約。

障害（ASD）の特徴に近いものです。この調査は学級担任等の回答にもとづくものですので、調査で挙げられた児童・生徒のすべてが発達障害の診断を受けているわけではありません。とはいえ、通常の学級にも学習面、行動面で困難を示し、特別な教育的支援を必要とする児童・生徒が一定数いることは事実であり、そのなかには発達障害のある子どもも含まれているということです。

2 障害はどこにある？：「医学モデル」と「社会モデル」

発達障害を含め、心身の障害には「医学モデル」と「社会モデル」という2つの考え方があります（図表8-2）。医学モデルとは、障害は個人の心身機能が要因であるという考え方です。発達障害は中枢神経系（脳）に何らかの機能障害があると考えられていますが、医学モデルでは脳のどの部位や機能に障害があるのかに着目します。

これに対して社会モデルとは、障害は社会や環境のあり方や仕組みがつくりだしているという考え方で、「障害者の権利に関する条約*」のなかで示されています。すなわち、その人と生活、学習、対人関係などの環境や状況との間に行動や共生を妨げる「社会的障壁」があるという立場から、その人の心身の障害よりも、そのことによる生活、人間関係、学習などで共生していくための課題、さらには本人の「困り」などの心理的側面に着目します。

障害者差別解消法*では、障害のある人に対して、個別の状況に応じた「合理的配慮」を行うことが求められています。合理的配慮とは、障害のある人が日常生活や社会生活で受けるさまざまな制限をもたらす原因となる社会的障壁を取り除くための配慮であり、社会モデルにもとづく考え方であるといえます。

なお、発達障害者支援法*では、発達障害者を「発達障害がある者であって発達障害及び社会的障壁により日常生活又は社会生活に制限を受けるもの」と定義していて、そこには医学モデルと社会モデルの両方の考え方が反映されています。

図表8-2　発達障害における「医学モデル」と「社会モデル」

医学モデル
発達障害の要因は、脳の機能障害による

社会モデル
発達障害の要因は、人と社会や環境の間にある「社会的障壁」による

対人関係

生活　　学習

重要語句

障害者差別解消法（障害を理由とする差別の解消の推進に関する法律）

→2013年制定。障害のある人に対する不当な差別的取扱いの禁止や合理的配慮が規定されている。

発達障害者支援法

→2004年制定（2016年改正）。発達障害（者）の定義や障害に対する理解と支援の促進が規定されている。

学校教育における障害のとらえ方は、「社会モデル」に近いと考えられます。

プラスワン

障害が「ある」

医学モデルの立場からは、子どもが「障害をもっている」ととらえられるが、社会モデルの立場からは、子どもと環境の間に適応を妨げる「障害がある」と考えられる。教育や福祉の現場では後者の表現を用いることが多い。

重要語句

国際疾病分類
(ICD-11)

→世界保健機関
（WHO）が作成した、
疾病の診断、分類の
基準。2018年に改訂
第11版が公表された。

精神障害の診断
と統計マニュアル
(DSM-5)

→アメリカ精神医学会
（APA）による精神疾
患の診断基準。2013
年に改訂第5版が公
表された。

プラスワン

発達障害の名称につ
いて、文部科学省及び
「生徒指導提要（令
和4年改訂版）」では
「自閉症」「注意欠陥
多動性障害」「学習障
害」を使用している。
本講では、一般的に
使用されることが多い
「自閉症スペクトラム
障害」「注意欠如・多
動性障害」（「学習障
害」は同じ）を使用する。

教師から見て「困っ
た子ども」の行動
は、実は子ども自
身が「困っている」
姿なのです。

2 発達障害に関する理解

1 発達障害とは

発達障害とは、乳幼児期、児童期の発達の過程で生じる障害の総称です。発達障害者支援法によると、発達障害は「自閉症、アスペルガー症候群その他の広汎性発達障害、学習障害、注意欠陥多動性障害その他これに類する脳機能の障害であってその症状が通常低年齢において発現するものとして政令で定めるものをいう」とされています。また文部科学省では、主として「自閉症」「注意欠陥多動性障害」「学習障害」を発達障害として扱っています。発達障害の基本的な特性は生涯にわたってみられますが、幼少期には目立たなかった特性が児童期以降にみられることや、反対に成長に伴い特性が目立たなくなることもあります。また、知的障害や複数の発達障害の特性が重なっている場合もあります。

世界保健機関（WHO）による国際疾病分類（ICD-11）*や、アメリカ精神医学会による精神障害の診断と統計マニュアル（DSM-5）*の改訂に伴い、発達障害の名称が次のように改められ、一般にはこちらの呼称が定着しています。まず、自閉症について、従来は知的能力や言語能力の程度によって区分されていたアスペルガー症候群や広汎性発達障害は、「自閉症スペクトラム障害（自閉スペクトラム症）」にまとめられました。また、注意欠陥多動性障害は「注意欠如・多動性障害（注意欠如・多動症）」と呼ばれています。学習障害については一般的にも同じ呼び方がなされますが、特定の分野の学習に困難さが生じていることに注目して「限局性学習障害（限局性学習症）」と呼ばれることがあります。

なお、なかには発達障害の診断を受けていなくても同様の困難さを抱えている場合（グレーゾーン）もあるため、診断の有無だけではなく、子どもに生じている困難さから対応を考えることが大切です。

発達障害は脳機能の障害であると考えられていますが、発達障害のある子どもにみられる対人関係の困難さや落ち着きのなさ、学習上の困難さなどの特性は、（知的な障害を伴わない場合は特に）周囲から本人の努力不足や意欲のなさ、もしくは家庭におけるしつけ不足によるものであると誤解されることも少なくありません。もし教師がそのような誤解をしていると、子どもに対してより厳しい態度で指導し、行動を矯正しようとするかもしれません。しかしながら、適応的な行動がとれないことについて子ども自身が困っているにもかかわらず、教師から厳しい指導や叱責を受けることは、子どもの不適応な行動をより強めてしまう結果になりかねません。教師は、子どもの「困った（指導困難な）」行動に対して、子ども自身が「困っている」という視点をもち、障害の特性や生じている課題を踏まえた適切な支援を行う必要があります。

2 知的障害と発達障害

　発達障害と共に、脳機能の問題により生活や学習において困難さを示すもう一つの代表的な障害に「知的障害」があります。知的障害とは、知的機能の障害がおおむね18歳までに現れ、記憶、推理、判断など知的機能の全般の発達に遅れが生じることで、社会生活などへの対応が難しい状態をいいます。知的障害のある児童・生徒は、通常学級における学習が困難である場合が多く、特別支援学校等において教育が行われます。

　文部科学省では発達障害と知的障害を分けて整理していますが、両者は共に乳幼児期から児童期にかけての発達の過程において現れる点で共通しています。また、両者を併せもつ場合には知的障害の特徴に配慮した支援が行われることが多いのですが、その際にも発達障害に特有の特性は踏まえておかなくてはなりません。

3 さまざまな発達障害の特徴

1 自閉症スペクトラム障害（自閉スペクトラム症：ASD）

① 障害の特徴

　自閉症スペクトラム障害（Autistic Spectrum Disorder：ASD）とは、社会性・コミュニケーションの障害、想像力の障害などを特徴とする障害です。ASDの主な特徴は、図表8-3に示すような「社会性・コミュニケーションの障害」です。社会性の面では、集団に参加することや、友達をつくることが難しいなどの特徴がみられます。コミュニケーション面では、相手の気持ちや意図を想像したり、自分の気持ちを他者に伝えたりすることの困難さがみられます。

　また、想像力の障害については、興味関心に偏りが大きいことや、こだわりの強さ、光や音に対する感覚過敏などが挙げられます。行動面では、

図表8-3　自閉症スペクトラム障害（ASD）のある子どもの行動特性の例

・共感性が乏しい
・会話の仕方が形式的であり、抑揚なく話したり、間合いが取れなかったりすることがある
・いろいろなことを話すが、そのときの場面や相手の感情や立場を理解しない
・周りの人が困惑するようなことも、配慮しないで言ってしまう
・友達と仲良くしたいという気持ちはあるけれど、友達関係をうまく築けない
・友達のそばにはいるが、一人で遊んでいる
・他の子どもは興味をもたないようなことに興味があり、自分だけの知識世界をもっている
・特定の分野の知識を蓄えているが、丸暗記であり、意味をきちんと理解していない
・含みのある言葉や嫌みを言われてもわからず、言葉通りに受け止めてしまうことがある
・ある行動や考えに強くこだわることによって、簡単な日常の活動ができなくなることがある
・自分なりの独特な日課や手順があり、変更や変化を嫌がる
・特定の物に執着がある

文部科学省「通常の学級に在籍する特別な教育的支援を必要とする児童生徒に関する調査結果（令和4年）」2022年を参考に作成

プラスワン

知的障害の診断基準

知能検査（WISC‒Ⅴ知能検査など）において知能指数（または知能偏差値）が70を下回る場合に知的障害と判定され、障害の程度によって軽度（70〜50程度）、中度（50〜25程度）、重度（25ないし20以下）に区分される。

同じ動きを繰り返す常同行動などがみられます。

② 学校における困難さと配慮

ASDのある児童・生徒には、特に対人関係における困難さが現れます。相手の気持ちやその場の雰囲気を読み取ることが苦手であることや、自分のルールに固執して状況の変化をうまく理解できないという特徴があるため、対人関係でのトラブルが多く、学級のなかで孤立することがあります。

学習面では、知的な障害を伴わない場合、特定の分野に偏りはありながらも知識が豊富で、単語の暗記などのパターン化された課題は得意であったりします。ただし、知識は表面的なものが多く、感情を含む言葉や言葉の裏の意味、比喩の理解に難しさがみられます。また、行間から人物の心情を読み取ることや、作文のように自分の考えを表現することや、自由な発想が求められる課題には困難さを示します。また、教室が変わるなど環境の変化に苦手さを示す場合もあります。また、社会性の障害によりグループ学習や協同作業がうまくできない場合もあります。

ASDのある児童・生徒への対応の原則は、曖昧さを避け、できるだけ具体的に伝えることです。たとえば対人関係の困難さに対しては、目に見えない他者や自分の気持ちを、教師が言葉やイラストで具体的に伝えるという支援が考えられます。想像力の障害やこだわりの強さに対しては、変更がある場合は事前に余裕を持って伝えるなど、児童・生徒が変更を安心して受け入れられる状況をつくることも重要です。

2 注意欠如・多動性障害（注意欠如・多動症：ADHD）

① 障害の特徴

注意欠如・多動性障害（Attention Deficit / Hyperactivity Disorder：ADHD）とは、年齢あるいは発達に不釣り合いな注意力の欠如、衝動性、多動性を特徴とする行動の障害です。ADHDのある児童・生徒には、図表8-4に示すような、落ち着きがないなどの多動性・衝動性や、集中したり注意を持続したりできないという不注意の特徴がみられます。

比喩の理解の難しさ

たとえば、苦労することを「骨が折れる」というが、これを本当に骨折すると解釈してしまう。

図表8-4　注意欠如・多動性障害（ADHD）のある子どもの行動特性の例

- ・課題または遊びの活動で注意を集中し続けることが難しい
- ・教室や、その他、座っていることを要求される状況で席を離れる
- ・不適切な状況で、余計に走り回ったり高い所へ上ったりする
- ・質問が終わる前に出し抜けに答え始めてしまう
- ・順番を待つことが難しい
- ・学業において、不注意な間違いをする
- ・指示に従えず、課題や任務をやり遂げることができない
- ・課題や活動を順序だてることが難しい
- ・課題や活動に必要なものをなくしてしまう
- ・気が散りやすい
- ・日々の活動で忘れっぽい

文部科学省「通常の学級に在籍する特別な教育的支援を必要とする児童生徒に関する調査結果（令和4年）」2022年を参考に作成

② 学校における困難さと配慮

　ADHDのある児童・生徒は、授業や学習の場面において顕著に困難さが現れます。多動性・衝動性の特徴により、たとえば授業中にじっとしていられない、質問が終わらないうちに答え始めてしまうなど、うまく学習に集中して取り組むことができません。また、不注意の特性により、学習において細かいところまで注意を払わない、指示に従えない、不注意な間違いをすることなどが多くあります。さらに、うまく注意を配分することや必要のない事柄を無視（抑制）することが苦手であることから、問題の理解や記憶に困難さが生じます。

　特に、多動性・衝動性が強い児童・生徒は、落ち着きがなく集団の動きやルールから逸脱しやすいため、教師から叱責されやすくなります。また、授業中などの静かにしなければならない場面でちょっかいを出したりすることで、他児から敬遠されることもあります。このように、ADHDの特徴は学習面とともに対人関係の困難さを引き起こすことも多く、子どもは劣等感を抱くことや、自尊感情*が低下することがあります。一方で、多動性・衝動性が弱く、不注意の特性が強い子どもの場合、うっかりミスや不注意な行動は多いものの、目立って叱責されるような行動は多くありません。その反面、教師には少し不器用としか認識されず、障害に気づかれにくく、適切な支援を受けられないこともあります。

　ADHDのある児童・生徒に対する配慮としては、指示や説明を手短かにする、注意を惹きつけるハンドサインを用いるなど、注意の困難さを踏まえた関わり方が考えられます。また、困難さが大きい場合には医師の処方による治療薬を活用することがあります。ただし、薬物療法の目的は、障害特性そのものを治療することではなく、治療薬の服用により一時的に症状が改善されている間に適応的な行動やスキルを身につけることです。

3　学習障害（限局性学習症：LD）

① 障害の特徴

　学習障害（Learning Disorder：LD）とは、全般的な知的発達に遅れはみられないにもかかわらず、聞く、話す、読む、書く、計算する、または推論する能力のうち、特定のものの習得と使用に著しい困難を示すさまざまな状態を指します。LDは、小学校以降の学習場面で顕在化することが多いのですが、幼児期における兆候として言語発達の遅れがみられる場合もあります。

② 学校における困難さと配慮

　本講1節で取り上げた文部科学省の調査によると、読み書きや計算に困難さを示す児童・生徒は通常学級にも一定数存在します（図表8-5）。これらの子どものすべてにLDがあるのではないにせよ、なかには読みや単語の認知の困難さ（読字障害）、または書字の困難さ（書字障害）を示す「発達性読み書き障害（ディスレクシア）」や、年齢相当の数量概念の獲得や処理に困難さを示し、算数の学習に困難を示す「発達性の算数障害」のある子どもが含まれています。

重要語句

自尊感情

→自己に対する評価感情で、自分自身を価値あるものとする感覚。ジェームズが提唱。

プラスワン

ADHDの代表的な治療薬

・コンサータ®：ヤンセンファーマ株式会社製。一般名はメチルフェニデート塩酸塩。

・ストラテラ®：日本イーライリリー株式会社製。一般名はアトモキセチン塩酸塩。

重要語句

WISC-V知能検査

→個別式の知能検査で、全般的な知能（FSIQ）とともに、言語理解指標（VCI）、視空間指標（VSI）、流動性推理指標（FRI）、ワーキングメモリー指標（WMI）、処理速度指標（PSI）といった特定の認知領域の能力を評価する。適用年齢は5歳0カ月〜6歳11カ月。
（→第12講参照）

K-ABCⅡ心理・教育アセスメントバッテリー

→継次処理、同時処理、学習能力、計画能力の4つの能力を測定し、認知処理過程と知識・技能の習得度の両面から評価する検査。適用年齢は2歳6カ月〜12歳11カ月。
（→第12講参照）

DN-CAS認知評価システム

→プランニング、注意、同時処理、継次処理の4つの認知機能から、認知処理過程を評価する検査。適用年齢は5歳0カ月〜7歳11カ月。

図表8-5　知的発達に遅れはないものの学習面の各領域で著しい困難を示す小・中学生の割合

「聞く」又は「話す」に著しい困難を示す	2.5%
「読む」又は「書く」に著しい困難を示す	3.5%
「計算する」又は「推論する」に著しい困難を示す	3.4%

文部科学省「通常の学級に在籍する特別な教育的支援を必要とする児童生徒に関する調査結果（令和4年）」2022年

　読み書きや計算の困難さは、国語や算数だけの問題にとどまらず、すべての教科にも影響が大きいため、学習全般に困難さが生じることになります。LDのある児童・生徒の学習上の困難さに対して反復練習を行うことは、誤った学習が強化されてしまうことや、頑張っても一向に成果が得られないことで学習に対する自信や意欲を失ってしまうことにもなりかねません。このため、LDについては、障害の背景にある認知的な特徴を踏まえた支援が有効であるとされますが、困難さやその背景となる要因はさまざまです。このため、学習支援にあたっては、日頃の子どもの様子をよく観察するとともに、WISC-V知能検査＊、K-ABCⅡ心理・教育アセスメントバッテリー＊、DN-CAS認知評価システム＊などの検査による専門的なアセスメントにもとづき、専門的な観点から子どもの認知特性や苦手な面、得意な面を把握し、個別の学習上の配慮を検討する必要があります。

4　発達障害のある子どもへの対応

1　発達障害の背景要因

① 実行機能

　実行機能とは、行動の制御（モニタリング、コントロール）、注意の選択や抑制に関わる機能で、脳の前頭前野の働きが関連しているこの実行機能は、ルールの理解やルールが変更された際の適応など、日常生活において不可欠な能力です。発達障害のある子どもは、実行機能がうまく働かないことが困難さの原因の一つであると考えられています。たとえば、ASDにおけるこだわりの強さや曖昧な状況の理解の難しさ、ADHDにおける不必要な情報の抑制や注意の持続の困難さという特徴として現れます。

② ワーキングメモリ

　授業においては、教師の指示を憶えながら、同時に教科書を読んだり、板書をノートに写したりします。このように、学習や生活のさまざまな場面では、情報を記憶しながら同時に複数の活動（情報の操作）を行わなければなりませんが、そこにおいて使用されるのがワーキングメモリ＊です。

　ワーキングメモリ（作業記憶／作動記憶）とは、短期記憶＊のうち情報の「内容」と「操作」とに焦点を当てた理論です。記憶する情報の内容には、主に言葉や音に関わる言語的短期記憶（音韻ループ）と、主に図形やイメージに関わる視空間的短期記憶（視空間スケッチパッド）があります。

図表8-6　発達障害の特性とワーキングメモリの困難さの関係

	ワーキングメモリの機能			
	言語的短期記憶	言語性ワーキングメモリ	視空間的短期記憶	視空間性ワーキングメモリ
自閉症スペクトラム障害	☆☆			
注意欠如・多動性障害		☆		☆☆
読み書き障害	☆	☆☆		
算数障害			☆☆	☆☆

☆の数が多いほど困難さが大きいことを示す。
湯澤ら（2013）を参考に作成

図表8-7　ワーキングメモリに困難のある子どもにみられる学習の困難さ

困難な領域	学習における困難さの例
言語的短期記憶	指示をすぐに忘れる 文章を音読する際にミスが多い 九九が覚えられない 外国語学習の際に発音が難しい
言語性ワーキングメモリ	話し合いの活動についていけない 作文や日記を書くことが苦手 国語の読解や算数の文章題につまずく
視空間的短期記憶	板書をノートに書き写すことが苦手 アナログ時計を読むことが苦手 図形やグラフの理解が苦手
視空間性ワーキングメモリ	地図の理解や利用が難しい 図形の展開図が理解できない 複数の器具を操作しながらの作業が苦手 体操などの一連の動作が覚えられない

さらに、それらの情報を保持しながら同時に操作するシステムである**中央実行系**の働きが加わったものが**言語性ワーキングメモリ、視空間性ワーキングメモリ**です。

　発達障害のある子どもにおいては、ワーキングメモリの機能のいずれかに困難さや偏りがあることが指摘されています（図表8-6）。特に、LDのある子どもにおいては、ワーキングメモリの特徴によって図表8-7のような困難さがみられます。

③ 心の理論

　ASDにみられる社会性やコミュニケーションの困難さの背景要因の一つに、「心の理論」の問題があります。心の理論の一つである「相手が知っていることや考えていることの理解」（一次的信念）は、通常は4歳頃に獲得されますが、ASDのある子どもは児童期半ばまで獲得が困難であるといわれます。特に、心の状態について、「その場の雰囲気でなんとなく感じること」など、言葉で説明しにくいことの理解が困難であるとされます。

📝**プラスワン**

検査の実施機関

知能検査や発達検査は多くの場合、保健医療・福祉・教育等の専門機関において実施し、学校（教師）では検査結果を支援の資料として活用することがある。

✏️**重要語句**

短期記憶とワーキングメモリ

→短期記憶とは、情報の短期的な貯蔵庫であり、保持できる時間は通常15〜30秒程度、情報量は、成人で7±2桁、10歳児では4桁、幼児では3桁程度であるとされる。ワーキングメモリは、バドリーらによって短期記憶を拡張した理論として提唱された。

2　障害の特性を踏まえた支援

① 具体的でわかりやすい支援

多くの発達障害に対する支援に共通することとして、具体的でわかりやすくする配慮が重要です。たとえば、仲間と共に生活しやすい行動を獲得するための方法として、ロールプレイなどによって学校や対人関係のさまざまな場面における具体的な行動を学習するソーシャルスキル・トレーニング（SST）*が挙げられます。

また、図やイラストを使った視覚的支援も有効だと考えられます（図表8-8）。特に、ASDにおける他者の気持ちや曖昧な状況の理解の困難さ、ADHDにおける注意の維持の困難さ、LDにおける認知の偏りなどに対しては、言葉で伝えていることを視覚的に示すことで理解しやすくなります。

② 環境の構造化

子どもの特性に合わせて困難さが生じにくいように環境を整備する、「環境の構造化」という考え方があります。

「環境の構造化」による支援の一例として、TEACCH（自閉症児及び関連するコミュニケーション障害の子どものための治療と教育）プログラム*があります。TEACCHプログラムでは、「環境の構造化（活動内容と場所を対応させるなど、空間を視覚的にわかりやすくする）」「スケジュールの構造化（絵やカードにより活動の内容や順番を明確に示す）」など、発達障害のある子どもの認知特性に配慮した環境構成がなされます。

③ 二次障害の防止

発達障害のある子どもへの支援においては、安心感や自信や意欲を高める関わりなど、心の問題に対する対応が非常に重要です。他方で、発達障害のある子どもに共通することとして、学習や生活における失敗経験、教師からの叱責や対人関係のトラブルといった困難な事態を多く経験しがちです。このような経験により、自尊感情や自己効力感*などの肯定的感情や動機づけが低下し、さらにそれらが改善されないままであると無力感が形成されます（学習性無力感*）。このような状態は二次障害と呼ばれ、子どもの社会性の発達を阻害する要因となります。

二次障害を防ぐためには、長所や強みを活かしたアプローチが有効であると考えられます。発達障害のある子どもに対しては、教師はできていな

図表8-8　視覚的支援の例

表情カード
（表情と感情を結びつける）　　　スケジュールの視覚化　　　視覚情報の制限
（授業中は掲示物を隠す）

いことに注目しがちになりますが、むしろできていることを積極的に認めるという姿勢が大切です。発達障害のある子どもに対して、教師が強みを理解し、それを活かした支援をすることによって、失敗経験が少なくなり、他者から認められるという経験が増えることで、自信や意欲を高めながら仲間と共に生活を送ることが期待できるのです。

ディスカッションしてみよう！

発達障害の特性は、困難な側面が強調されがちですが、教師にはそれらの特性をポジティブな個性としてとらえる姿勢も必要です。たとえば、曖昧さが苦手なことは「はっきりした性格」、注意が移りやすいことは「好奇心旺盛」であるともいえます。

　次に示す例をはじめ、発達障害の特徴を挙げ、それをポジティブに言い換えてみましょう。そして、そのような個性はどのような場面で活用できるか、話し合ってみましょう。

　・人づきあいが苦手　　　　　→
　・こだわりが強い　　　　　　→
　・多動である　　　　　　　　→
　・ルールを守るのが苦手　　　→

　たとえば・・・

5 学校における組織的な対応

1　校内の支援体制

　発達障害を含め、特別な教育的ニーズのある子どもへの支援は、学級担任だけで行うのではなく、校内での組織的な対応が必要です（→第10講参照）。校内の連携や支援体制がうまく機能するように、各学校においては校長が教師の中から指名する**特別支援教育コーディネーター**を中心に校内委員会が組織されています（図表8-9）。

　学校内での組織的な支援体制という点から、発達障害のある子ども本人への支援だけでなく、子どもを取り巻く学級、あるいは学校全体まで視野に入れた支援が必要になります。すなわち、「学級のすべての子どもへの支援」「学級のなかでの個別的な支援」、そして、必要に応じて通級による指導の活用も含めた、「個別的な場での個別的な支援」という階層構造で支援を考える必要があります。

　また、発達障害のある子どもは、身近な人に不安や悩みを伝えることや、課題解決のために援助を求めることが苦手であると考えられます。このた

発達障害のある子どもに対しても、「2軸3類4層」の重層的な支援が重要です。

図表8-9　特別支援教育コーディネーター及び校内委員会の役割

特別支援教育コーディネーター
1.学校内の関係者や関係機関との連絡調整
・学校内の関係者との連絡調整
・ケース会議の開催
・個別の教育支援計画及び個別の指導計画の作成
・外部の関係機関との連絡調整
・保護者に対する相談窓口
2.各学級担任への支援
・各学級担任からの相談状況の整理
・各学級担任とともに行う児童等理解と学校内での教育支援体制の検討
・進級時の相談・協力
3.巡回相談員や専門家チームとの連携
4.学校内の児童等の実態把握と情報収集の推進
校内委員会
・児童等の障害による学習上又は生活上の困難の状態及び教育的ニーズの把握
・教育上特別の支援を必要とする児童等に対する支援内容の検討（個別の教育支援計画等の作成・活用及び合理的配慮の提供を含む）
・教育上特別の支援を必要とする児童等の状態や支援内容の評価
・障害による困難やそれに対する支援内容に関する判断を、専門家チームに求めるかどうかの検討
・特別支援教育に関する校内研修計画の企画・立案
・教育上特別の支援を必要とする児童等を早期に発見するための仕組み作り
・必要に応じて、教育上特別の支援を必要とする児童等の具体的な支援内容を検討するためのケース会議を開催
・その他、特別支援教育の体制整備に必要な役割

文部科学省「発達障害を含む障害のある幼児児童生徒に対する教育支援体制整備ガイドライン」2017年を参考に作成

め、児童・生徒が抱えている悩みや課題を真摯に受け止め、校内にいつでも相談できる人や居場所を確保することが求められます。

■2■ 関係機関との連携

　子どもの発達上の課題を詳細に理解するためには、知能検査や発達検査などを含めた評価（アセスメント）が必要になります。これらの専門的な評価は校内では難しいため、関係機関と連携を図ります。学校が連携する関係機関としては、教育委員会、センター的機能を有する特別支援学校、療育機関や発達障害者支援センター等があり、そこでは発達上の課題の分析や検査による評価をもとにした指導や助言を行っています。

　関係機関と連携を図るためには、「目的と内容の明確化」「保護者との信頼関係」「個別の教育支援計画の活用」がポイントとなります。なかでも個別の教育支援計画は、医療、保健、福祉、教育、労働等の各機関において、必要な情報を共有し、連携して相談、支援を行うための支援ツールであり、生涯にわたり活用されることが望まれます。特に学校教育の期間においては、幼稚園等、小・中・高等学校、大学等の学校間で引き継ぐ重要な資料となります。加えて、地域の関係機関と連携を図るための情報共有の支援ツールとして、効果的に活用することが求められています。

プラスワン

特別支援学校のセンター的機能

特別支援学校は、地域における特別支援教育を推進するうえで中核的な役割を担い、教育上の高い専門性を活かしながら地域の小・中学校を支援していくことが求められている。

困難を示す児童・生徒数の変化の背景
―― 発達障害のある子どもは増えているか

　本講でも述べた通り、文部科学省が2022（令和4）年に公表した「通常の学級に在籍する特別な教育的支援を必要とする児童生徒に関する調査」では、小・中学校の通常学級の約8.8％の子どもが「知的発達に遅れはないものの学習面又は行動面で著しい困難を示す」とされていました。

　2012（平成24）年に行われた同様の調査では、そのような児童・生徒の割合は約6.1％でした。つまり、10年間で約2％以上増加していることになります。この理由にはさまざまな要因が考えられますが、その一つとして、本調査が医師などの専門家の診断によるものではなく、教師の回答によるものであることが挙げられます。すなわち、困難のある児童・生徒の数自体は増えてはいないものの、教師や保護者の特別支援教育に対する理解が進み、今まで困難がありながらも見過ごされてきた児童・生徒に目が向けられるようになった可能性が考えられるのです。

　他方で、子どもの生活習慣や取り巻く環境の変化により、言葉や文字に触れる機会が減少していることや、インターネットやスマートフォンが身近になったことにより対面での会話が減少傾向にあることや、体験活動の減少などが影響し、困難さを示す子どもが本当に増えている可能性も指摘されています。

　なお、高等学校については、上に述べた特徴を示すとされた生徒の割合は約2.2％でした。つまり高校では、小・中学校に比べて困難を示す生徒の割合が減少しています。この原因としては、高校入学には入学者選抜が実施されることや、特色のある教育課程があり、さらには全日制・定時制・通信制が設置されているなど、入学動機や進路希望などにさまざまな背景をもつ生徒たちへの対応が可能であることが指摘されています。つまり、少なくともその学校の中で心配なく過ごせている場合は、小・中学校に比べて困難を示す生徒は少なくなると考えられます。ただし高校では、不登校や退学など、学校生活自体に課題を抱える場合も少なくないため、高校進学にあたっては、学力とともに本人の適性を踏まえた進路指導が必要であると考えられます。

復習問題にチャレンジ

類題（神戸市　2022年）

> ①次の文は、「障害のある子供の教育支援の手引～子供たち一人一人の教育的ニーズを踏まえた学びの充実に向けて～」（令和3年6月　文部科学省）における注意欠陥多動性障害の特性に関する記述である。下線部について、適切でないものを①～③から選び、番号で答えよ。

　注意欠陥多動性障害は、障害そのものの社会的認知が十分でなく、また、注意欠陥多動性障害のない子供においても、不注意又は①衝動性・多動性の状態を示すことがあることから、注意欠陥多動性障害のある子供は、「故意に活動や課題に取り組もうとしない」②「読み書きに困難さがある」あるいは「自分勝手な行動をしている」などとみなされてしまい、障害の存在が見逃されやすい。まずは、これらの行動が障害に起因しており、その特性に応じた指導及び支援が必要であることを保護者や学校教育関係者が認識する必要がある。特に、早期からの適切な対応が効果的である場合が多いことから、低学年の段階で③学級担任がその特性を十分に理解し、適切な指導や必要な支援の意義を認識することが重要である。

（京都府　2022年）

> ②次の文章は「発達障害を含む障害のある幼児児童生徒に対する教育支援体制整備ガイドライン」（平成29年3月文部科学省）において「全ての児童等にとって分かりやすい授業」について述べたものである。空欄（①）～（⑤）に当てはまる語句を正しく組み合わせているものはどれか、あとのア～オから1つ選びなさい。

　授業は、全ての児童等にとって、分かる、できる、楽しい授業であることが求められます。特別支援教育の視点を生かした授業を創意工夫することで、教育上特別の支援を必要とする児童等だけでなく、全ての児童等にとって「分かる、できる、楽しい授業」になります。例えば、（①）だけを使った授業よりも、次のような授業スタイルが全ての児童等に有効です。

　○　授業のねらいと内容を明確にした上で、めあてや学習の流れ等を板書その他の方法で（②）する。
　○　授業の開始、終了時刻を（③）に伝える。
　○　発表のルールを明示するなど、話し方や聴き方を提示する。
　○　教室内の（④）や設営を工夫する。

　また、教育上特別の支援を必要とする児童等に行う個別の支援について、周囲の児童等に説明を行う際は、困難さや苦手さについて理解を求めるのみでなく、その児童等の良さや頑張り等の良い面を（⑤）に伝えることが大切です。

	①	②	③	④	⑤
ア	文字	言語化	事前	環境	控えめ
イ	言葉	視覚化	直前	座席配置	積極的
ウ	文字	視覚化	事前	環境	控えめ
エ	言葉	視覚化	事前	座席配置	積極的
オ	言葉	言語化	直前	環境	積極的

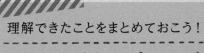

ノートテイキングページ

代表的な発達障害について、困難さの特徴と、教師の支援の姿勢についてまとめてみましょう。

学校における諸課題とその対応⑥
心の病への対応

理解のポイント

心の病は、特に小さな子どもの場合、心の状態をうまく言葉にできないこともあるので、教師の気づきが重要になります。また青年期は、進路や人間関係など悩みが複雑になり、時には重い心の病気を抱えてしまうこともあります。本講では、児童期から青年期にみられる心の病気について、その概要を知り、教師として何ができるのかを考えてみましょう。

1 児童期に生じやすい心の病

1 児童期の発達的特徴

　児童期とは、主に小学生時代の子どもを意味します。とはいえ、日本の小学校は1年生から6年生まで6年間ありますし、その間に著しい発達変化を遂げます。

　まず、小学校1～2年生は幼児期からの移行期ですので、学校での基本的生活習慣の確立から始まります。しかしながら、集団行動や時間割等のスケジュールなど、さまざまなルールに合わせることが難しい児童もおり、この現象を「小1プロブレム」と呼んでいます。

　一方、小学校5～6年生については、第二次性徴が生じる青年期への移行期ですので、この時期は、「アイデンティティの確立」に向けた起点となります。その間にも、認知面や社会性など、さまざまな特徴ある発達変化がみられます。

　そのなかで、現代の子どもたちは、塾や習いごとの時間が多くなったり、新しいメディアの登場によって多くの情報に翻弄されたりなど、ライフスタイルもどんどん変わってきています。

　その結果、自分に課せられる多くの課題からストレスが生じたり、周囲の変化についていけず思い悩んだりなど、心の病に至るケースがあります。特に児童期は活発さが増す時期なので、本人も周囲も気づかないうちに身体症状が現れたり、突然に不調が生じたりすることも多くあります。

2 児童期に生じやすい心の病についての概説

　前述の通り、児童期は活発さが増す一方、特に児童期前期については、自分の心について理解したり表現したりする力が未熟なために、無意識的な症状を伴う心の病がみられる場合もあります。

> 時代に応じて変化する子どもたちのライフスタイルと、生じやすい心の病気は、関連しているのかもしれませんね。

たとえば、児童期に多くみられるものの一つに「チック症」があります。これは、自分の意思と関係なく突発的に身体の一部に動きが生じてしまうもので、顔面の筋肉などがヒクヒクと動いたり、首を揺すったり、咳払いを繰り返したり、意図しない発言をするなど、さまざまな症例があります。その原因はいまだに解明されていませんが、遺伝的要因と環境的要因の両方があり、また心理的な緊張やストレスも大きく影響することがあるといわれています。詳細はp.135で紹介しますが、児童期の心理を考えると、前述の通り、「勤勉性」が強く意識されるライフスタイルの変化とともに、少しずつ自分の内面にも意識が向き始め、これまで無邪気に過ごしてきた幼児期とは異なり、「緊張」や「恥じらい」など新たな精神状態が現れやすくなることが背景として考えられます。

そのため教師としては、子どもたちのなかで知らず知らず蓄積されていくストレスの存在の可能性について留意し、心配な児童がいれば、医師の指導のもと、保護者と共に積極的に関与して、治療に努めていくことが求められます。ただし、これらの症状には一過性のものもあれば、逆に意識させないように配慮することによって緩和していくものもありますので、医師や臨床心理士などの専門職と共に、学校教育において何に気をつければよいのかを随時相談しながら関わっていくことが望ましいといえます。

児童期は、自分の心の状態をうまく言葉で説明できるとは限らない点を、教師として理解しておくことが特に大切です。

2 青年期に生じやすい心の病

1 青年期の発達的特徴

青年期は、児童期の後半から徐々にみられ始める大人に向けた心身の変化が、より顕著になる時期です。さまざまな性差や性意識によってコンプレックスを抱いたり、羞恥心を感じたりするケースなどもあります。社会性についても、個々の価値観がより明確になることで、交友関係も、価値観を共有できるもの同士で深めたり、異性や特定の他者を強く意識するようになったりするなどの特徴がみられます。

また、大人社会への理解と意識も強まり、そのなかで、矛盾や葛藤に悩み、時には大人への怒りを覚えるケースもあります。このような現象は、これまで一般的に「第二次反抗」と呼ばれてきましたが、現代の若者たちのなかには、「特に親子間でけんかをしたことなどなかった」「なんだか友達みたいな親子関係だった」という「青年期平穏説」の声も多く聞かれます。

ただ、そのようななか、自己へ意識が強く向き始め、「自分とは何者か」「自分は何のために生きているのか」など、「自分探し」、すなわち「アイデンティティの確立」に向けて思い悩むことは、現代でも共通して多くみられるようです。さらに、将来への展望を具体的にイメージしたり、進路が細分化されたりするなかで、自己決定の機会が多くなるなど、いわゆるキャリアについての悩みも数多くみられます。

ところで、児童期からの移行において、先輩・後輩という新たな人間関

係のあり方や、価値観の違いによるいじめや差別意識など、中学校進学後、学校生活になじめない子どもたちがみられることが報告されており、これは「中1ギャップ」と呼ばれています。さらに近年では、いわゆる生物学的な性別と心理的な性別が一致しないことや、同性に愛情を感じることに悩むケースなど、これらも青年期以降に強く意識しやすいことが知られています。

このように青年期は「子どもから大人への移行期」であることから、児童期まで以上に思い悩むことが複雑になり、まさに「ストレス過多の時期」といえます。さらに、内面への意識の高まりや、心理的な問題を言語化しやすくなることも特徴的だといえるでしょう。

２　青年期に生じやすい心の病についての概説

青年期の心理的な問題については、悩みやストレスを直接的に表現したり、周囲の人に伝えやすくなってきます。その点で、課題解決に向けたカウンセリングが児童期よりも適用しやすくなります。一方で、青年期といえども成熟した大人ではありませんから、自己をうまく表現できない、あるいは大人に対して本心を伝えることに抵抗感が生じるなど、個の事情が多々あり、それぞれに合った対応が求められます。また、前述の通り、青年期はアイデンティティの確立が課題であるがゆえに、精神面の発達がアンバランスになりやすいことも留意すべき点です。その結果の一つとして、自分に自信がもてないなかで次々に人生の選択や課題の克服が求められ、それらによるストレスの過重から、やがてうつ病の発症に至るというケースもあります。

さらに、無意識的に心の病のスパイラルが生じていくケースも多くあります。その一例として、青年期女子に多い「摂食障害」の一種で、別名「思春期やせ症」ともいわれるものがあります（詳細はp.133参照）。原因はさまざまなのですが、一つには、「過剰な美意識」が挙げられています。青年期から成人初期ですから、「自分が美しくありたい」と願うのは、ごく自然な心理であるといえます。しかしながら、「やせること＝美しい」という感覚が極端になると、身体衰弱に陥りながらも、やせつつ活動的であろうとふるまい、さらにやせることが加速して、やがて脳や他の内臓器官にも悪影響を及ぼすようになります。

以上のように、青年期もまた特有の精神状態から心の病に陥りやすいことを知っておく必要があります。教師としては、子どもたちとの心理的距離を考えつつ、心身の変化をよく観察し、必要に応じて子どもたちの悩みを傾聴の姿勢で受け止めることが望まれます。

プラスワン

摂食障害の低年齢化傾向

摂食障害については、近年、児童期にもみられるようになってきている。明確な原因は不明とされているが、アイドルやアニメキャラクターに憧れることから「痩せ願望」が生じているという説もある。

3 ストレスの理解

1 ストレスの定義と考え方

　私たちにとって「ストレス」という言葉は、日常的にもなじみがあり、よく使われると思われますが、実は正しく理解されていないことも多くあります。なかには、「ストレス＝精神的な病名」と考えている人もいるのではないでしょうか。

　もともと、「ストレス」の語源は「物体に圧力を加えることで生じるゆがみ」を意味する物理学の用語だったのですが、1936年、カナダの生理学者ハンス・セリエ*が「ストレス学説」を発表したことから、現在では、生理学的な意味で用いられることが多くなったとされています。

　そこから、現在、心理学の分野では、「私たちの心身に対する負荷と、それに対する心身の緊張状態」と説明されています。

　また、その負荷に相当するものを「ストレッサー」、そしてそこで生じる緊張状態を「ストレス反応」と呼びます（図表9-1）。

　さて、前述のように、私たちの心身に対して負荷がかかるものすべてがストレッサーであるとするならば、大小さまざまなものがあります。身近なものでいえば、レポート課題やテストもストレッサーでしょうし、騒音や異臭、人間関係のトラブルなど、いろいろなものが対象になります。これらを分類すると、図表9-2のようになります。

　このようにストレッサーには、さまざまな種類のものがあります。しか

ハンス・セリエ
1907〜1982
カナダの生理学者。「ストレス学説」を唱え、ヒトのストレッサーに対する生体反応について明らかにした。

図表9-1　ストレッサーとストレス反応

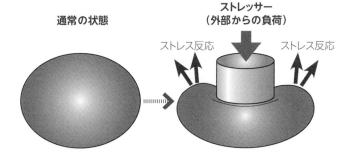

図表9-2　ストレスとなる対象（ストレッサー）の分類

種　類	具体例
物理的ストレッサー	気候の変化（暑い、寒いなど） 騒音、眩光など物理的な環境刺激
化学的ストレッサー	たばこの煙や刺激の強い芳香剤など、化学物質にもとづく刺激
生理的ストレッサー	肩こりや胃痛、倦怠感など体調不良による不快感
心理的ストレッサー	不安、焦り、いらだち、怒り、緊張、抑うつなどの心理反応
社会的ストレッサー	転勤、失業、離婚、人間関係のトラブルなど社会的な問題

図表9-3　ストレッサーの種類

しながら、図表 9-2 をよくみると、すべてが心の病気に至るものばかり
でしょうか。確かに不快なものが多いのですが、日常生活のなかでうまく
回避したり対処したりできているものも少なくないことに気づくと思いま
す。つまりストレスとは、私たちの心や体が何らかの対処の必要性を察知
して、それに対処しようとする生理的反応すべてを指すものです。ですか
ら、適度に対処可能なストレッサーがかかることは、むしろ自分を高める
ことにもつながります。しかし、これが対処の限界を超えたり、受け入れ
がたい対象であった場合に、不適応を起こしてしまい、いわゆる「ストレ
スによる心の病」に至ってしまうわけです。

　さて、ストレッサーの種類にもいろいろありますが（図表9-3）、その
受け止め方や重さについても考えてみましょう。アメリカの心理学者ホー
ムズとレイは、ストレッサーの受け止め方について、「配偶者の死」を
100 とした場合にどの程度の強さと感じるのか、その強度を数値で表し
てもらうよう、アンケート法による調査を行いました。その結果は図表
9-4 の通りです。

　事実、これらのうち、得点の高いものは病気になりやすく、また、普通
の生活に戻るまでに時間がかかっているという研究結果もあります。

　ただし、上記の順位や値は必ずしも誰にでも当てはまるわけではなく、
たとえば、転勤や配属転換によってせっかくのチームワークが崩れてし
まったと嘆く人もいれば、新しい環境で気分一新がんばることができてい
る、という人もいるわけです。ですので、仲間を思いやる際の「目安」と
しては参考にできるかと思います。

2　ストレス社会の生き方

　ここまで、ストレッサーの存在や考え方についてさまざまな観点から紹
介してきましたが、結局、ストレスに対して私たちはどのように考え、ま
たどのように生きていくのがよいのでしょうか。

　私たちがこの世のなかで、ストレスと感じるような不快な出来事を避け
て生きていくことは、まず不可能だといえます。誰にでも生じることだか
らです。しかし前述の通り、ある一つの出来事を、どの程度ストレッサー

簡単なことだと思っ
ている人もいるで
しょうが、実際にみ
なさんは、日頃から
この5つをどのくら
いできているでしょ
うか。

図表9-4　社会的再適応評価尺度（Holmes & Rahe、1967）

順　位	ストレスフルな出来事	点　数
1	配偶者の死	100
2	離婚	73
3	夫婦別居	65
4	拘禁や刑務所などへの収容	63
5	家族の死	63
6	本人の大きなけがや病気	53
7	結婚	50
8	失業・解雇	47
9	婚姻上の和解	45
10	退職・引退	45
11	家族の健康面・行動面での大きな変化	44
12	妊娠	40
13	性生活の困難	39
14	新しい家族ができる	39
15	合併・組織替えなどの勤め先の大きな変化	39
16	家計状態の大きな変化	38
17	親友の死	37
18	転勤・配置転換	36
19	配偶者とのけんかの数の変化	35
20	1万ドル以上の借金	31
21	借金やローンの抵当流れ	30
22	仕事上の責任（地位）の大きな変化	29
23	息子や娘が家を出る	29
24	親戚とのトラブル	29
25	個人的な成功	28
26	妻の就職または退職	26
27	本人の進学または卒業	26
28	生活条件の変化（家の新改築、環境悪化）	25
29	個人的習慣の変更	24
30	上司とのトラブル	23
31	勤務時間や労働条件の大きな変化	20
32	転居	20
33	転校	20
34	気晴らしの変化	19
35	宗教活動上の大きな変化	19
36	社会活動の面での大きな変化	18
37	1万ドル以下の借金	17
38	睡眠習慣の大きな変化	16
39	だんらんする家族数の大きな変化	15
40	食事習慣の大きな変化	15
41	長期休暇	13
42	クリスマス	12
43	軽微な法律違反	11

野口（2008）

プラスワン

ホームズとレイの調査

ホームズとレイの調査は、「配偶者の死亡を100とした場合」に加えて、「結婚を50とした場合」も比較条件に加えている。

として重く受け止めているかは、人によって異なることがわかったと思います。さらにいえば、その出来事をストレッサーとして受け止めない人もいるわけです。このような違いは、いったいどこから生じてくるのでしょうか。

　実は、第2講「カウンセリングの理論」のなかで学んだ「論理療法」の考え方に似ているところがあるのです。結局、その出来事に対して快か

不快かの受け止め方を決めているのは、たとえ意識的でなくとも自分自身の心であるといえます。

　たとえば、あなたが新任教師であったとします。そこで、校長から「教育委員会からのアンケート調査がたくさんあるから、すべて回答しておいてくれないか」と、あなたに託されたとしましょう。周囲をみると、暇そうな教師もいます。この事態に、あなたはどのような感情を抱きますか。

　「なんで私に仕事をもってくるんだ。この忙しいときに……」

と不快に思うならば、それは確かに悪いストレスとなるでしょう。しかし、

　「ほかの教師でなく、私に仕事をもってきてくれた。私は信頼されており、
　期待されているのかもしれないな」

と思えたならば、それを悪いストレッサーと感じることはなく、むしろ仕事のモチベーションの向上につながると考えることができます。

　もちろん、世のなかには「親友の死」などのように、ストレスを感じることが人として当然であるような事柄もたくさんありますが、上記の例のように、受け止め方によってストレッサーをそうでないものに置き換えることもできるのです。ストレッサーが多数存在する現代社会で生きていくなかで、「見方を変える」ことで少しでもストレスを軽減できれば生きやすくなるということも知っておくとよいでしょう。

「見方を変える（リフレーミング）」という考え方ができるようになれば、対人コミュニケーションだけでなく、自分の気持ちをポジティブ思考に変えることができますよ。

「見方を変えれば……」にチャレンジしてみましょう！

【方法】2人1組になって取り組んでもらいます。

①まず、それぞれ自分のノートに「自分の短所、嫌いなところ」をいくつか書きだしてみましょう。

②じゃんけんなどで、カウンセラー役、クライエント役を決めます。これは必ず、交互に役を交代しながら取り組んでください。

③クライエント役のほうから、「実は、私、自分の○○○なところに悩んでいます」とカウンセラー役の人に伝えてください。

④カウンセラー役の人は、その「○○○」を聞いて、肯定的・好意的な解釈に置き換えて伝え返してみましょう。

(例)

Cl：「実は、私、周囲の人の気になる点があると、すぐに注意してしまい、『ひとこと多い』と嫌がられてしまうんですよ」

Co：「なるほど、でもあなたは親切心があって、実行力もあり、細やかに気を配れるすばらしい人なんですね」

※Cl：クライエント
　Co：カウンセラー

4 児童期～青年期に多くみられる心の病気

本節では、それぞれの病気の特徴と治療方法についてみていきましょう。

1 うつ病

【特徴】

気分障害の一つとされており、一般的には、気分の落ち込みや意欲や興味の低下、焦りやイライラ感、食欲の低下、なかなか眠れない、自殺したい気持ちになる、などの症状が生じ、それが持続するものをいいます。

このうち、児童期のうつ病については、身体症状の訴え（頭痛、腹痛など）が「単なる疲れ」「なまけ心」「わがまま」と片づけられた結果、心のなかで静かにうつが進行していくこともあるといわれています（傳田、2007）。また、イライラ感の表出や不登校などの行動面から判断されるケースもあります。

青年期についても、上記の症状と同様とされていますが、倦怠感や絶望感、自殺したい気持ちが発話によくみられるほか、衝動性が強く、急に非行やアルコール、薬物に手をだすなどの問題行動に至るケースもあるとされています。

なお、児童期の気分障害有病率は0.5～2.5％、青年期は2.0～8.0％とされています。また、寛解*しても再発率が約70％と比較的高いことも明らかにされています。

【治療方法】

治療方法については、医師が中心となり、「薬物療法」と「精神療法」を行っていくことが基本とされていますが、特に児童・生徒の場合は、家族の理解と協力、そして十分な休養が求められます。このうち、家族の理解については正しい心理教育的アプローチが重要で、保護者や教師には、単なる「なまけ」や「現実逃避」とは異なること、治療にある程度時間を要するため焦らないこと、叱咤激励はせず、つらい気持ちを口にできるときには傾聴に努めることなどを理解してもらうことが重要です。

2 摂食障害

【特徴】

日常的な食行動に障害を及ぼす精神疾患の一つで、主に極端な食事制限をする「拒食症」と、過度な量の食料を摂取する「過食症」に分類されます。また、いずれか一方のケースもあれば、拒食から過食へ移行し、周期的に繰り返すケースもあるとされています。原因はさまざまですが、人間関係のトラブルなど心理的なストレスや、美意識に基づく「やせ願望」によるもの、ほかの精神疾患からの併発などが挙げられています。また、男女比では、これまで女性が90％以上と圧倒的に多いといわれていましたが、近年、男性の増加傾向も確認されています。さらに、最近では、児童期に発現するケースの増加も報告されています。

📝 **語句説明**

寛解

完全に治癒したわけではないが、病気の症状がなくなっている状態のことをいう。

【治療方法】

　医療分野では、間違った食事のあり方を見直す「認知行動療法」や「家族療法」（→第2講参照）などの精神療法が用いられており、さらに心理カウンセリングも有効であるとされています。特に、食行動のみならず、患者の背景にある心理的な問題に目を向け、人間関係やストレスの改善などの取り組みを必要とすることが多いといわれています。そのためにも、特に家族の理解と協力が重要であることも知っておきましょう。

3　選択性緘黙症（場面緘黙症）

【特徴】

　選択性緘黙症とは、言葉の発達は正常であるにもかかわらず、ある特定の場面や状況で話せなくなってしまう症状です。たとえば、家庭で家族と話すことはできるのに、学校や幼稚園などでは話せなくなるというケースです。これは、単に内気で話さないのではなく、「話せない」という点が特徴です。発症時期は幼児期が比較的多いとされていますが、児童期にもみられます。また、随伴しやすい症状として「感情をうまく表現することができない」「身体が緊張してぎこちなくなる」なども挙げられています。男女比では、やや女児に多いとされています。なお原因は、発達的な要因や環境的な要因など諸説ありますが、いまだに不明とされています。

【治療方法】

　原因が不明であるために、薬物療法や精神療法による改善事例はありますが、確立された治療法は未だみつかっていません。言語に関する症状であるため言語的なアプローチが注目されやすいのですが、無理に話させるような関わり方は望ましくなく、むしろ安心できる環境のなかで不安や緊張を取り除くことを念頭に、「遊戯療法*」や「箱庭療法*」などの精神療法が適用されることが多いとされています。ただし、年齢が上がるにつれて自然治癒するケースも少なからず報告されています。

4　パニック障害

【特徴】

　パニック障害とは、急に激しい動悸が生じたり、呼吸困難、腹痛などの「パニック発作」といわれる急性の強い不安の発作を繰り返したりする症状を生じる病気です。しかし、前記の症状で心電図などの検査を行っても、異常を示さないことが特徴です。この症状がエスカレートすると、「また同じ発作が起こるのではないか」という予期不安や、「もし発作が起こったら誰にも助けを求められないかもしれないので、外出が怖い」という広場恐怖などがみられます。

　原因は、過労や睡眠不足、心理的なストレスなどとされていますが、発生の仕組みはわかっていません。また、過去の経験や記憶に誘発されるケースがあることも知られています。

【治療方法】

　上記の症状に対する検査によって、本当に内科的な問題がないのかを調

✏️ **語句説明**

遊戯療法

心理療法の一種で、主に子どもを対象とし、「遊び」を通じて表現される内容から、心情を理解したり、あるいは発散すること自体に治療効果があるとされる（この考え方にはさまざまな流派がある）。

箱庭療法

心理療法の一種で、平らな砂箱のなかに、クライエントが人形や建物、乗り物などの玩具を置きながら自由な世界観を表現していく。この取り組みを通じて、表現することへの不安が解消されたり、カタルシス（→第2講参照）の効果などが期待される。

べ、異常がなければ次に精神科や心療内科での診察で「パニック障害」と診断されるケースが多いです。治療方法は、まず薬物療法が基本となります。特に、パニック障害はうつ病を併発しやすいことが知られており、症状や程度に応じて薬が処方されます。この場合は、うつ病への対応と同様に、周囲の理解と支援が必要となります。次に、精神療法として、恐怖場面に対して段階的に安定した状況を感じて学習してもらうこと（系統的脱感作法など）や、恐怖場面に対する認識の変容を促す「認知行動療法」を用います。

5 　チック症

【特徴】

　チック症とは、「ある限局した一定の筋肉群に、突発的、無目的に、しかも不随意に急速な運動や発声が起きるもの」とされています。

　症状には、「運動性チック」と「音声チック」とがあります。運動性チックには、まばたき、首振り、肩上げなどがあり、さらに、飛び跳ね、足けりなど全身に及ぶものもあります。また音声チックには、咳払い、鼻鳴らし、叫びなどがあり、さらに、公共の場でいうべきでない言葉を発する「汚言症」といわれるものもあります。発症年齢は、幼児期から学童期前半に多く、これらの症状には程度の差があります。多くは一過性の癖のようなものですが、長期にわたって慢性的に多発する「トゥレット症候群」と呼ばれるものもあります。

　原因はいくつか考えられており、遺伝説、大脳の一部の機能（ドーパミン系神経）が過活動を起こしている説、その他、環境が要因となる説などが挙げられています。

【治療方法】

　一過性のチック症については、特に治療を行わず、経過を観察しながら日常生活のなかで緩和していくようにします。慢性化、重症化したチック症の場合は、精神療法のうち「行動療法」を適用するケースがあります。一方これらの症状は、上記の通り不随意性のもので、本人が意図的にやっているわけではありません。ですから、症状そのものを制止したり注意をするのではなく、緊張を与えない状況のなかで、症状に寄り添うような声かけをするなど、教師や保護者による理解と支援が重要となります。

6 　統合失調症

【特徴】

　考えや気持ちなどがまとまりを欠いた状態になる病気です。そのため行動や気分、人間関係などにさまざまな影響が出るといわれています。思春期から40歳くらいまでに発病しやすいとされていますが、児童期にもみられ、不登校や引きこもりの原因にもなっています。具体的な症状には、「陽性症状」と「陰性症状」、「認知機能障害」があるとされており、陽性症状の例としては、「幻覚」（「誰かに悪口を言われている気がする」などのように、実際に生じていないものを知覚していると感じるもの）や「妄

135

想」「思考障害」などが挙げられます。また、「陰性症状」の例としては、「感情鈍麻（感情が乏しくなる）」や「意欲の低下」「社会的引きこもり」などがあります。さらに、「認知機能障害」については、記憶力や注意力、判断力などの低下が認められます。これらは、日常的な疲労感、あるいは他の精神疾患と誤認されやすく、医師による的確な診断（鑑別診断）が必要です。

【治療方法】

「薬物療法」と「精神療法」が基本となります。症状については、前兆期→急性期→休息期→回復期という一連の経過が知られていますので、時期に応じて望まれる対応が変わります。薬物療法では、「抗精神病薬」というものが使われます。また精神療法については、「作業療法」や「社会生活技能訓練」などが行われます。

なお、適切な治療によって症状の改善は多くみられますが、再発しやすい病気であることも知っておきましょう。上記の症状例などから、前兆期の早期発見、早期治療につながります（すまいるナビゲーター（大塚製薬）HP）。

7 起立性調節障害

【特徴】

自律神経の働きが悪くなり、起立時に身体や脳への血流が低下することにより、朝になかなか起きることができない、食欲不振、全身倦怠感、頭痛、立っていると気分が悪くなる、立ちくらみなどの症状がみられるとされています。また、これらの症状は午前中に強く、午後からは体調が回復するケースが多いことが認められており、そのため、夜には、逆に目がさえて眠れないこともあります（つだ小児科クリニックHP（https://tsudashonika.com/disease-cat/other/od/）参照）。

このような症状は、特に、小学校高学年から高校生に多くみられるとされており、その原因については、遺伝的な場合もありますが、思春期による体内のホルモンバランスの崩れや、学校や友達、勉強などによる精神的なストレスなどが挙げられています。また、このような症状のため登校がつらくなり、さらには不登校に至るケースもあります。

【治療方法】

まずは、このような症状から怠学と誤認されるケースも多く、診療機関での検査を通じて診断された場合に、保護者や学校関係者などの周囲の理解が重要になります。そのうえで、重い症状の場合、薬物療法や精神療法も用いられますが、比較的症状が軽い場合は、生活のリズムを焦らずに改善させていくことを念頭に、①運動（軽快な状況のときに、15〜30分程度の軽いウォーキングなど）、②十分な水分補給、③睡眠のリズム調整、を日常生活のなかで行っていくことから始めていきます。また、医師の指導のもと、2500ルクス以上の明るい光を浴びて体内時計をリセットする「光療法」という治療法なども提唱されています。さらに、精神的なストレスが原因とされる場合、カウンセリングも有効とされています（つだ小児科クリニックHP、一般社団法人 起立性調節障害改善協会HP（https://odod.or.jp））。

アンガーマネジメント

　私たちが日常生活を送るなかで、さまざまな感情が生じます。これはごく自然な人間の心理で、昔から「喜怒哀楽」といわれてきました。このなかで、できれば感じることなく過ごしたい感情は、「怒り」と「哀しみ」だと思います。このうち「哀しみ」については、意図することなく突然自分に降りかかってくるものですから、避けようがありません。しかし、「怒り」についてはどうでしょうか。これは、ある対象に対して、自分のなかで解釈し発生させている感情であるといえます。もしみなさんのなかで、「いや、怒りを感じさせるような対象が悪いんだ」と考える人がいたならば、それは「自分の感情をコントロールすることを放棄している」ととらえられてしまいます。

　このように、自分の衝動に任せて怒りを発するのでなく、怒りを上手にコントロールして問題解決や円滑なコミュニケーションに結びつけていくことを「アンガーマネジメント」といいます。もともとは、1970年代のアメリカで開発された心理教育プログラムですが、その後、さまざまな解決法や緩和のためのプログラムが考案されて、現在では日本でも協会が発足し、学校や職場などを対象にファシリテーターの養成やプログラムの普及の動きが広がっています。

〈アンガーマネジメントの実際の取り組み〉

　まず、「アンガーマネジメント」とは、怒りを生じさせない手法を習得することと誤解されやすいのですが、「自己に生じる『怒り』を理解し、『怒り』と上手く付き合っていきながらコントロールするスキルを身につけること」とされています。そのため、自己の怒りがどのような質のものであり、表出する程度や内容が適切なものなのか、その結果がどのような影響を及ぼすものになるのかなど、セルフモニタリングする能力が必要となります。そこで、上記の協会等において推奨されている手法を以下に紹介します。

①怒りを感じたときに、頭のなかで一旦、6秒カウントする（6秒ルール）

　人は怒りの感情が生じた場合でも、それを長時間高いレベルで持続させることはまずないとされており、ある程度の時間で前頭葉での理性の働きにより静まるとされています。そこで、衝動的に強い怒りが生じた場合などには、まず、「1・2・3・4・5・6……」と頭のなかでカウントをしてみます。これにより、落ち着いて怒りの事象について考えることができるとされています。

②怒りの程度をスコア化してみる

　落ち着くことができたら、実際にその怒りの内容が普段の自分のなかで、どの程度のものかスコア化してみる手法が知られています。主なものとしては、10段階評定を目安に、低い程度であるならば「1」、最も高いものを「10」として判断しています。さらに、それをメモしておくことで、これまでの怒りの経験と照らし合わせて確認し、そこからさらに落ち着きを取り戻せることもあります。

③とりあえず、その場から離れる

　対人場面などで怒りの原因が明確な場合、その場から離れることで、落ち着くことができることも考えられます。あるいは、自分の思考であれば、一旦、思考をそらしてみることも1つの手法とされています。

④固定概念や価値観を一旦、置いてみる

　「普通は、こうあるべきだ」という考え方は人それぞれにありますが、自分が容認できるものが他人にも当てはまるとも限りません。そこで、自分にとって容認できるものではないと思われることについては、「それがこの人の価値観」と自分の価値観と切り離して割り切るという方法もあります。

　以上の内容を心がけてみることで、ストレス軽減法になることも期待できます。

復習問題にチャレンジ

（鳥取県　2019年）

---

①次の文は、教育相談において活用できる手法等について述べたものである。内容が誤っている
ものを①～⑤から一つ選べ。

---

① 自分の身体や心、命を守り、健康に生きるためのトレーニングをソーシャルスキルトレーニング
という。喫煙、飲酒、薬物、性などの課題に対処する方法である。

② 対人場面で、自分の伝えたいことをしっかり伝えるためのトレーニングをアサーショントレーニ
ングという。「主張訓練」と訳される。

③ 児童生徒の社会的スキルを段階的に育て、児童生徒同士が互いに支えあう関係を作るためのプロ
グラムをピア・サポート活動という。

④ 心理療法を行う治療者とこれを受ける相談者との間に親密な信頼関係があり、心の通い合った状
態にあることをラポールという。

⑤ 自分の中に生じた怒りの対処法について、段階的に学ぶ方法のことをアンガーマネジメントとい
う。呼吸法、動作法などリラックスする方法を学ぶやり方もある。

（沖縄県　2023年　一部改題）

---

②次の文章は、生徒指導提要（令和4年12月　文部科学省）の一部を抜粋したものである。
（　A　）（　B　）にあてはまる語を、それぞれ次の1から5までの中から一つずつ選び、記
号で答えよ。

生徒指導を実践する上で、教職員の（　A　）の維持は重要です。 生徒指導では、未経験の課題性の
高い対応に迫られることがあります。自分の不安や困り感を同僚に開示できない、素直に助けてほし
いといえない、努力しているが解決の糸口がみつからない、自己の実践に肯定的評価がなされない等
により、強い不安感、焦燥感、閉塞感、孤立感を抱き、心理的ストレスの高い状態が継続することが
あります。この状態が常態化すると（　B　）のリスクが高まります。

(A)　1　職場環境　　2　衛生環境　　3　勤務条件　　4　フィジカルコンディション
　　　5　メンタルヘルス
(B)　1　躁鬱病　　2　食欲不振　　3　バーンアウト（燃え尽き症候群）　　4　自律神経失調症
　　　5　不眠症

ノートテイキングページ

学習のヒント：心の病とその特徴についてよく理解し、登校可能な場合、学校生活のなかで、具体的にどのような声かけや関わりが求められるでしょうか。想像しながら書きだし、まとめてみましょう。

校内連携・専門機関や地域との連携

理解のポイント

児童・生徒への相談を進めるにあたり、教師だけでは対応しきれない場合があります。その際は、校内の同僚、上司、または関係機関の専門家、そして児童・生徒の保護者とも十分な連携をとりながら、適切な対応を検討しなければなりません。本講では、校内のさまざまな立場の職員、専門機関や地域、そして保護者との連携について学びます。

1 「チームとしての学校」と連携について

1 連携の重要性について

　児童・生徒はさまざまな問題を抱えており、担任だけで解決できるものばかりではありません。「チームとしての学校の在り方と今後の改善方策について（答申）」（文部科学省中央教育審議会、2015年）では、「学校現場で、より効果的に対応していくためには、教員に加えて、心理の専門家であるカウンセラーや福祉の専門家であるスクールソーシャルワーカーを活用し、子供たちの様々な情報を整理統合し、アセスメントやプランニングをした上で、教職員がチームで、問題を抱えた子供たちの支援を行う

図表10-1　校内連携、情報集約のイメージ図

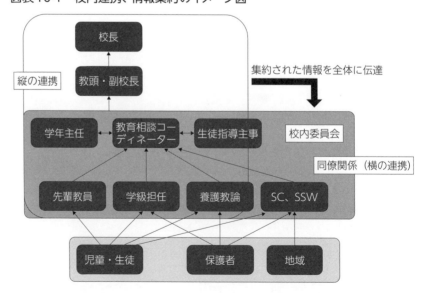

ことが重要である」とされています。また支援の枠組みは校内にとどまらず、校外の専門家や地域社会、保護者とも適切な連携を図り、一丸となって対応する重要性が強調されています（図表10-1）。

2 「チーム学校」について

　上記答申（以下、チーム学校答申）は、2015（平成27）年に文部科学省の諮問組織である中央教育審議会が、新しい時代に求められる教育の提供や複雑・多様化した専門的課題の解決、業務の適切化などを行うための体制強化が必要であるとして示したものです。ここで示された「チームとしての学校（以下、チーム学校）」とは「校長のリーダーシップの下、カリキュラム、日々の教育活動、学校の資源が一体的にマネジメントされ、教職員や学校内の多様な人材が、それぞれの専門性を生かして能力を発揮し、子供たちに必要な資質・能力を確実に身に付けさせることができる学校」です。つまり、校長を中心として、教師やスクールカウンセラー（以下、SC）やスクールソーシャルワーカー（以下、SSW）などの専門スタッフと共に、学校全体をチームとして、その組織力を高めるものと考えられます。こうした考えを受けて、2017（平成29）年に教育相談等に関する調査研究協力者会議が出した「児童生徒の教育相談の充実について～学校の教育力を高める組織的な教育相談体制づくり～（報告）」では、教育相談に関する統括的な役割を担う教育相談コーディネーターが配置されています。教育相談コーディネーターは、校内の調整役であるだけでなく、窓口として地域学校協働活動推進員等コーディネーターや**スクールロイヤー***（以下、SL）なども含め、校外の専門家や地域社会との連携の調整役でもあります。学校を中心とするすべての関係者が「チーム学校」として機能するという考えにもとづいたものです（図表10-2）。

語句説明

スクールロイヤー

もっぱら教育行政に関与する弁護士のことで、学校や教育委員会に対して法的側面を踏まえた助言を行い、問題を未然に防止したり早期の解決のための手助けをしてくれる。

図表10-2　関係機関との連携のイメージ

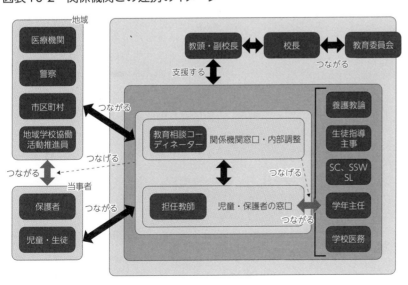

① チーム学校の実現のための視点

　「生徒指導提要（令和4年改訂版）」においても「チーム学校による生徒指導体制」が重視されています。そして、チーム学校を実現するために必要な4つの視点が挙げられています。

- ・専門性にもとづくチーム体制の構築：「教員が教育に関する専門性を共通の基盤として持ちつつ、それぞれ独自の得意分野を生かし」チームとして機能すると同時に、「心理や福祉等の専門スタッフを学校の教育活動の中に位置付け」、教員と専門スタッフとの連携・協働の体制を充実させること。
- ・学校マネジメント機能の強化：管理職（校長）がリーダーシップを発揮し、効果的に学校組織のマネジメントができるよう、体制や機能を強化していくこと。
- ・教職員一人一人が力を発揮できる環境の整備：教職員や専門スタッフ等多職種で組織される学校で、教師が各々の能力を発揮し、さらに力を伸ばしていけるよう、人材育成に力を入れようとすること。また多忙な業務の改善と研修機会を確保し、「学び続ける教員像」をめざそうとすること。
- ・教職員間の同僚性：教職員間に、気軽に話ができたり、相談や助言・助力をしあえたりするような受容的・支持的・相互扶助的な人間関係があること。こうした組織風土は、教職員のメンタルヘルス維持にも重要。

② チーム学校として児童・生徒の支援を行う際の留意点

- ・一人で抱え込まない：教師が一人で問題を抱え込まず、児童・生徒の情報は、校内委員会で行われるケース会議やスクリーニング会議などを通して同僚や管理職に共有され、学校全体で扱うことが必要。
- ・記録の作成と情報漏洩への注意：得られた情報の校外漏洩には細心の注意が必要。また情報を適切かつ正確に保持するため、会議録や計画支援シートなどを作成し、教育情報セキュリティポリシーにもとづいて適切に保管することが必要。
- ・責任の所在の明確化：チーム内における役割と責任の所在を明らかにし、情報の停滞がないように心がけることが重要。
- ・継続的な情報のアップデート：気になる児童・生徒の特徴や状態はアセスメントされ、リスト化される。またその情報は定期的に修正され、その情報をもとに支援が検討されることが重要。

2　コンサルテーション

　コンサルテーションとは、他領域の専門的な立場から、教師などに対して児童・生徒の支援方法について助言を行う相談関係のことです。コンサルテーションを行う側は「コンサルタント」、受ける側は「コンサルティ」

図表10-3　コンサルタント－コンサルティ－クライエントの関係

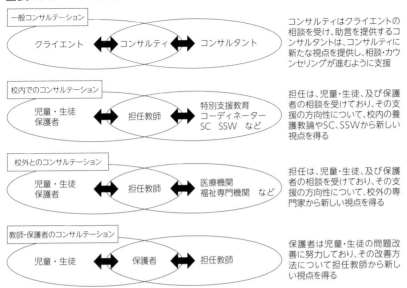

と呼びます。コンサルテーションは、コンサルティ自身の悩みについて解決を図るものではありません。コンサルティが担当するクライエント（児童・生徒）に対して行う業務（指導）の悩みに関して、コンサルタントが新たな視点を提供し、コンサルティが問題解決できるように支援を行うことです。

　校内コンサルテーションには、クライエント（児童・生徒）の支援を行う学級担任（コンサルティ）に対して、特別支援教育コーディネーターやSC、SSWなどがコンサルタントとして新たな視点や情報の提供を行う場合が考えられます（図表10-3）。校外コンサルテーションには、医療機関や福祉専門機関などがコンサルタントに、教師がコンサルティになる例が挙げられます。また、コンサルテーションは「専門家」と「教師」間だけではなく、家庭での子どもの対応について保護者が担任に相談を求める場合、保護者がコンサルティ、教師がコンサルタントになります。この相談関係に上下関係はなく、「子どもの課題に向き合う専門家同士」の対等な関係であることが重要です。

 専門機関や家庭・地域との連携

1 専門機関の役割を理解する

　校外の連携先は非常に多く、各機関の役割を理解することが重要です（図表10-4）。そのため、効果的な連携先が選択できるよう、連携リストを作成しておきます。また専門機関との連携は、単に児童・生徒への支援の幅を広げるだけでなく、指導方針に悩む教師や学校にとっても精神的な

図表10-4　学校が連携を行う可能性のある専門機関

教育機関	校内	養護教諭	学校全体の保健、環境衛生の実態の把握、管理を行っている。
		スクールカウンセラー(SC)	児童・生徒に対する相談・援助、及び保護者や教師に対する相談を行う。
		スクールソーシャルワーカー(SSW)	学校、家庭、地域など児童・生徒を取り巻く環境に働きかけることで、問題の改善を図る。
	校外	教育支援センター	不登校になっている児童・生徒への共同的な生活に向けた指導、気持ちの安定、基礎学力の補塡、生活習慣の改善などを中心にして不登校児童・生徒を支援する。
		教育センター	教職員の研修のほか、教育相談に関する事業も行っている。さまざまな児童・生徒の問題に関する相談を受け付けており、教師からだけではなく、保護者からの相談も受け付ける。
福祉機関		児童相談所	都道府県、政令指定都市に設置義務がある。児童・生徒の問題全般の相談を受け付けている。児童福祉施設への入所の窓口となっている。
		市区町村福祉事務所	さまざまな福祉施策を提供する窓口。生活保護、障害児・者への福祉サービスの提供、手当の給付などを行う。
		児童福祉施設	さまざまな理由で家庭で生活ができない児童・生徒が生活を行う場所。種類として児童養護施設、児童自立支援施設、障害児施設、児童心理治療施設などがある。
		母子生活支援施設	経済的困窮、DVなどさまざまな理由で母子が生活を行う施設。
		民生委員・児童委員	それぞれの地域において、住民の立場から相談に応じ、必要な援助を提供。見回りや登下校の児童・生徒の見守りなども行っている。
矯正・司法機関		警察	児童・生徒が犯罪に巻き込まれないよう、パトロールを行い、必要に応じて児童・生徒への指導、補導なども行っている。
		少年サポートセンター	全都道府県警察に設置しており、児童・生徒を非行や犯罪被害から守り、非行少年の立ち直り支援の活動を行っている。
		家庭裁判所	家庭の紛争や児童・生徒の問題を扱う機関。犯罪少年の審判の開催、離婚訴訟における児童・生徒の親権問題などの判断、養子縁組の手続きなどを行う。
		少年鑑別所	非行児童で、事件の審判を行う前に入所する施設。おおむね1カ月程度の入所期間で、児童・生徒の特性を把握し、家庭裁判所の審判に必要な情報を収集する。
医療・保健機関		医療機関(小児科・児童精神科)	児童・生徒の心身の発達や健康などを維持するために医療を提供する機関。児童精神科では発達障害の疑いをもつ児童・生徒の受診が非常に多くなっている状況がある。
		保健所・保健センター	都道府県や市区町村などに設置。健康、保健、医療、福祉など幅広い相談を行っている。
		精神保健福祉センター	心の健康相談、精神科医療に関する相談、依存症などの相談、思春期・青年期の問題相談、認知症高齢者の相談など、精神保健福祉全般の相談を行う。
障害者福祉機関		発達障害者支援センター	発達障害児・者の発達支援、相談支援、就労支援、普及啓発などを行っている。
政府機関		公共職業安定所(ハローワーク)	国の機関。職業紹介事業を行う機関で、職業紹介や就職支援サービスを行う。その他、雇用保険に関する各種手当や助成金の支給、公共職業訓練の斡旋を行う。
その他機関		大学付属心理センター	臨床心理士を養成する大学などに設置されているカウンセリング機関。比較的安価でカウンセリングが受けられる。
		NPO法人・ボランティア団体	フリースクールなど、不登校児童・生徒の居場所プログラムを提供している団体や、経済的困窮家庭の児童・生徒に食事を配給する団体などがある。

小野田・藤川監修、大前編著(2015)をもとに作成

支えになります。教師としては、校外の専門機関に相談することに躊躇や抵抗、不安を感じることがあるかもしれません。熱心に児童・生徒に向き合ってきたならば、自分の力不足だと思ってしまうかもしれません。ですが、専門機関と積極的に連携することによって、児童・生徒を支援するための新たな視点を得ることができ、課題の解決につながることにもなります。

2 学校と社会資源としての家庭や地域の参画と連携

　教育相談は校内だけで完結せず、家庭や地域、関係機関という社会資源との連携・協働によって、初めて「チーム学校」による児童・生徒支援が実現します。保護者を含む地域社会もチーム学校の構成要素です。

　地域全体で取り組む生徒指導や教育相談の方法としては、「コミュニティ・スクール（学校運営協議会制度）」の活用があります。コミュニティ・スクールとは保護者や地域の人々等が一定の責任と権限をもって学校運営に参画する仕組みです。これを通じて学校が地域と共に児童・生徒の指導や教育相談を行っていく、いわば地域社会総がかりで生徒指導や教育相談を展開していきます。また、他の方法としては、コミュニティ・スクールと一体的に取り組む「地域学校協働活動」があります。地域学校協働活動とは、地域の高齢者や成人、学生、PTAやNPO団体、民間企業などの参画を得て、地域全体で子どもたちの学びや成長を支えるとともに、「学校を核とした地域づくり」をめざすものです。これらの制度や活動を通して、よりよい児童・生徒指導や教育相談を進めることが求められます。

3 連携に関する課題

　関係機関との連携を行っても、なかなか共通の方向性を導き出せない場合も少なくありません（図表10-5）。たとえば、医師の診断結果と日々の児童・生徒をみている教師の判断や考えがずれ、学校としての支援方針や保護者への対応に迷いが出るような場合です。このズレが生じる理由として以下のことが想定されます。

① 各機関の専門性の違い

　それぞれの機関で依拠する法律が異なるため、他の機関の考え方が理解しにくいという問題です。どのような機関であっても、「法の枠組みを超えた業務」はできません。たとえば、「うつ病」と診断名をつけたり、児童・生徒や保護者へ告知をすることは医療行為であり、医師のみが行えます。逆に、医師が学校の教壇に立ち、児童・生徒らを日々教育することはできません。そこで、「学校で対応できないことは何か、学校でできない側面を補える連携機関はどこか」、逆に「学校としてできることは何か」という考えに立つことが大切です。そのためにも、学校が率先して「関係機関」と「児童・生徒、保護者」を仲介することも必要になります。

② 児童・生徒や保護者がみせる態度の違い

　児童・生徒は支援する相手によって異なる言動をみせます。特に家庭に複雑な事情を抱えているような場合は、大人の顔色を窺いながら態度を変えることは不思議ではありません。これは子どもに限らず、保護者でも、

図表10-5　望ましい機関連携と望ましくない機関連携のイメージ図

〈望ましい機関連携〉

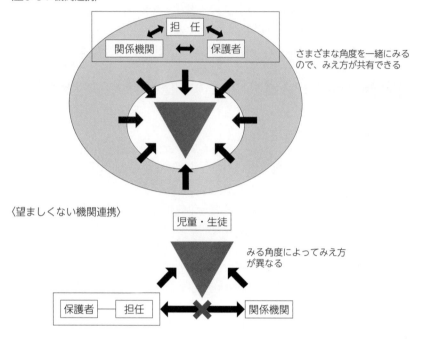

さまざまな角度を一緒にみるので、みえ方が共有できる

〈望ましくない機関連携〉

みる角度によってみえ方が異なる

自分にとって都合の悪いことは他人に話したくないものです。その結果、関係機関がそれぞれ異なった印象によって児童・生徒や保護者を評価するため、評価の結果にズレが生じます。そのことを改めて理解し、児童・生徒や保護者の心情に寄り添いながら、その言動を見極め、客観的なアセスメントを行うことが求められます。

③　情報共有のタイミングと情報の重要度

児童・生徒の特定の問題が表面化しなくても、日頃から関係機関同士が定期的に出会う機会をもつことも大切です。その具体的方法として、教師と関係機関職員（医師や児童相談所、警察など）との定期的な学習会の開催があります。その場では特に個別の事例を出さなくても、一般的な問題について情報を共有したり、架空ケースを用いた議論を行うことができます。そのような議論のなかから、互いに児童・生徒の支援に必要なヒントを蓄積することが可能です。また守秘義務が課される場であれば、詳細な個人情報は伏せた状態で相談することも可能かもしれません。

④　提供する情報の選択

連携の際に、児童・生徒に関する情報をすべて提供すればよいというものでもありません。共有が不要なものや、逆に共有すべき情報が共有されていないこともあります。そこで、(1)非常に重要で、その情報によって今後の対応が大きく異なる情報（必ず情報共有すべき内容）、(2)主要ではないが、児童・生徒のことがよりよく理解できる情報（情報共有したほうがよい内容）、(3)末端情報であり、伝えても伝えなくてもよい情報（情報共有をしてもしなくてもよいもの）、(4)重要度にかかわらず、共有すべきで

はない情報、という視点で情報を分類しておくことも意味があります。

4　情報共有と個人情報保護

　2003（平成15）年に「個人情報の保護に関する法律」が施行されて以降、個人情報の扱いがより厳格化されました。教育分野でも、学校における児童・生徒、及びその家族に関する情報は、厳重な管理が行われています。安易に情報の持ち出しや、校外の機関への提供はできません。そのため、関係機関に情報提供を行う場合は、①目的、②提供先、③提供する内容、などを明確にし、児童・生徒や保護者から同意を得ることが必要です。同意が得られなければ、情報提供をすることは原則としてできません。

　ただ、情報を外部に提供する際、その児童・生徒や保護者の同意を必ずしも必要としない場合があります。それが児童虐待やいじめ、自傷他害行為など、生命に危険が及ぶ可能性がある場合です。

　2000（平成12）年に施行された「児童虐待の防止等に関する法律」において、「児童虐待を受けたと思われる児童を発見した者は、速やかにこれを市町村、都道府県の設置する福祉事務所若しくは児童相談所又は児童委員を介して市町村、都道府県の設置する福祉事務所若しくは児童相談所に通告」（第６条）する義務を負っていること、虐待通告を行うことは、刑法や守秘義務に関する法律の規定に抵触しないことが明文化されています。個人情報保護法に関しても同様です。また、「児童福祉法」第25条では、要保護児童の適切な保護を図るために、地方公共団体による「要保護

🖊重要語句

要保護児童対策地域協議会

→個別の要保護児童等に関する情報交換や支援内容の協議を行う場。各市町村に設置義務がある。学校や教育委員会も構成メンバーに入っている（→第15講参照）。

児童対策地域協議会＊」（以下、要対協）の設置が努力義務となっており、関係機関が連携を取ることで情報の共有化、役割分担等によって適切な支援ができる体制をめざしています。同時に、協議会内部で共有された情報には、守秘義務が課されます。厚生労働省による「要保護児童対策地域協議会設置・運営指針」では、その構成員として、学校や教育委員会が挙げられています。

そのほか、いじめに関しては、2013（平成25）年に文部科学省が通知した「早期に警察へ相談・通報すべきいじめ事案について」のなかで、いじめの実態に合わせて警察への相談・通報を行ったうえで、警察と連携した対応が必要であると示されています（→p.11「学校警察連携制度」参照）。

5 教師個人が行うよりよい連携づくり

1 個人の力量を高める

連携は、「学校」という組織とその他の組織との間で行われることが中心となります。ただ、個人レベルでも連携を円滑に行えるよう、情報収集能力や、知識を高める努力が不可欠です。そのほかにも特に「プレゼンテーション力」と「聴く力」は重要です。児童・生徒の支援に関して、教師同士、または学校と関係機関との間で意見が分かれた場合、周囲を説得できるだけのプレゼンテーション能力を高めたり、他者の意見を聴く力を育てる努力は非常に必要です。

2 校外でのつながり

校外の関係機関と連携を行う際、各機関の利害が異なることもありますので、各機関に所属する個々人が、事前によい関係でつながっておくことが重要です。そのため、関係機関の近くを出張などで訪れた際にはできるだけ出向き、あいさつや声かけなどを行います。わずかな時間でも、顔を合わせる回数が多くなるほどその人の好感度や印象が高まる現象を「単純接触効果」といい、心理学的にも証明されています。

6 システム理論からみる機関連携

一般システム理論は、生物学者であるフォン・ベルタランフィが提唱しました。ある出来事は、周囲から何らかの影響を受けた結果であり、その出来事はまた周囲に対して影響を与え、その循環を一つのまとまりとして考えます。たとえば友人の食事風景を見て空腹を感じ、自分の好きなケーキを食べます。その行為を見ていた友人が、食後にケーキを頼もうと考えることは、その「友人との関係」という一つのまとまりのなかで、互いに

影響を受けたり影響を与えたりしている例です。

　次に、学校場面での架空事例を挙げてみましょう。

[事例] 立場によって異なる見立てと機関連携の重要性

　授業妨害や夜間はいかいなどを繰り返すＡ君をめぐり、学校と児童相談所がケース会議を行ったところ、教師は校内での指導はこれ以上困難として、Ａ君の「早急な一時保護と施設入所」を要請しました。保護者も対応に困り果てていました。しかし児童相談所ではＡ君との面接で、反省が強く感じられるとして「在宅指導が可能」と判断しました。

　この状況では学校と児童相談所は対立関係になり、Ａ君や保護者もその間に挟まれて混乱します。そこで学級担任と児童相談所の職員が話し合いの場をもち、意見の相違について議論した結果、それは単にＡ君を観察する側面の違いであり、「反省している側面と、まだ反省や自制心が未熟な側面の、両面をもったＡ君」という共通理解ができました。そして「学校の指導と合わせて、児童相談所での一時保護を活用した2泊程度の宿泊指導を行う」という共通の方向性を導き出しました。そのことは、混乱していた保護者にも安心感を与え、保護者が落ち着くことで、Ａ君も次第に落ち着き始めました。またＡ君や保護者の落ち着きは、教師と児童相談所職員の自信につながり、より積極的に連携を取って支援を進めるようになりました。

　関係機関同士の対立は、保護者や児童・生徒によい影響を与えません。一方で、機関同士の適切な関係・連携は、保護者や児童・生徒にも好影響を与えます。この事例は好循環が起こることを示すよい例です。

　ものごとは絶えず循環しています。関係性も同様です。一つの関係性の歯車が上手く回り出せば、他もつられて上手く回ることがあります。機関同士の対立など、難しい問題もありますが、「児童・生徒のための前向きな連携」を積極的に行っていくことが求められます。

システム理論をベースにした家族療法

　システム理論を活用し、個人の問題行動や課題を、個人とそれを取り巻く「家族という環境」との関係性（システム）のなかで理解しようとするのが家族システム理論であり、それを心理療法に応用したのが家族療法です。家族療法は「家族」という単位をまとめて治療対象とし、それまでの「個人」に焦点を置いていた心理療法とは視点が異なるものでした。

　第2講でも少し紹介しましたが、家族療法は、アメリカが発祥の比較的新しい心理療法で、1940年代後期から1950年代を始まりの時期として、1960年代に大きく発展し、1970年代になってある程度の体制が確立しました。家族療法はその発展の経過のなかで、治療の具体的な方法や考え方の違いから、戦略的家族療法、行動論的家族療法、精神分析的家族療法など、さまざまな流派に分かれていきました。しかし、各流派はそれぞれのよいところを取り入れたり、考え方の違いを調整して一致させたりしていきました。

　家族療法では、課題を抱えた対象をIP（Identified Patient：患者とみなされた者、確認された患者）と呼ぶことがあります。たとえばこのような例があります。問題行動を起こす子どもに対して、母親もお手上げになり、父親に対応を一任しました。しかし父親は、今まで子どもを母親に任せっきりであったため、対応に困惑し、中途半端な指導をしてしまいました。すると子どもは、「何もわからないくせに」と反発を強め、問題行動に拍車がかかりました。すると母親は、「ますます対応ができなくなった」と、あいまいな対応をした父親を責めました。この場合、問題の原因は「子どもの反発」とも、「母親が子どもの対応を放棄したこと」とも、「父親のあいまいな対応」とも考えられますが、それらはすべて一つの原因でもあり、結果となっています。これを「円環的因果論」と呼びます。これは「家族で影響を与え合い、表に出したのが、たまたまIPであった」という考え方にもとづくので、「誰が原因なのか」という悪者探しをする必要がなく、非常に建設的な考え方だといえます。

　また家族システムのなかには、もう一段階小さな「夫婦」や、「きょうだい」という関係性のまとまりが存在し、それらは「サブシステム」と呼ばれ、複数のサブシステム（夫婦、きょうだい）の集まりが一つの大きなシステム（家族）をつくります。サブシステム内の関係性やサブシステム同士のつながり方を理解することも重要な視点です。そのほか家族を考える際に活用されるのが下のジェノグラム（家族図）です。ジェノグラムは家族の全体像を把握しやすく、非常に有用なものです。

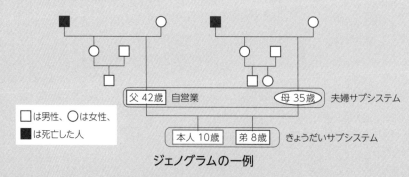

□は男性、○は女性、■は死亡した人

ジェノグラムの一例

復習問題にチャレンジ

> スクールカウンセラー、スクールソーシャルワーカー、専門機関等について説明している次の文について誤っているものを、①〜⑤の中から１つ選んで番号で答えなさい。

① スクールカウンセラーの主な職務には、児童生徒へのアセスメント活動、児童生徒や保護者へのカウンセリング活動、学校内におけるチーム体制の支援、保護者や教職員に対する支援・相談・情報提供、関係機関等の紹介、教職員などへの研修活動などがある。

② スクールカウンセラーは社会福祉の専門家として、公立の小学校、中学校、高等学校等に配置されている。

③ スクールソーシャルワーカーの活用方法等について、教育委員会がそれぞれの実情に応じて、「活動方針等に関する指針」（ビジョン）を策定し公表することが重要である。

④ 不登校児童生徒が学校外の公的機関や民間施設において相談・指導を受けている場合に、校長の判断で指導要録上の出席扱いとすることができるようになっている。

⑤ 都道府県での非行防止活動は、都道府県警察本部（少年サポートセンター）や警察署等が担っている。

理解できたことをまとめておこう！

ノートテイキングページ

学校が関係機関との連携に積極的に取り組むことによるメリットについて、書き出してみましょう。

教育相談におけるアセスメント①
行動観察法・面接法

具体的な支援を行う前に、その児童・生徒のことや課題について的確に理解する必要があります。

教師が教育相談を進めていく際には、自分の信念や価値観のみにもとづくのではなく、児童・生徒の心の状態を適切、かつ客観的に把握し、支援につなげるための情報を収集することが求められ、そのプロセスを「アセスメント」と呼びます。本講では、アセスメントの技法のうち、行動観察および面接の方法について学んでいきます。

1 アセスメントとは

　学校教育におけるアセスメント*とは、教育、心理、医療、発達、福祉などの観点から児童・生徒を総合的に理解するプロセスのことです。アセスメントの目的は、児童・生徒の情報を収集することだけでなく、得られた情報をもとに児童・生徒のもつ課題の解決に有効な支援仮説*を立て、支援目標*や支援方法*の決定につなげていくことであると考えられます。

　アセスメントの代表的な理論的枠組みとして、生物・心理・社会モデル（BPS（Bio-Psycho-Social）モデル）があります。このモデルでは、児童・生徒の課題を、生物学的要因（発達特性、病気等の身体・健康面）、心理学的要因（認知、感情、信念、ストレス、パーソナリティ等の心理面）、社会的要因（家庭や学校の環境や人間関係等の社会・環境面）の3つの観点からとらえ、その実態を把握します。また、課題だけでなく、その児童・生徒のよさや長所（強み）、可能性等の自助資源や、課題解決に役立つ人や機関・団体等の支援資源についても探ります。

　本講では、児童・生徒のアセスメントに関するさまざまな技法のうち、行動観察法と面接法について解説します。

2 行動観察法

　児童・生徒のアセスメントの手法として、さまざまな場面における児童・生徒の行動や反応を観察し、その特徴から児童・生徒の状態を把握することがあり、これを行動観察法と呼びます。行動観察法には、以下に示す通りさまざまな手法があります。行動観察によりアセスメントを行う際には、

重要語句

アセスメント

→心理学や医療、福祉の場面では、診断・査定・評価といった意味合いで使用されることが多いが、「生徒指導提要（令和4年改訂版）」においては、より広義に児童・生徒理解や課題の見立てとして使用されている。

支援仮説、支援目標、支援方法

→アセスメントの結果にもとづき、児童・生徒のもつ課題や支援の根拠となる仮説（支援仮説）を立てる。そのうえで、支援を通じてどのような児童・生徒の姿をめざすのか（支援目標）、そのためには具体的にどのような支援を行うのか（支援方法）を検討する。

それぞれの特徴や留意点を理解して、場面や目的に応じて使い分けることが重要です。

1 行動観察法の種類

① 自然観察法と実験観察法

自然観察法は、特別な場面を設定せず、自然な状況での対象児童・生徒の活動を観察する方法です。たとえば教室で友人らと過ごしている状況など、その児童・生徒のありのままの行動を観察できる点がメリットとして挙げられます。しかし、あらかじめ注目する行動（たとえば、離席行動や友人とのトラブルなど）を決めていたとしても、自然観察においてはその行動が起きない場合もあります。また、自然観察の場面では状況や前後の文脈などさまざまな要因が絡まっているので、再現性*に乏しく、ある行動が起こったとしても、その原因の特定が困難な場合も多くあります。

実験観察法は、児童・生徒の行動が生じる状況や場面について、環境の条件を人為的に操作して観察する方法です。たとえば、対象とする児童・生徒の「座席の位置によって離席する頻度がどのように増減するのかを把握するために、座席の位置を入れ替える」という場合、「離席する」という行動（結果）が生じる条件として、「座席の位置」（原因）を操作して観察する方法です。条件を操作することで、それに伴う行動の変化との因果関係を明確に把握することができ、再現性も高くなります。一方で、設定した条件以外の要因（たとえば、教師や周囲の友人の影響など）は誤差として除外されるために、観察から得られる情報が単純化されすぎてしまい、現実の場面に応用しづらいことなどが短所として挙げられます。

② 参加観察法と非参加観察法

参加観察法は、観察者が対象児童・生徒と関わりながら行う方法です。たとえば、教師が実際にクラスのなかで話をしたり、授業を行いながら観察することなどが挙げられます。対象児童・生徒と直接関わることにより、表面的な行動だけでなく、細かなニュアンスや表情なども把握することができます。ただし、観察者が対象の児童・生徒に関わることで影響を及ぼしてしまうため、客観性が乏しくなる傾向があります。

非参加観察法は、観察者が直接児童・生徒と関わりをもたずに観察する方法です。たとえば、対象となる児童・生徒を教室の外から観察したり、ビデオカメラで状況を撮影して後で確認したりすることにより、観察者の存在を意識させずに自然な行動を把握することができます。ただし、観察者の直接的な関わりが制限されるため、児童・生徒の細かな発言や行動、ニュアンスなどが把握しにくいという難点もあります。

2 個に焦点を当てた観察と集団場面での観察

行動観察のもう一つの視点として、対象とする児童・生徒の個としての活動場面と集団場面のどちらに焦点を当てて観察するのかという点が挙げられます。個人の活動に焦点を当てることにより、対象となる児童・生徒の行動や気持ちの変化といった、個人の内的な変化をより詳細に観察する

プラスワン

生物・心理・社会モデル（BPSモデル）は、心理分野・精神医療分野・福祉分野等で活用されているが、「生徒指導提要（令和4年改訂版）」においても生徒指導と教育相談が一体となったチーム支援におけるアセスメントの方法として紹介されている（→第1講も参照）。

語句説明

再現性

条件を同じにすれば、同じ現象や行動がみられることや、その程度。

ことができます。他方で集団活動に焦点を当てることにより、その児童・生徒の友人関係のもち方などの社会性や、児童・生徒の行動における周囲の影響を把握することが可能となります。

3 行動の「文脈」を重視する観察と「内容（事実）」を重視する観察

　行動観察や記録を行う際に、「文脈」と「内容」のどちらを重視するのかということも大切です（図表11-1）。

　まず、「文脈」の重視とは、観察を行う際に、児童・生徒の言動を一連の状況の流れ（文脈）のなかに置いて理解しようとすることです。

　たとえば、「A君が教師から呼び出され、急いで職員室に向かっている最中につまずいて倒れそうになったところ、たまたまB君がすれ違い、A君はB君にぶつかってしまいました。ぶつかられたB君はいらだちが表情に出ており、A君は申し訳なさそうな表情をしていました」という場合、A君がなぜ「申し訳なさそうな表情」をし、B君がなぜ「いらだっている」のかを理解するためには、その前にある一連の流れを把握する必要があります。「文脈」を重視した観察では、このように、児童・生徒の状態について文脈を含めて観察や記録を行い、これは事象見本法*と呼ばれます。

　一方で、「内容（事実）」の重視とは、客観的な測定が可能な言葉や行動を対象とし、前後の文脈にかかわらず、その行動がどの程度起きるのかを観察、記録することです。たとえば、「席が一番後ろのとき」「授業時間」などの特定の場面や時間のなかで、「授業を抜け出す」「私語をする」などの特定の行動が起こった回数を計測するなどの方法があり、場面見本法*や時間見本法*と呼ばれます。

図表11-1　文脈重視、事象重視の観察記録の例

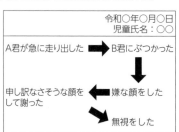

文脈を重視した観察記録（事象見本法）　　　　　内容を重視した観察記録（場面見本法、時間見本法）

3 面接法

　児童・生徒のアセスメントにおけるもう一つの基本的な技法として、面接法が挙げられます。面接法は、主に言語的なやりとりによって行われ、児童・生徒から語られる発話内容や文脈から、内面の状態などを評価していきます。

重要語句

事象見本（イベント・サンプリング）法

→注目する行動や現象について、前後の文脈を含めながら観察、記録する方法。

場面見本（シチュエーション・サンプリング）法、時間見本（タイム・サンプリング）法

→特定の場面あるいは一定の時間内において、注目する行動や現象がどの程度起きるのかを量的に測定する方法。

なお、カウンセリングに代表されるように、面接法にはそれ自体が支援や治療の意味をもつ場合もありますが、ここではアセスメントという立場、すなわち児童・生徒理解のための面接の技法を中心に解説します（カウンセリングの理論や技法については第2、3講を参照）。

1　一般的な面接の流れ

学校において、教師や児童・生徒のニーズにもとづいて行われる面接によるアセスメントは、児童・生徒がさまざまな課題を抱えており、それを教師に相談したいと考えたり、また教師が児童・生徒のようすを見ていて、面接によるアセスメントの必要性を感じたりしたときにスタートすることになります。

図表11-2　学校における一般的な面接の流れ

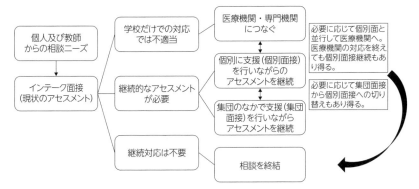

学校において行われる一般的な面接の流れを図表11-2に示します。このうち、初回面接のことを「インテーク面接*」と呼びます。インテーク面接の主な目的は、児童・生徒が抱えている課題、そして、その児童・生徒が何を求めているのかを明確にすることです。教師が面接を行う場合、学級担任などすでに対象の児童・生徒と一定の関係性がある場合もあれば、面接を行うまで関係性があまりない場合もあります。いずれにしても、面接を行ううえで児童・生徒との信頼関係（ラポール*）を形成する必要があり、インテーク面接はその重要な機会になります。

面接にあたっては、児童・生徒の抱えている課題以外に、生育歴や生活のようす、さらには保護者や家庭、地域の状況など児童・生徒を取り巻く環境についての情報（環境・生態学的視点*からの情報）を把握しておくことも重要です（図表11-3）。これらは、児童・生徒の課題をアセスメントするうえで重要な情報となることがあります。これらの情報は、指導要録を参照したり、保護者や他の教師等からの聞き取りにより得られることが多いのですが、必要に応じて面接のなかで本人から聞き取ることにより、生育歴や生活状況に対する児童・生徒のとらえ方を把握できる場合もあります。ただ、家族歴のようなものはセンシティブな情報なので聴取の必要性には吟味が必要です。

初回の面接におけるアセスメントの結果、課題の解決に関する情報を十分に得ることができれば、1回の面接で終了となります。しかし、教師の

重要語句

インテーク面接

→行われる面接の趣旨をクライエントに理解してもらい、クライエントの抱える問題の内容を把握し、そのうえで継続した面接やカウンセリングが必要かどうかを判断するための面接のこと。

ラポール

→面接における面接者とクライエントの良好な関係のこと。ラポールの形成のためには面接者の受容的な態度が不可欠であるとされる。

環境・生態学的視点

→個人の内面や行動には、その個人を取り巻く社会的、物理的環境や地域の文化的風土、時代性などが影響しているという考え方。

図表11-3　児童・生徒を理解するうえで有効な情報の例

生育歴	乳幼児期	発語などの発達状況、通院歴 幼稚園・保育所でのようす、家庭内でのようす
	児童期・青年期	友人関係、学力、学校内・家庭内でのようす、通院歴、癖、日常生活レベル、両親との関係、男女関係
家庭環境	家族の状況	家族の構成員、親の職業・年齢、きょうだいの年齢・通学先
	家族歴	結婚歴、離婚歴、転居歴、両親の原家族
	自宅の状況	自宅のようす、子供部屋のようす・確保の状況

面接だけでは十分な対応ができず、より専門的なアセスメントが必要であると判断される場合には、初回面接を終えた段階で、校内委員会などの組織的な対応を行うことや、校外の教育、福祉、医療機関など他の専門機関につなぐことも考えられます。そのような場合は、継続的に教師との面接を行いつつ、専門機関から得られる情報をもとにアセスメントをアップデートし、支援を行っていきます。

2 面接の構造化

面接を行うにあたって、ある程度、面接の展開を想定しておくことが重要です。面接の展開の仕方には、以下の3つのタイプがあります（図表11-4）。

① 構造化面接

児童・生徒にどのような話を聞くのか、どのような手順で面接を進めていくのかを、あらかじめ設定してから面接を行う方法です。継続的に面接を行う可能性が想定される場合、初回のインテーク面接には構造化面接がしばしば用いられます。また、事前に確認すべきことが明確になっているため、短時間で多くの情報を収集したいときなどにも適しています。一方で、面接の進め方を決めすぎてしまうことで、児童・生徒から偶発的に表現された重要な発言を見逃してしまうというデメリットもあります。

② 半構造化面接

半構造化面接は、大まかな面接の流れを決め、ある程度確認すべき内容などを押さえつつも、自由度をもたせながら児童・生徒の反応に応じて対応を柔軟に変えていく面接です。構造化面接と、以下に示す非構造化面接の折衷的な面接方法といえます。

③ 非構造化面接

面接の流れや質問の内容について詳細な設定をせず、自由なやりとりのなかで児童・生徒の反応に応じて柔軟に対応を進めていく面接方法です。自由で相手に合わせた柔軟な対応ができるというメリットはありますが、アセスメントの内容が焦点化されにくいというデメリットもあります。また、深い悩みを聞いていく過程で、想定しないアクシデント（たとえば児童・生徒が、思い出した内容がつらくて話ができなくなるなど）が起こり、対応ができなくなるようなこともあり、非構造化面接には一定の技量が必要であるといえます。

図表11-4　学校内で行われる面接形態の分類の例

	面接構造			個別・集団		面接方法	
	構造化	半構造化	非構造化	個別	集団	定期	随時
定例の3者懇談	○ or	○			○	○	
定例の児童との進路面接	○ or	○		○		○	
児童の悩み相談		○ or	○	○			○
保護者からの相談		○ or	○	○ or	○		○
就職対策等の模擬面接	○ or	○		○ or	○	○	

3　個別面接と集団面接

　個別面接とは、その名の通り、児童・生徒と教師が1対1で面接を行う方法です。

　個別面接のメリットとしては、面接における児童・生徒の語りや行動、表情などから、その児童・生徒に関する情報や生じている課題、また児童・生徒の内面をより詳細に理解できることがあります。アセスメントする内容に関しても、児童・生徒の個々の事情などを加味して、実情に合った情報を聞き取ることができます。たとえば、進路決定に関する悩みであっても、児童・生徒によって、学力や教科への興味関心は異なります。大学進学を見据えた児童・生徒と、より専門的な技術の習得に関心があり専門学校などを検討している児童・生徒では、聞き取りが必要な内容が異なることが多く、このような場合は個別面接のメリットが生きてきます。また、面接内容の秘密は、児童・生徒と教師の2人の間で守られますので、児童・生徒も安心感をもって話をすることができます。しかし、一方で、1対1の相談関係を継続する過程で、児童・生徒と教師の関係性が悪化してしまうと、十分なアセスメントができなくなり、またその後の支援も難しくなるというデメリットもあります。

　他方で、集団面接は、個別面接とは対応が大きく異なり、複数の児童・生徒、あるいは児童・生徒と保護者に対して、教師が1人または複数で行うグループ型の面接のことです。メリットとしては、児童・生徒の社会性や集団における人間関係のアセスメントに適していることがあります。また、課題が集団内で生じている場合には、個々の児童・生徒と集団との影響関係（グループ・ダイナミクス*）を把握するうえでも有効です。デメリットとしては、各児童・生徒の個人的な問題を扱うことが難しいことや、参加者の間で遠慮や妥協が生じることで表面的なやりとりに終始してしまうことなどがあります。また、他の参加者がいるために安心感をもって自由に話ができない児童・生徒に対しては、アセスメントが十分に行えないこともあります。

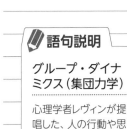

語句説明

グループ・ダイナミクス（集団力学）

心理学者レヴィンが提唱した、人の行動や思考が集団から受ける、あるいは集団に与える影響の特徴のこと。

面接を行う時期について、児童・生徒からの自発的な申し込みや、その他の教師からの勧め、また教師側が特別な機会をとらえて行っていくものを随時面接と呼びます。他方で、担任がクラスの児童・生徒全員に対して定期的・計画的に行っていくものを定期面接と呼びます。たとえば、進路相談などは定期面接の一形態と考えられます。

4 面接における指導的視点と相談的視点

1 面接の視点——教師（生徒指導的視点）と専門スタッフ（教育相談的視点）の違い

児童・生徒の課題に対して、教師が行う面接と、教育センターの相談員やスクールカウンセラー（以下、SC）などの専門スタッフが行う面接とはどこが違うのでしょうか。両者の大きな違いとしては、児童・生徒との出会い方や、関わり方のスタンスを挙げることができます（図表11-5）。そのため、両者のアセスメントの観点も異なる部分があります。

教師の場合は、学校における児童・生徒の日々のようすを観察し、理解できる環境や機会があります。また教師の立場で、児童・生徒の活動に介入し、支援を行うことも可能です。また教師のスタンスとしては、児童・生徒らの力を引き出しながらよりよい方向へと導くことだと考えられます。このような背景から、教師の行うアセスメントは、主に児童・生徒の日々の学校生活に関する事柄や、学校における指導に直接的に結びつく内容が中心になります。学校における児童・生徒の実態を総合的にとらえることには長けているといえますが、知的能力や情緒、社会性などの個別の能力への専門的な観点については不足しがちです。

他方で、教育センターの相談員やSCなどの専門スタッフは、児童・生徒と毎日出会うことはなく、支援の機会は限定されます。またそのスタンスは、対象の児童・生徒の主体性を高め、自ら課題を解決する力を引き出すことが中心となります。このため、アセスメントの観点も、個別の能力に関する専門的な内容や、臨床心理学的な支援を行うためのものが中心になります。心理学をはじめとした専門的な視点から児童・生徒の内面をとらえることには長けているといえますが、アセスメントの結果を学校現場での支援にうまく結びつけるための配慮が必要であると考えられます。

ところで、専門スタッフの面接は、教師からは「甘いのではないか」「話を聞くだけでは解決にならないのでは」と思える場合があるかもしれません。この意見のズレは、教師が主に行う生徒指導的視点での面接と、専門スタッフが主に行う教育相談的視点での面接との認識の違いにも通じるものがあります。生徒指導は、児童・生徒らの力を引き出して方向性を示し、よりよい方向へ導く面接だと考えられます。一方で教育相談は、「発達支持・課題予防・困難課題対応」という機能を発揮させ、児童・生徒が迷いなが

図表 11-5　教師（生徒指導的視点）と専門スタッフ（教育相談的視点）の役割
　　　　　イメージ

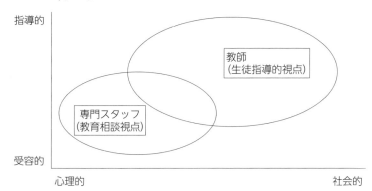

野田（2011）が作成した図を引用、修正

らも自分で方向性を決定できることを目標にして面接を実施します。教師
と専門スタッフの面接には、それぞれ質の異なったメリット、デメリット
があり、一方で重なり合ったりする部分もあります。歩む道のりは少し異
なりますが、最終目的は児童・生徒の成長を見届けることであり、生徒指
導的視点、教育相談的視点の双方から児童・生徒を支えることが重要です。

2　児童・生徒のもつ課題の難しさに合わせた面接

　一度の面接では課題が解決せず、また課題解決につながる十分なアセス
メントができない場合には、個別に継続的な面接（定期面接）を行うこと
があります。相談の内容が困難な場合は随時面接の形で始められることが
多く、また内容が困難であるほど、面接は継続的に長期にわたって行われ
る可能性が高くなります。その際には、面接の日時や頻度、時間などを
あらかじめ明確に設定しておくことが重要です。これらのことが曖昧にな
ると、面接のタイミングがどんどん後ろにずれてしまうおそれがあります。
課題が深刻であればあるほど、面接時期が後ろにずれることは、予防的観
点からも事態を大きくしてしまう可能性が高いといえます。
　一方で児童・生徒全体（複数）に対する定期面接の場合は、その面接で、
ある程度の方向性を児童・生徒に提示できることが多いため、扱う内容は、
1～2回程度で終了できるような、比較的課題が軽微で、方向性がはっき
りしているものに絞っておくほうがよいと考えられます。

5　行動観察や面接で 子どもの何をみるのか

1　児童・生徒の発達

　みなさんが実際に児童・生徒たちと出会ったときに、「幼いタイプだな」
「結構大人びているな」といったように、同じ学年でも児童・生徒によっ
てはさまざまな印象をもつことがあると思います。それは、対象となる児

童・生徒の同年齢集団に定型的にみられる特徴に対するイメージとの比較によるものだと考えられます。

　観察や面接を行いながら児童・生徒の成長・発達を把握していくことは、児童・生徒のアセスメントにおいて重要な観点の一つです。その際、以下のような視点をもつようにしましょう。ただし、それぞれの側面の発達に明らかな課題がみられる場合には、学校や家庭、校外の諸機関との組織的な連携のもとで、検査等による専門的なアセスメントが必要になることも踏まえておかなくてはなりません（検査によるアセスメントについては、第12講参照）。

①　知的能力の発達

　知的能力は、学力だけでなく、性格形成や他者との関係性、その児童・生徒に対する支援の方法にまで大きく影響を与えます。そのため、知的能力をアセスメントすることは非常に重要です。日頃の学力、言葉の使い方、語彙量、一般常識の理解などは、児童・生徒の会話や観察によって大まかに把握することができます。

②　情緒面の発達

　知的能力や学習成績が高いからといって、必ずしも情緒的に成熟しているとは限りません。気分のムラが大きかったり、情緒的に幼かったり、また抑制がきかず、感情がすぐに行動に現れやすい児童・生徒もいます。また、虐待を受けている児童・生徒のなかには、情緒的に不安定で怒りの感情が現れやすい者も多いといわれています。情緒的安定とその成熟は、年齢による発達とともにその児童・生徒の「個人内特性」と、置かれている「環境の安定性」に大きく影響されると考えられ、「情緒的な安定性＝安定的生活環境×個人内特性」として表すことができます。環境には家庭環境や友人関係などが含まれ、個人内特性には知的能力、性格特性や精神面の疾患などが考えられます。

③　社会性の発達

　日常生活のなかでは、年齢に応じた常識の理解や社会性をもち、周囲の流れに沿って行動することが重要です。児童期から青年期にかけては、社会性が大きく発達するとともに、そこには個人差もみられます。児童・生徒の社会性や対人関係のスキルは人によってさまざまであり、社交性の高い児童・生徒もいれば、内気で人見知りの激しい児童・生徒もいます。このため、その児童・生徒がどの程度の社会性や対人関係のスキルを身につけているのかを把握することも、アセスメントにおける大切な視点です。

2 「言語化」「行動化」「身体化」された児童・生徒の状態

　観察や面接の場面においてみられる児童・生徒の姿にはさまざまなものがあります。アセスメントにおいては、言葉による「言語化」された情報は確かに大切なのですが、それだけがすべてではありません。行動として現れる「行動化」や、心身の症状として現れる「身体化」など、言葉以外で表出されるものに気づくことも大切です（図表11-6）。

　たとえば、行動化に関しては、周囲にとっては問題行動として受け取ら

図表11-6　言語化・身体化・行動化の具体例

表現の種類	具体例
言語化 （言葉として現れる）	「学校に行くのがしんどい」 「A君の周りに気を遣えないところが嫌だ」
身体化 （身体症状として現れる）	頭痛・腹痛 朝、起きられなくなる 吐き気が止まらない 音が聞き取りにくくなる
行動化 （行動の変化として現れる）	過剰に「良い子」を演じる 他人に対して攻撃的になる 感情の表現が乏しくなる

れやすいため、指導的な関わりにつながる情報としてとらえられてしまう傾向にあります。また、身体化に関しては、「教師が対応できる問題ではない」と考えられ、福祉や医療などの専門機関にゆだねるべき問題としてとらえられる可能性があります。しかし、学校における行動化・身体化の背景には、児童・生徒の「先生に話を聞いてほしい」「先生に自分を理解してほしい」という思いがこもっていることも多いため、適切なタイミングで福祉機関や医療機関などにつないでいくことも重要です。そして、その声にならない声をしっかりと受け止めて、その背後にある児童・生徒の気持ちを理解し、専門機関の関わりと並行して、教師から児童・生徒への丁寧な関わりも継続することが大切です。

ディスカッションしてみよう！

A君（中学1年生）は、クラスのなかでなかなか落ち着かず、座席から離れることが多い状況が続いています。また下校時間になってもなかなか家に帰ろうとせず、下校してもそのまま友人と深夜まで外をはいかいしています。授業妨害も頻繁にあるため、A君に個別指導を行うことを検討し、別室で対応すると、落ち着いて着席もでき、教師に甘えてくるようなようすもみられます。このA君のどのような言動について注目しますか。またA君との面接でどのようなことを尋ねますか。みなさんで考えてみましょう。

たとえば・・・

以上、本講では、行動観察法や面接法によってどのようなアセスメントが可能であるのかについて説明しました。これらの内容については、すぐに修得できるものばかりではなく、経験を積みながら教育者としての責務を理解し、修得できるようになるものもあります。

　そのためにも、第10講で述べられていたように、アセスメントの実施やその解釈、またそれに続く支援においては、教師が一人で抱え込むのではなく、上司や同僚にその内容を報告し、校内委員会をはじめとしたチームとして取り組むことが求められます。

　しかし、ときとして面接場面では、児童・生徒から「話の内容を内緒にしてほしい」と要請されることがあります。これが許される（課題に直接関係しない）レベルの話であればよいのですが、アセスメントにおける重要な情報や、今後大きな問題につながりかねない内容である場合もあります。そのときは、丁寧に「これは、あなたやみんなのために内緒にすることはできません」「それは周囲の大人と協力してあなたやあなたの仲間を助けたいと思っているからです。そのため、秘密を必ず守ってくれる先生や専門家の人と相談させてもらいたいのです」と説明すれば、わかってくれる児童・生徒は多いと思います。逆に、一度秘密にする約束をしてしまうと、その内容の重大さから秘密にしきれなくなったときに、その児童・生徒との信頼関係は大きく損なわれてしまいます。児童・生徒は、情報がオープンになること自体よりも、周囲の大人が適切に対応してくれないかもしれないことに対して強く不安を感じている場合が多いと思います。周囲の大人が誠実に対応してくれることを児童・生徒が理解できれば、児童・生徒の不安を和らげることができます。そのためにも、日頃からの児童・生徒との信頼関係の構築が望まれます。

転移と逆転移

〈ある相談室における相談場面の一例〉

　家庭で満足な食事が与えられず、母親にもう少しまともな食事を与えてほしいと正直に訴えると、そのたびに母親から身体的虐待を受けている生徒がいました。その事実を本人から告白された学級担任がその生徒のさまざまな相談にのっていたところ、その生徒が、親身に話を聞いている学級担任に向けて急にいらだちを表面化させ、攻撃的な発言をし始めました。学級担任は、その生徒を批判するような発言をしたわけでも、皮肉を言ったわけでもありません。学級担任は、急な児童・生徒の態度の変化に困惑し、攻撃的な発言について生徒をとがめました。

〈解説〉

　この事例では、「転移」および「逆転移」という現象が起きていると考えられます。

　転移とは、過去に経験された出来事やそこに関わる特定の対象（重要な人物）との関係性のパターン、自分のなかに強く印象づけられた人物のイメージ、これらの人物に向けられていた感情、欲望、自我の防衛機制＊、超自我、これらの葛藤などが別の他者に対して向けられる現象のことをいいます。

　この事例の場合、重要な人物は「母親」であり、過去の経験は「身体的虐待を受けていたこと」になります。また、特定の対象との関係性とは、「母親に正直な気持ちを話すことで暴力をふるわれる」関係です。この生徒は、母親に対して恐怖や怒りといった感情を抱えていることが推測されます。そして、その感情を直接母親に対して表現できないため、母親の代理として教師に向けて表出した（転移反応）と考えられます。

　この際、もし教師が児童・生徒のいらだちや攻撃的な発言を「問題行動」ととらえて叱責などの強い指導を行っていたとしたら、この教師は生徒の転移反応に影響を受け、虐待を行っている母親と同じ感情（生徒の言動へのいらだち、怒り）を抱え、その行動に罰を与えるという動きをしたことになります。すなわち、母親の「暴力」と教師の「強い指導」とが合致したことになるのです。これを逆転移といいます。

　なお、転移は陽性転移（肯定的感情）と陰性転移（否定的感情）に分けられ、この事例の場合は陰性転移にあたります。精神分析学者のフロイトは、このクライエントの転移感情をうまく活用し、時には巻き込まれないように配慮しながら治療を行っていくことで、患者の自我が永続的に変化していくことができると考えました。

　転移や逆転移という現象は、非常に困難な問題を取り扱う面接場面において生じる特殊なもののように感じられるかもしれませんが、日常生活のなかでもごく自然に起こっています。

＊　防衛機制：自分にとって都合の悪い出来事が生じたり、不安が高まるような状況に陥ると、その不安を軽くしたり、回避しようとする無意識的な心理の動きのこと。

復習問題にチャレンジ

（群馬県　2019年）

①学校における教育相談について、次のア〜オのうち正しいものの組合せはどれか。

ア　児童生徒の心理的あるいは発達的問題を少しでも早く発見するために、授業や休み時間など、日ごろから児童生徒をよく観察し、かかわりを持っておく必要がある。

イ　課題のある事例について検討するケース会議では、対象となる児童生徒の状況報告を行うだけでなく、複数の視点から見立て（アセスメント）や手立て（プランニング）などについて検討する。

ウ　教育相談で活用できる手法のうち、「ソーシャルスキルトレーニング」は、様々な社会的技能をトレーニングにより育てる方法であり、発達障害のある児童生徒の社会性獲得にも活用される。

エ　児童生徒との面談において「誰にも言わないでほしい」と言われた時には、誰にも言わないことで混乱や危険が起こる可能性があっても、本人の意思を尊重しなければならない。

オ　児童生徒の不適応問題は、心理環境的原因が背後にあるものと、発達障害的原因が背後にあるものの2つに分けられ、両者が混じり合ったものはないため、はっきりと原因を見分ける必要がある。

①アイウ　　②アイオ　　③アウエ　　④イウエ　　⑤ウエオ

（東京都　2023年）

②「生徒指導提要」（文部科学省　平成22年3月）における「児童生徒理解の資料とその収集」に関する記述として最も適切なものは、次の1〜5のうちではどれか。

1　観察法は、児童生徒の個別的理解の促進を目的とする。教員が、児童生徒と直接コミュニケーションを取りながら観察したり、第三者的立場に立ち、児童生徒が集団の中で周りとどのように関わっているのかを観察したりするため、言語的側面、社会的側面、情緒的側面についての資料は収集できるが、非言語的側面についての資料は収集できない。

2　面接法は、児童生徒の理解を目的とする場合と、指導を目的とする場合がある。児童生徒の理解を目的とする場合は、面接者と児童生徒の双方が落ち着いて面接できる場所でラポールの形成と傾聴の姿勢で行うが、指導を目的とする場合は、反抗的な態度で面接に臨む児童生徒に妥協することなく厳しい姿勢で行う。

3　質問紙調査法は、児童生徒の特性を、平均的な傾向と比較しながら理解することを目的とする。教員が必要に応じて作成する質問紙は高い妥当性や信頼性をもつため、調査結果をもとに、児童生徒一人一人の理解を進めることや、学級、学年、学校といった、集団の傾向を理解することに用いる。

4　検査法は、標準化された検査を用いて、児童生徒の能力、性格、障害などを把握することを目的とする。課題の遂行結果が標準化された数値で表されるため、個人や集団の特性や問題状況の把握に広く用いることが可能である。同じ検査を繰り返し実施しても学習効果が生じるものはない。

5　作品法は、図画工作、美術、技術、家庭、体育、保健体育、音楽などを含む各教科や、総合的な学習の時間での作品、運動能力、自己表現を通して児童生徒の理解につなげる。学習理解の状況や進度だけでなく、児童生徒の心理状態の把握にも役立つ。日記や作文などは、書かれている内容だけでなく、文字の大きさ、丁寧さも心理状態を表していることがある。

ノートテイキングページ

行動観察法と面接法によるアセスメントについて、その種類と、それぞれにおける特徴や留意点についてまとめてみましょう。

教育相談におけるアセスメント②
心理検査法の理解

理解のポイント

児童・生徒の表面には現れにくい内的側面をアセスメントするうえで、心理検査は非常に有効な手段となります。教師が児童・生徒に対して、直接、心理検査を実施する機会はほとんどありませんが、心理検査についての概要を理解しておくことで、専門機関やスクールカウンセラー（SC）などとのスムーズな連携を行うことができます。さらに教師として児童・生徒に対し何ができるのか、根拠をもって考えることもできます。

1 心理検査とはどのようなものか

1 心理検査とは

　心理検査とは、決められた手続きに従って、標準化*された刺激を提示し、それに対する反応の質をみて、知的能力や性格などを評価するものです。そのため、実施方法や道具の使い方、指示の方法や説明の文言についても厳密に決められています。

　教師自身が、児童・生徒に心理検査を実施することはあまりないと考えられますが、教育センター（教育委員会）等の専門スタッフや医療機関や福祉機関などで行う検査結果について、情報提供を受けることが考えられます。そこで、心理検査の大まかな概要とその検査から児童・生徒のどのような特徴がわかるのかを知っておくことによって、教師として児童・生徒のためにどのような支援や教育ができるのか、具体的に根拠をもって考えられるようになります。

2 信頼性と妥当性

　心理検査は、すべて検査の道具や質問用紙について「信頼性」及び「妥当性」が保障されたものとなるようにつくられています。「信頼性」とは、ある人に対して検査を実施し、多少の時間をおいて再度実施しても、その人の検査結果がほぼ同じになるということを意味します。また、「妥当性」とは、測定したい内容が適切に質問文や検査図版に示されているか、的外れな内容になっていないかということです。このような「信頼性」「妥当性」が確保されていることが、心理ゲームなどとは異なる心理検査の特徴なのです。

重要語句

標準化

→心理検査を、測定したい内容を的確に測ることができるものにするため、多くの協力者を対象に予備的な実験を行って適切な質問文や問題を抽出し、さらに、結果を解釈する基準を構成する手続きをいう。

心理検査は、厳密な手続きをへて作成されている点で、心理ゲームなどとは異なるのですね。

3 心理検査の目的

心理検査の目的は、対象となる児童・生徒の知的能力や性格などの特性をよりよく理解し、対象児童・生徒へのより適切な支援（支援仮説、支援目標、支援方法）を検討するための情報を得ることです。心理検査の実施対象となる児童・生徒は、課題を抱えている可能性が高いので、結果を解釈する際には心配な点や短所に目が行きがちですが、長所も併せて把握することが重要です。心理検査の利点は、児童・生徒の成長を促すための貴重な情報となるところです。

2 心理検査の種類

1 評価する側面の違いによる分類

心理検査が必要となる場合、その対象となる児童・生徒の何を評価したいのかという点を明確にしたうえで、用いる検査が選択されます。アセスメントの側面は、大きく分けて、知的・発達的側面の評価、性格特徴の評価、社会性・対人関係的側面の評価、などが考えられます。評価の側面が異なれば、利用する心理検査も異なります（図表12-1）。教師として、児童・生徒が行った検査が何を測定しているのかを大まかに理解できることが重要です。

> **プラスワン**
>
> **知能検査と発達検査**
>
> 知能検査は、主に知能や認知能力の発達を検査する。発達検査は、これに加えて運動機能や社会性・コミュニケーションなどを含めた全般的な発達について検査する。

図表12-1　心理検査の分類について

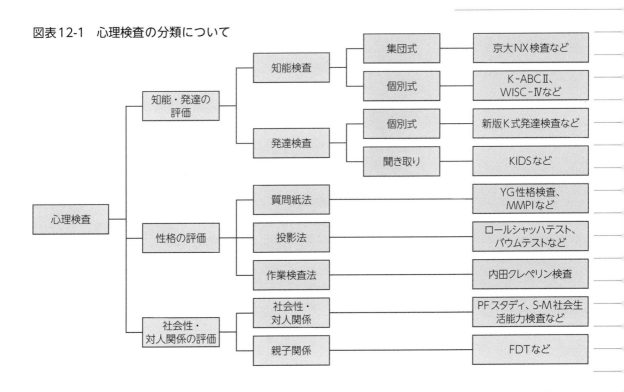

2　知的（発達的）側面の評価について

① 個別式知能検査の歴史

　1800年代の後半、ヨーロッパの国々やわが国では初等教育の制度が確立し、教育の義務化も進められました。そのなかで、学習についていけない子どもたちの存在が表面化し、その原因は「（勉強を）なまけている」ためだといわれていました。ところが一方で、「学習についていけないのは、なまけているわけではなく、何らかの能力不足のためであり、そのような子どもには特別なクラスで適切な教育を行う必要がある」と提唱する運動が起こりました。その運動の中心にいたのが、フランスで当時活躍していた心理学者のアルフレッド・ビネーです。ビネーは、学習についていけない子どもに対して、「一人ひとりの個性にあった教育を提供する必要がある」という理念のもと、弟子の小児科医テオドール・シモンと一緒に「子どもの知能水準の判定」を科学的に行うことを目的として、1905年に個別に実施する「知能測定尺度」を作成しました。これは「ビネー式知能検査」といわれ、個別式知能検査の始まりとされています。その後、ビネー式知能検査は、アメリカの心理学者ルイス・ターマンによってアメリカにわたり、新たに検査結果を客観的に評価するための知的水準を表す指標（知能指数：IQ）が取り入れられるようになりました。

〈ターマンの考案による知能指数の算出法〉

$$\text{知能指数（IQ）} = \frac{\text{精神年齢}^*\ (\text{MA} = \text{Mental Age})}{\text{生活年齢}\ (\text{CA} = \text{Chronological Age})} \times 100$$

　その後、ビネー式知能検査は、世界各国で翻訳と標準化が進められ、日本でも、1930（昭和5）年に鈴木治太郎らによる「実際的・個別的知能検査法（鈴木ビネー知能検査）」や、田中寛一による「田中ビネー知能検査」が開発されました。この「田中ビネー知能検査」は、教育分野において広まるようになり、その後さらに改訂が重ねられ、現在では「田中ビネー知能検査-V（第5版）」が使用されています。

　ところで、初版が開発された当時、ビネーによる知能の考え方では、知能を「単一の能力」ととらえていました。しかし、その後、知能は単一の能力ではなく、「さまざまな知的能力の総体である」という考え方（知能因子説）が現れました。その考えのもとに、アメリカのニューヨーク・ベルヴュー病院に勤めていたデイビット・ウェクスラーは、1939年に「ウェクスラー式知能検査」を開発しました。さらに、その後、世代に合わせて、幼児用（WPPSI）、児童用（WISC）、成人用（WAIS）という3つのタイプの検査が開発されました。このウェクスラー式知能検査では、知能を「言語性知能（主に言語を使った思考力や表現力の知能指数：VIQ）」と「動作性知能（感覚や運動に関わる知的能力：PIQ）」という2つの観点から評価するものでした。さらに、細かな知的特徴をみる指標も取り入れられており、これらをまとめて最終的に「全検査による総合的な知能指

✎ 語句説明

精神年齢

ターマンによる知能指数の算出法のうち、精神年齢（MA）とは、検査によって見いだされた知的年齢のことをいう。

数（FIQ）」が評価できるように構成されていました。この検査については、後の節でも詳しく説明しますが、その後、新しい理論や考え方をもとに、さらに多くの改良が重ねられ、現在では「ウェクスラー児童用知能検査第5版（WISC-Ⅴ知能検査）」が、医療や福祉、教育など、さまざまな分野で使用されています。

② 集団式知能検査の開発

知能検査は子どもの知能を個別に測定することから始まりましたが、その後、1914年に第一次世界大戦が勃発し、後にアメリカも参戦することになりました。その際、多くの兵員志願者に対し、軍隊の厳しい任務や知的判断を遂行できるかを確認する必要性が生じました。しかし、その判断のために、志願者一人ひとりに対し個別式知能検査を行うことはあまりにも効率が悪かったため、当時アメリカ心理学会の会長を務めていたロバート・ヤーキーズ*に、集団に対して一斉に簡易に実施できる知能検査の開発を依頼したところ、「アメリカ陸軍式知能検査（アーミーテスト）」が開発され、兵員の選抜のために実施されました。これ以降、集団式知能検査という方式も広まっていき、現在では、教育や福祉などを目的にした検査が日本や世界各国で新たに開発されています。

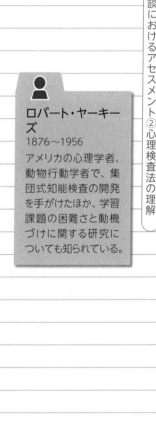

ロバート・ヤーキーズ
1876～1956
アメリカの心理学者、動物行動学者で、集団式知能検査の開発を手がけたほか、学習課題の困難さと動機づけに関する研究についても知られている。

> 現在、知的機能や発達のアセスメントとして特別支援教育や心理臨床現場で活用されている主な検査

◆WISC-Ⅴ知能検査（Wechsler Intelligence Scale for Children - 5th edition）

2021年に開発されたWISC-Ⅴ（5歳0カ月から16歳11カ月までの児童・生徒に適用可能）は、知能をさまざまな側面から評価できる検査です。特に発達障害のある児童・生徒は、知的能力のアンバランスさを抱えていることが多いため、知能のさまざまな側面を診断的に評価することは、その後の教育方法を考えるうえでとても有益だと考えられます。

この検査では、全般的な知能を表す合成得点（FSIQ）をメインに、図表12-2に示されるさまざまな知的側面について検討することができます。「生徒指導提要（令和4年改訂版）」においても、児童・生徒の主体的発達を促す必要性が示されており、そのための検査の一例として紹介されています。ここから、児童・生徒の苦手なところだけではなく、長所も含めた発達状況を理解することは、児童・生徒の心を育む教師にとって有益であると思われます。また、全般的な知能を表す合成得点の算出の仕方に関して、従来のIQ算出は、「精神年齢÷生活年齢×100」で行っていましたが、この検査では、次頁の通り異なる算出手法を用いており、これを偏差知能指数（DIQ）と呼びます。つまり、同年齢の平均との比較から算出される知能指数という意味です。

図表12-2　WISC-Vにおける下位尺度の意味

主要指標	言語理解指標	獲得した知識を活用して応用する力
	視空間指標	空間にあるものを把握、認知する力
	流動性推理指標	目で見たものから推測する力と、新規場面での問題解決能力
	ワーキングメモリ指標	一時的に情報を記憶し、操作する力
	処理速度指標	判断や行動の素早さと正確さ

〈偏差知能指数の算出方法〉

$$偏差知能指数（DIQ）= 100 + \frac{15 \times （対象児の検査得点 - 同年齢の平均得点）}{同年齢の標準偏差}$$

◆K-ABC II（Kaufman Assessment Battery for Children II）

　この検査は、2歳6カ月から18歳11カ月まで適用可能な内容で、知的能力を、「認知処理過程」と「知識・技能の習得度」の両面からアセスメントすることで、長所となる認知処理の方法を理解し、児童・生徒の教育や支援の具体的な方法に直接的に活かすことができる特性があります。

　アメリカで開発されたこの検査は、「ルリア理論*」及び「CHC理論*」という比較的新しい知能に関する理論にもとづいて作成されています。具体的には、継次処理能力、同時処理能力、計画能力、学習能力など幅広い能力を測定できるテストとなっています。なお、日本版の検査では、日本の心理・教育アセスメントの現状を踏まえた構成となっています。特に、特徴的な内容として基礎学力を把握する「習得尺度」が導入されています。「認知処理機能」と「習得度の関連性」を詳細に評価することにより、発達に課題を抱える児童・生徒への指導方針の決定に大きな力を発揮します。さらに、検査結果の数値だけではなく「行動観察チェックリスト」が導入されたことにより、児童・生徒の検査を受ける態度などについても評価することができます（図表12-3）。

図表12-3　K-ABC IIにおける各尺度のもつ意味

認知尺度	新しい知識や技能を獲得していくときに必要となる基礎的な力	継次尺度	連続した刺激を一つずつ順番に処理する能力
		同時尺度	複数の刺激をまとめて全体としてとらえる能力
		学習尺度	聴覚情報と視覚情報を通して、新たなことを学ぶ力
		計画尺度	課題を解決するために、適切な方法の選択・決定、実行、その実行が適切に行われているかチェックする能力
習得尺度	語彙、読み、書き、算数という領域の総合的な力。基礎学力の一部を示す	語彙尺度	語彙に関する知識や理解力、表現力などの能力
		読み尺度	文字の読みや文の読解力
		書き尺度	文字の書きや作文力
		算数尺度	計算力や数的な処理の能力

📝 語句説明

ルリア理論

神経心理学者のルリアは、脳の働きを次の3つの基本的機能単位に分けている。
(1)第1ブロック：大脳皮質の緊張状態をコントロールして適切な認知的活動ができる状態を保つ働き。
(2)第2ブロック：外部から脳に入ってきた情報を受容し、加工したり、貯蔵する働き。
(3)第3ブロック：脳の前頭葉で、心の働きを、計画したり実行し、また、脳の働きを調整する機能。

CHC (Cattell-Horn-Carroll) 理論

キャッテルとホーンの知能理論をもとにキャロルが提唱した理論で、知能の構成を、どんなときにも機能する部分（g因子）を中枢として、大まかな知的機能に分類し（広範的知能）、さらに特定の知的活動に対応するレベル（限定的知能）の3段階に分類している。なお、前述のWISC-VもCHCモデルに対応している。

これら2つの検査は、「生徒指導提要（令和4年改訂版）」でも有用性のあるものとして明記されており、たとえば、学習障害（限局性学習症：LD）の児童・生徒への具体的な指導方法や教材開発の根拠として、専門スタッフとの相談のもと、検査結果を利用することができます。

◆Vineland-Ⅱ適応行動尺度

　この検査は、正確には知的能力を測るものではなく、「適応行動の発達」に焦点を当てた検査です。この尺度では、4つの適応行動領域（コミュニケーション、日常生活スキル、社会性、運動スキル）と、不適応行動領域に分け、「適応行動の発達水準」を測定するとともに、個人内の発達的バランスを評価する検査です。0歳から92歳までと、適用範囲は非常に広く、半構造化面接の方式で保護者らに聞き取りを行いながら進めるのも特徴の一つです。また、個別支援計画の立案、支援が効果的に行われているかを評価することが可能です。アメリカ精神医学会が示す「精神障害の診断と統計マニュアル（DSM-5）」では、知的障害を、単純なIQで測るのではなく、「知的機能」と「適応機能」の両面から評価することが示されており、この検査では「適応行動」のアセスメントが可能です（精神障害の診断と統計マニュアル（DSM-5）→第8講参照）。

3　性格的側面の評価について

　性格を把握するために作成された心理検査（性格検査）にも、さまざまな種類があります。児童・生徒が専門機関とつながる際に、知能検査や発達検査の次に実施する可能性が高いものです。性格検査は、その様式によって、質問紙法、投影法、作業検査法の3つに大別されます。各検査の特性とその可能性及び限界を押さえつつ、専門家の行った検査結果を理解し、教育相談場面などに活かしていくことが重要です。

① 質問紙法

　対象の児童・生徒に対して、自身の行動パターンや性格特性などについて、直接的に質問紙によって回答を求めます。回答方法としては「はい」「いいえ」や、質問項目の程度について5段階で評価するなどさまざまです。対象者の特定の特徴に絞って評価するものもあれば、さまざまな特性を幅広く簡易に把握するものもあります。実施の仕方、データの整理・解釈も比較的行いやすい点が長所です。一方、対象の児童・生徒が、自身で理解している表面的な特徴しか評価できず、また自分をよく見せようとして意図的に反応歪曲*しやすいというデメリットもありますので、この点に留意して検査結果を理解しましょう。

◆例）Y-G性格検査

　120問の性格に関する質問について、「はい」「いいえ」「？（わからない）」で回答することで、児童・生徒の性格特性をアセスメントします。Y-G性格検査は、12の特性（抑うつ性大−小など）で構成され、そのバランスを評価するとともに、対象者を5つの性格タイプ（平均型、不安定不適応積極型、安定適応消極型、安定適応積極型、不安定不適応消極型）に類別します。

語句説明

反応歪曲

心理検査の受検者が検査意図を見抜いて、本来の自分とは異なる回答を行うこと。

② 投影法

　あいまいで多様に解釈される図版などを提示し、それに対する反応の質を分析し、評価します。児童・生徒自身も気づいていない深い側面にも焦点を当てることができます。提示される刺激があいまいであるため、対象の児童・生徒が意図的に反応歪曲しづらいという特徴をもちます。一方で、解釈には熟練を要し、また解釈自体に実施者の主観が入りやすいという点が短所です。実施や解釈のすべてにおいて熟練性が求められるため、専門家によって実施、解釈された結果を理解するには、その専門家からていねいなフィードバックを受けることが望まれます。

◆例）ロールシャッハテスト（図表12-4）

　10枚のインクブロット（左右対称のインクのしみ）を提示し、「何に見えるか」と質問し、その回答内容を分析することで、児童・生徒の性格や認知特性を評価するものです。インクのしみという刺激を提示されても、児童・生徒は何を調べられているのかが理解できないため、回答を意図的に歪曲することができません。

図表12-4　ロールシャッハテスト（疑似図版）

③ 作業検査法

　対象の児童・生徒に単純な作業を行わせ、その作業量の変化のパターンから精神状態などを評価するものです。

◆例）内田クレペリン精神作業検査

　検査用紙に印刷されている1桁の数字を連続で加算していき、その結果を表す作業量や作業曲線の型などから、児童・生徒の精神的活動の特徴などを把握しようとするものです。内田クレペリン検査は、就職試験の適性検査などに活用されることもあります。これも投影法同様に、解釈結果について専門家からていねいな報告を受けることが必要です。

4 　その他、社会性・対人関係性の評価について

　心理検査には個人の内的側面をアセスメントする検査が多いなか、対人関係や親子関係のように、他者との関係性などを評価するものもあります。

◆例）P-Fスタディ（図表12-5）

　性格検査の投影法に分類されるものではありますが、その評価の側面を考えると、社会性、対人関係性を中心に評価する検査ともいえます。24

図表12-5　P−Fスタディ（疑似図版）

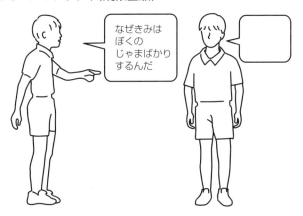

なぜきみは
ぼくの
じゃまばかり
するんだ

プラスワン

心理検査の課題や図版等は、著作権や検査の質の担保の観点から、多くの場合非公開となっている。本書において掲載している図版も、実際の検査で使用されるものとは異なる疑似図版である。

第12講

教育相談におけるアセスメント②心理検査法の理解

の対人ストレス場面をイラストで提示し、その回答パターンにより社会適応度を評価する検査です。その反応について、責任の所在の考え方と主張性のタイプ、という主に2つの側面から検討されます。

　その他にも、集団における人間関係検査（ソシオメトリックテスト、ゲスフーテストなど）や職業適性検査など、目的に応じてさまざまな心理検査があります。

3　心理検査の実施前に行っておくべきこと

　教育センターの専門スタッフやスクールカウンセラーなどによる支援チームで、児童・生徒に心理検査を実施するべきだと判断された場合、心理検査を実施する当日までに行っておかなければならないことが数多くあります。特に、児童・生徒が専門機関で検査を受けることに抵抗を示している場合は、児童・生徒の不安を解消するため、事前に適切なアドバイスを行うことが望まれます。

1　保護者及び児童・生徒に対する十分な説明と同意（インフォームド・コンセント）

　児童・生徒が心理検査を受ける前には、保護者及び児童・生徒に対して検査を実施することについての十分な説明と同意を得ることが求められます。可能であれば文書で同意を得ておくほうがよいでしょう。同意の取得は、教師が行うことが多いと思われますが、必要に応じて専門スタッフや管理職の協力も得て行いましょう。また、その際、保護者及び児童・生徒には、心理検査の実施理由、検査結果の活用のされ方、実施後の検査データの取り扱い方などの説明が行われます。同意を求める際には、検査はその児童・生徒の利益のために行うという観点から説明することが大切ですが、どうしても同意が得られない場合には、無理に心理検査を実施することはできません。その際には、支援チームで検討のうえ、他のアセスメン

トの方法を検討してみましょう。

2　周辺情報を収集する

　心理検査を行う前に児童・生徒に関する周辺情報の聞き取りを怠ると、適切な検査方法の選択や検査結果の解釈、また支援方法の検討にも支障が生じることがあります。そのため、専門スタッフに検査を依頼するにあたり、教師から事前に適切な情報（児童・生徒の行動観察記録、家族関係、生育歴など）を可能な範囲で伝えておくことが求められます。そのことにより、検査実施者の解釈が深まり、結果的に、より有益な情報が提供されることが考えられます。

4　環境の調整

　教育センター等の専門スタッフやスクールカウンセラーは、以下のような環境の整備を行って心理検査を実施しています。支援チームの教職員も、適切な環境で検査が行われるよう、配慮事項を心得ておきましょう。

1　検査者と児童・生徒をつなぐ

　カウンセリングを行う際に、カウンセラーと相談者との良好な関係を形成することが重要であることは指摘されていますが、それは心理検査を実施する場合にも当てはまります。児童・生徒と専門スタッフとの間に良好なつながりができるようにサポートしましょう。

2　周辺環境の整備

　心理検査を受けることは、児童・生徒にとって思いのほか疲労を感じるものなので、夕方などの時間は避け、できるだけ疲れの少ない午前中に実施することが適当とされています。学校内で教育センターの専門スタッフやスクールカウンセラーが行う場合であれば、児童・生徒の心理検査がスムーズに進められるよう、教師も可能な限り協力しましょう。たとえば、検査を実施する部屋にさまざまな本や道具類、展示物などがあると、児童・生徒の集中がそがれるので、児童・生徒が集中できる刺激の少ない静かな環境や、適切な室温で実施できるよう配慮します。また、他の児童・生徒の目につかないよう、実施する教室などに配慮することも重要です。

　そのほかにも、検査の内容によっては、学習内容の評価との関わりがあるものと誤解されないように、学級担任や教科担当教員は、原則として検査場面への介入は避けてください。

3　実施する検査について

　検査実施者は、チームから提供される情報をもとに、当日どのような検査を行うのかを考え、必要な道具やテスト用紙について、事前に準備します。

また、一つの検査で把握できることは限られ、その児童・生徒の心理的特徴のすべてが理解できるわけではないので、テストバッテリー*を組むことが多いと思われます。心理検査には短時間（5～10分程度）で実施できるものもあれば、1時間以上要するものもあります。1日で検査が完了しない場合は、何日かに分けて実施することもあります。検査実施者は、児童・生徒の集中力や持続力に合わせてテストバッテリーの組み方を考えており、必要な観点を考慮しつつ、児童・生徒の負担をできるだけ軽減するように取り組んでいます。

5 検査結果のフィードバックと活用の留意点

1 検査結果のフィードバック

検査で得られた結果・情報は、検査を受けた児童・生徒本人のために行ったものであるため、原則として、本人あるいはその保護者に検査結果のフィードバック（報告と説明）が行われます。また、児童・生徒や保護者の了解を得て、学校や教師等の関係者に説明が行われることもあります。しかし、検査の結果を一方的にそのまま報告するだけでは課題の解決に至りませんし、以下に記されているように、不安や動揺を与えることにもつながります。そのため、フィードバックの担当者は、検査の結果をわかりやすく説明すると共に、それをもとに児童・生徒を取り巻く環境や生活の状況について共に考え、一緒に解決方法を模索していくことを提案し、児童・生徒が前向きに考えられるように努めています。また、解決方法については、学校や家庭で児童・生徒の支援が行いやすいよう、支援チームと共に実施可能な内容を具体的に検討する必要があります。そのため、許容される内容については、心理検査から見いだされた内容について、支援チームと情報共有をしておくことが望ましいといえます。ただし、心理検査の結果は、アセスメントにおける重要な情報の一つではあっても、児童・生徒の特性のすべてを示すものではありません。学校現場での行動観察や面接においてみられる児童・生徒の姿や言動などを総合的に考えて、全人的にとらえるように心がけましょう。

2 フィードバックを受けた者の心の揺れへの支援

フィードバックを受けると、児童・生徒やその保護者は、動揺することも少なくありません。場合によっては、聞きたくなかった内容を聞かされ、気持ちが動転したり混乱したりすることもあります。児童・生徒や保護者が他の専門機関からフィードバックを受けて気持ちが不安定になっていると思われる場合、教師は彼らの心情に耳を傾け、彼らの辛さや苦悩に寄り添ったサポートを行う姿勢が必要です。

語句説明

テストバッテリー

複数の検査を組み合わせて実施し、査定内容をより具体的かつ正確にとらえようとすること。

プラスワン

心理検査においては、たとえば「検査で使用した記録表をそのまま渡すことはせず、別途報告書を作成して説明する」など、結果のフィードバックにおける内容や説明方法について一定のルールを設けている場合がある。

あなたなら、このような場面で、どのように発言するでしょうか。

ディスカッションしてみよう!

担任教師からの勧めで10歳の児童に対して専門スタッフが知能検査を実施し、その結果、軽度の知的な遅れ（発達年齢が7歳程度）が疑われました。この結果を専門スタッフから保護者にフィードバックしたところ、保護者は、「自分もなんとなく（遅れがあるのではないかと）感じていた……」と涙ぐんで語りました。担任教師として、検査結果や保護者のようすを共有した場合、そのような保護者に対してどのようなアドバイスを行いますか。また、話をする際にどのようなことに気をつけますか。話し合ってみましょう。

たとえば・・・

3　支援方法の検討

　検査結果から児童・生徒の特性が把握できたら、行動観察や面接などから得られた情報や、家庭や学校、遊び場など児童・生徒を取り巻く環境の情報を踏まえ、包括的なアセスメントを行います。そのうえで、支援チームを基本に支援仮説や支援目標、支援の必要性や方向性などの対応策を検討します。たとえば、学級であれば、学びやクラスメイトとの生活状況から、支援方法や、どのような教具を活用できるのか、それらを活用してどのような手順で支援するのか、などについて検討することが望まれます。

インフォーマルアセスメント

　本講で紹介した、知能検査をはじめとする標準化された検査を「フォーマルアセスメント」といいます。他方で、児童・生徒の行動観察、教師への聞き取りや独自のチェックリストなど、標準化・定式化されていないアセスメントの技法を「インフォーマルアセスメント」と呼びます。フォーマルアセスメントとインフォーマルアセスメントはどちらかがより優れているというものではなく、それぞれ異なった側面からの対象の理解を可能にします。このため、両者を組み合わせることで、より詳細な子どもの理解につながります。

　フォーマルアセスメントでは、検査を使って対象となる能力（たとえば知能）に焦点を当てて客観的に測定し、それ以外の要因は極力排除しようとします。たとえば知能検査は、日常生活の影響が少ない検査室で、検査内容以外の要因が入らないように配慮しながら実施します。これに対してインフォーマルアセスメントでは、児童・生徒が実際に生活している場面における行動をありのままにとらえようとします。特に、インフォーマルアセスメントでは、対象となる児童・生徒だけでなく、周囲の物的・人的な環境や状況（環境・生態学的要因）も含めたアセスメントも行います。

　たとえば、教室で落ち着きがなく友達とのトラブルが多い児童・生徒の場合、その行動の背景には、本人の特性だけでなく周囲のクラスメイトの影響、教師の対応、教室の環境などさまざまな要因が複雑に絡まっているので、フォーマルアセスメントのように特定の要因にのみ焦点を当てる方法では、子どもの行動特徴や困難さの要因を十分に説明することが難しいのです。そこで、落ち着きのない行動やトラブルが現れる場面や状況を詳細に記録するインフォーマルアセスメントが有効になります。

　インフォーマルアセスメントにおいて、たとえば行動観察では、観察者の専門性や価値観、対象に対する思いなどが影響することも多くあります。特に、教師が教育実践のなかで児童・生徒を観察する場合には、主観を排除して客観的にとらえることには限界があります。むしろ、「子どもをそのように見ている自分」がいることを自覚しながら、自身との関わりのなかで児童・生徒の特徴を理解することが重要であると考えられます。このように、主観のもつ意味を積極的にとらえようとすることもインフォーマルアセスメントの意義の一つであると考えられますが、観察の技法に習熟することはもちろん、観察の場面を増やすことや、複数の視点で観察すること、あるいはチェックリストを活用することなど、ある程度客観性を担保する努力も必要でしょう。

復習問題にチャレンジ

（大分県　2022年　改題）

①次の文章は、ある知能検査について述べたものである。最も適当なものを、下の1～5のうちから一つ選べ。

アメリカのウェクスラーによって開発された児童向けの知能検査である。現在、日本では第5版まで刊行されており、その対象年齢は5歳0カ月～16歳11カ月である。この検査により、全体的知的水準を示す知能指数（FSIQ）に加え、領域別の得意・不得意、すなわち知能の個人内差を知ることができる。知的障害や発達障害などがある個人の能力特性を把握し、心理、教育的支援に役立てることができる。

1　WISC　　2　WAIS　　3　WMS　　4　WPPSI　　5　WCST

（神戸市　2023年）

②次の（1）～（5）の文は、性格・人格に関わる検査について説明したものです。それぞれの検査名を、下のA～Oから一つずつ選び、その記号を書きなさい。

（1）　人格目録をモデルとして、因子分析の手法で抽出された12の性格特性の質問項目を用いて行う。個人の性格の全体構造を把握する質問紙法検査である。

（2）　日常経験するような欲求不満場面を描いた絵に対する反応様式により、自我防衛水準での反応の背景に潜む人格の独自性を明らかにしようとする投影法検査である。

（3）　隣り合わせの2つの数字を加算する作業を一定時間行わせることにより、その作業量の推移や正確さとの関係から、仕事ぶりや性格の特徴について診断する作業法検査である。

（4）　左右対称のインクのしみがどのように見えるかといった問いに対する反応をもとに、形態水準、平凡反応という側面から評価を行うことにより、人格の特性を明らかにす投影法検査である。

（5）　妥当性尺度、臨床尺度、追加尺度により構成された550の質問項目に対し、自分に当てはまるか当てはまらないかによる反応から、人格・行動特徴を明らかにする質問紙法検査である。

A　文章完成テスト　　　　　B　ゲス・フー・テスト　　　C　PFスタディ
D　下田式性格検査　　　　　E　内田クレペリン精神検査　F　TAT
G　バウムテスト　　　　　　H　不安傾向診断検査　　　　I　YG性格検査
J　幼児・児童性格診断検査　K　S-M社会生活能力検査　　L　PRS
M　ロールシャッハ・テスト　N　MMPI　　　　　　　　　　O　WISC-Ⅳ知能検査

ノートテイキングページ

検査結果のフィードバックを受けた児童・生徒及び保護者から結果内容を提供してもらう際、気をつける点についてまとめてみましょう。

家庭の理解と保護者への支援

理 解 の ポ イ ン ト

家庭は、子どもがはじめて出合う"社会"です。子どもは家庭、特に親から大きな影響を受けます。子どもの健やかな成長のためには、家庭との連携が欠かせません。本講では、今の親が置かれている状況を理解したうえで、共に子どもを育てていく方法を考えます。

1　子どもと家庭

1　子どもが育つ場としての家庭

　家庭は、子どもがはじめて出合う社会です。子どもは生まれたときから家庭のなかで育ち、さまざまなことを身につけていきます。自分の身の回りの世話、基本的な認知機能、社会性も、家庭のなかで育まれます。日本では1994（平成 6）年に批准・発効した「児童の権利に関する条約」の前文には、「家族が、社会の基礎的な集団として、並びに家族のすべての構成員、特に、児童の成長及び福祉のための自然な環境として、社会においてその責任を十分に引き受けることができるよう必要な保護及び援助を与えられるべきである」「児童が、その人格の完全なかつ調和のとれた発達のため、家庭環境の下で幸福、愛情及び理解のある雰囲気の中で成長すべきである」とされています。また、2006（平成18）年に改正された「教育基本法」では、「家庭教育」の条文が新設され（第10条）、「父母その他の保護者は、子の教育について第一義的責任を有するものであって、生活のために必要な習慣を身に付けさせるとともに、自立心を育成し、心身の調和のとれた発達を図るよう努めるものとする」と定められています。同様のことは、2023（令和 5）年施行の「こども基本法」の第 3 条（基本理念）でも述べられています。

　このように、子どもが育つ場として家庭は大きな役割を担っています。

　家庭は、子どもの学習にも影響を与えます。シュナイダー、キースラー、モーロックという教育学者たちは、子どもの学習に影響を及ぼすと考えられるさまざまな家庭の要因についての研究を紹介したうえで、「教育への期待や職業的アスピレーション、成績を形づくるうえで」、学校よりも家族、特に親の役割が大きいとまとめています。さらに、よりよい結果が生まれるのは、親と学校との間に信頼関係があり、家庭と学校の目標が同じである場合であるとも述べています（Schneider et al.、2010）。

プラスワン

アスピレーション
「社会的諸資源を具体的目標とした達成要求」（中山・小島、1979）のことである。職業的アスピレーションはどのような職業に就きたいか、教育アスピレーションはどの程度までの教育達成をしたいかである。

鑪（1990）は、家族の中心である親のライフサイクルが子どもに影響を与え、子どもの問題を家族のライフサイクルとしてとらえて対処することが必要だと指摘しました。

子どもが発達すると同時に、親・家族も発達していきます。あるいは、さまざまな局面で家族が再編成されていくなかで、子どもが発達するのだといえるでしょう。

2 多様化する家庭像

前項では、「家庭」とひとくくりに述べましたが、社会の変化やライフスタイル・価値観の多様化から、実際にはさまざまな家庭があります。

核家族の増加、少子化、すなわちきょうだいが少ない、あるいはいない家庭、共働きの増加はよくいわれていることです。専業主夫家庭もありますし、保護者の職業も、会社員や公務員だけではありません。結婚・出産する年齢の幅が広がることにより、保護者の年齢もさまざまになってきています。また、離別・死別によるひとり親家庭やステップファミリーも増えています。国際結婚も珍しいことではなくなってきました。養子の場合もあります。さらには、事情により、保護者が親ではない子ども、祖父母や親戚に育てられている子どももいれば、社会的養護の対象として児童養護施設等から学校に通っている子どももいます。

このように、子どもが育つ環境はさまざまです。教師は家庭の話題にふれるときには、十分に配慮をしなければなりません。また、子どもがその生育環境から、同級生やその保護者、さらには地域の人などからの偏見にさらされることもないとはいえません。場合によっては、子ども自身の親を避けなければならないこともあるかもしれません。そのようなときには、教師として子どもを守ることも必要でしょう。

3 家庭状況と子ども

家庭のあり方がさまざまであるように、各家庭が置かれている状況もさまざまです。ここでは、特に支援が必要と思われる状況を3つほど取り上げます。

① 経済的な困難

「子どもの貧困」という言葉はすでに耳新しいものではなくなりました。日本の子どもの相対的貧困率は、厚生労働省（2023）によれば、1980年代半ば頃から上昇傾向にありました。2010年代前半から改善傾向がみられ、2022年は11.5%でしたが、依然、先進国のなかでも高いものとなっています（図表13-1）。

世帯の経済状況は、子どもの生活習慣や学習機会に影響します。2016（平成28）年に大阪府が行った子どもの生活に関する実態調査では、経済的に厳しい家庭の子どもほど、「毎日同じ時間に起きる」「毎日朝食をとる」といった基本的生活習慣が身についておらず、遅刻も多いこと、学習の理解度が低く、授業時間以外に勉強や読書をしていないことが明らかになりました。また、将来の進学についても「大学・短大・大学院」を希望して

プラスワン

ステップファミリー

少なくとも一方の配偶者の結婚前の子どもと生活する家族形態である。離別や死別後に子連れで再婚したケースが多い。血縁のない親子関係やきょうだい関係が含まれる。

貧困

貧困には、絶対的貧困と相対的貧困がある。絶対的貧困とは、生活していくための必要最低限の収入が得られないことで、世界銀行の定義では「一日に2.15ドル未満の生活」を送る人（2022年）のことをいう。相対的貧困とは、その国のなかで比較して所得が少ないことで、OECD（経済協力開発機構）では、等価可処分所得の中央値の50%未満で暮らすこととされている。

図表13-1　貧困率の年次推移

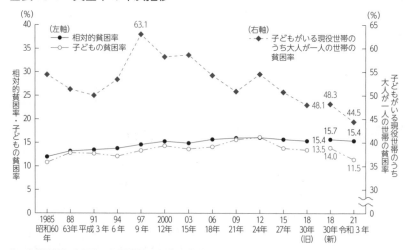

注：1）貧困率は、OECDの作成基準にもとづいて算出している。
　　2）大人とは18歳以上の者、子どもとは17歳以下の者をいい、現役世帯とは世帯主が18歳以上65歳未満の世帯をいう。
　　3）等価可処分所得金額不詳の世帯員は除く。
　　4）1994（平成6）年の数値は、兵庫県を除いたものである。
　　5）2015（平成27）年の数値は、熊本県を除いたものである。
　　6）2018（平成30）年の「新基準」は、2015年に改定されたOECDの所得定義の新たな基準で、従来の可処分所得からさらに「自動車税・軽自動車税・自動車重量税」、「企業年金の掛金」及び「仕送り額」を差し引いたものである。
　　7）2021（令和3）年からは、新基準の数値である。
厚生労働省「2022（令和4）年国民生活基礎調査の概況」2023年をもとに作成

いる子どもが少なくなっています（大阪府立大学、2016）。一方保護者に目を向けると、経済的に厳しい保護者は、子どものための貯蓄ができていないこと、子どもの希望を実現できないと考えていること、子どもの将来に期待していないこと、さらに、子どもや保護者自身の心身に影響が出ていることが示されました。同様に、「令和3年度　全国学力・学習状況調査　保護者に対する調査」（国立教育政策研究所、2021）でも、世帯収入が高いほど子どもの学力が高い傾向がみられました。同時に、保護者の「教育期待」が子どもの学力に影響すること、経済状況と教育期待の相乗効果があることも見いだされました。

　「子どもの貧困」の問題は、現在子どもが困っているということだけではありません。子どもの将来、さらにはその次の世代へと影響を及ぼす可能性があることが大きな問題なのです。一方で、「子どもの貧困は見えにくい」ともいわれており、困っている子どもをみつけて解決につなげるということを難しくしていると考えられます。

　こうした状況を受けて、2013（平成25）年に「子どもの貧困対策の推進に関する法律」が制定されました。2022（令和4）年に改正された現行の同法では、制定の目的を「子どもの現在及び将来がその生まれ育った環境によって左右されることのないよう、全ての子どもが心身ともに健やかに育成され、及びその教育の機会均等が保障され、子ども一人一人が夢や希望を持つことができるようにするため、子どもの貧困の解消に向けて、児童の権利に関する条約の精神にのっとり、子どもの貧困対策に関し、

いわゆる“貧困の世代間連鎖”を断ち切ることが必要ですね。

基本理念を定め、国等の責務を明らかにし、及び子どもの貧困対策の基本となる事項を定めることにより、子どもの貧困対策を総合的に推進すること」（第1条）とされています。さらに、この法律にもとづき「子供の貧困対策に関する大綱」が2014（平成26）年に策定、2019（令和元）年に改定されました。この大綱では、子どもの貧困対策としてさまざまな面からの施策が挙げられています。

教師としてできることは、まず授業等で子どもに学力をつけさせること、そして、スクールソーシャルワーカー（SSW）やスクールカウンセラー（SC）といった専門家、自治体や地域、NPOなどと連携を図り、家庭を含めた支援を受けられるようにしていくことでしょう。そのためには、制度に関する知識も必要になってきます。

②　ヤングケアラー

いわゆる「ヤングケアラー」とは一般に、「本来大人が担うと想定されている家事や家族の世話などを日常的に行っている子ども」のこととされています。1990（平成2）年、埼玉県が全国で初めて制定したケアラー

学生ボランティアによる放課後学習支援や「子ども食堂」といった活動もありますね。

図表13-2　ヤングケアラーの現状

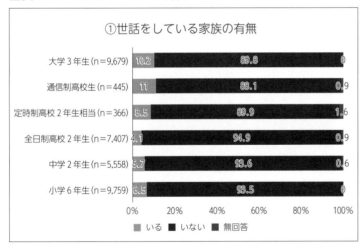

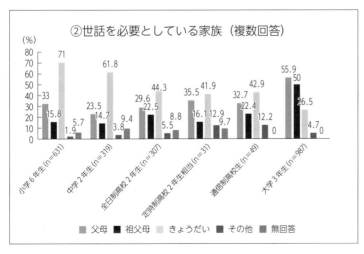

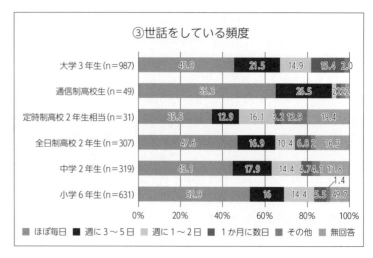

③世話をしている頻度

	ほぼ毎日	週に3〜5日	週に1〜2日	1か月に数日	その他	無回答
大学3年生(n=987)	45.9	21.5	14.9		15.4	2.0
通信制高校生(n=49)	65.3		26.5		2.2	2.2
定時制高校2年生相当(n=31)	35.5	12.9	16.1	3.2	12.9	19.4
全日制高校2年生(n=307)	47.6	16.9	10.4	6.8	2	16.3
中学2年生(n=319)	45.1	17.9	14.4	4.7	4.1	13.8
小学6年生(n=631)	52.9	16	14.4	5.5	4 9.7	1.4

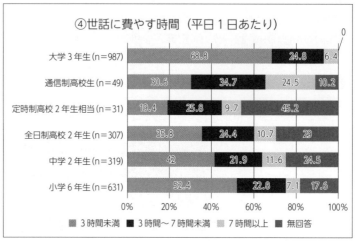

④世話に費やす時間（平日1日あたり）

	3時間未満	3時間〜7時間未満	7時間以上	無回答
大学3年生(n=987)	68.8	24.8	6.4	0
通信制高校生(n=49)	30.6	34.7	24.5	10.2
定時制高校2年生相当(n=31)	19.4	25.8	9.7	45.2
全日制高校2年生(n=307)	35.8	24.4	10.7	29
中学2年生(n=319)	42	21.9	11.6	24.5
小学6年生(n=631)	52.4	22.8	7.1	17.6

三菱UFJリサーチ＆コンサルティング（2021）、日本総合研究所（2022）をもとに作成

支援に関する条例「埼玉県ケアラー支援条例」では、ケアラーを「高齢、身体上又は精神上の障害又は疾病等により援助を必要とする親族、友人その他の身近な人に対して、無償で介護、看護、日常生活上の世話その他の援助を提供する者」としたうえで、ヤングケアラーを「ケアラーのうち、18歳未満の者」と定義しています。

　小学生から大学生を対象にした調査から明らかになったヤングケアラーの現状を図表13-2に示します。これらの調査では、世話を「自分のみ」でしているのは、小学生から高校生では約1割、大学生では2割いることや、小学校低学年以前から世話を始めた人が一定数いることも報告されています。家族の世話をしていることで、「やりたいけれどできていない」ことがあるなど何らかの制限があると感じている人や、「きつい」と感じている人がいることもわかっています。一方で、年代によって違いはありますが、5〜7割以上の人が世話について相談したことがなく、相談しない理由として「誰かに相談するほどの悩みではない」「相談しても状況が変わるとは思わない」「家族外の人に相談するような悩みではない」などが挙げられています。

「人に相談しない／できない」というのはヤングケアラーに限ったことではありませんね。

　おそらく、今でいう「ヤングケアラー」という存在は、昔からあったと考えられます。もちろん、家族が協力し合って家庭を営むというのはごく当たり前のことでしょうし、子どもが家族の一員として“お手伝い”をしたり、何らかの役割を担うこともよくあることでしょう。問題なのは、子どもに大人並みの責任や負担を負わせたり、子どもの生活や学習に支障が出ることです。子どもが子どもらしく過ごせないことによって、将来に影響が及ぶこともあります。

　子どもが「家族の世話をしている」と聞くと、私たちはその子どもに対して「家族思いのやさしい子」と思いがちです。こうした一般的な認識もあり、ヤングケアラー本人や保護者が、「当たり前のことだ」「たいしたことではない」と考えていたりします。また、「家庭内のことは他人に話すものではない」という考え方も根強くあります。こうしたことのためか、上記のように、多くのヤングケアラーが誰にも相談していません。ヤングケアラーは表面化しづらいのです。

　教師としてできることは、ヤングケアラーについてよく理解すること、そして、子どもたちの普段の様子をよくみて「ヤングケアラーかも？」と気づくことです。気づくポイントとしては、「遅刻や欠席が多い（増えた）」「いつも眠そう」「部活動をやめた／変えた」「保護者とのやりとり（要返信の連絡など）が滞る」などが挙げられますが、「いつもと／これまでと何だか違う」と感じたら、より注意深くその子どもと接することが大切です。

　ヤングケアラーかもしれない児童・生徒がいたら、まず、スクールソーシャルワーカーやスクールカウンセラーも含め、校内での情報共有を行います。その児童・生徒が前に所属していた校園やきょうだいのいる校園、自治体の児童福祉関係機関とも連携を取り、家庭支援や環境調整を進めることになります。教師の主な役割は、子どもの話を聞き、気持ちに寄り添うなど、心理面でのサポートとなります。

ディスカッションしてみよう！

　運動が得意なＡさん。体育の時間や体育祭では大活躍で、本人も運動は好きな様子。このようなＡさんに対して、クラス担任であるあなたから部活動（運動部）をすることを勧めてみました。Ａさんからは、「興味はあるけれども、家に帰ってきょうだいの世話をしたりご飯をつくったりしないといけないので、部活動はできない」と返ってきました。あなたはＡさんに何と答えますか。また、今後Ａさんにどのように対応しますか。話し合ってみましょう。

たとえば・・・

このときに気をつけたいことがいくつかあります。子どもにもよりますが、「家族の世話をしている」ということが本人の自尊感情や自己有用感につながっていることがあります。自分が家庭の事情を話すことで、「大切な家族が悪く思われたり責められたりするかもしれない」と考えてしまうこともあります。また、「あなた（の家庭）は支援の対象である」と告げることは、子どもをいたく傷つけることにもなりかねません。大切なのは、子どもにとっての「話ができる・信頼できる大人」であることなのです。

③ 外国につながる子ども

1990（平成2）年の「出入国管理及び難民認定法」の改正と翌年の施行以来、日本で暮らす外国人が増加すると共に、両親の就労や留学などにより来日、あるいは帰国し、日本の学校で学ぶ児童・生徒も増加しています。こうした子どもたちにとって、日本語は外国語であり、学習活動だけではなく学校生活そのものにも困難を来します。そのため、日本語の指導が必要になります。また、その保護者も日本語が上手ではない場合、文化や生活習慣の違いもあり、家庭との連携もうまくいかないことが多くあります。

日本語指導が必要な子ども（図表13-3、13-4）は、外国籍の児童・生徒だけではありません。日本国籍であっても、帰国児童・生徒や国際結婚家庭の子どものなかには、学校で学習するための日本語の力が十分ではない子どももいます。一方で、外国籍であっても日本語に不自由しない子どももいます。

言葉は、コミュニケーションの手段であると同時に、思考の道具でもあります。日本で暮らし、日本の学校に通う子どもにとって、日本語の力が不十分であるということは、まず、クラスメイトや教師とのよい関係をつくることを難しくします。支障なく日常会話ができるようになっても、授業や学習のための日本語はまた別であり、この困難さにより学力に影響が出ます。そして、学力を蓄えられたか否かは、その子どもの将来へとつながっていくのです。

こうした現状を受けて、日本語指導が必要な児童・生徒に対して、国もさまざまな支援施策を打ち出しています。特に学校や教師に直接関わるものとしては、日本語指導充実のための教員配置、日本語指導法などの実践的な研修実施、「特別の教育課程」の編成・実施、「JSLカリキュラム*」の開発、『外国人児童生徒受入れの手引き』の作成、さまざまな情報発信などがあります。

担任するクラスに日本語指導が必要な子どもがいる場合、教師として考えなければいけないことは、まず、その子どもの居場所をつくることです。そのためには、その子どものことをよく知ったうえで、クラスメイトとの橋渡しや人間関係をつくるための支援をすることが求められます。同時に、クラスの子どもにも、その子どもの文化的背景や配慮のしかたなどを伝えておくことも必要です。何よりも、多様性を認めたうえで、お互いを尊重し、受容するというクラスをつくることが大切です。そしてこれは、日本で生まれ育った子どもたちにとっても大きなプラスをもたらします。

図表13-3　公立学校における日本語指導が必要な児童・生徒数（外国籍・日本国籍）の推移

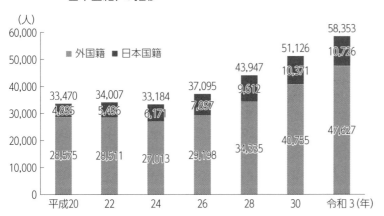

文部科学省「日本語指導が必要な児童生徒の受入状況等に関する調査（令和3年度）」2022年をもとに作成

図表13-4　日本語指導が必要な児童生徒の母語と使用言語

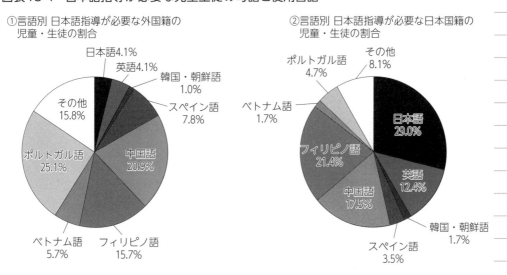

①言語別 日本語指導が必要な外国籍の児童・生徒の割合

②言語別 日本語指導が必要な日本国籍の児童・生徒の割合

文部科学省「日本語指導が必要な児童生徒の受入状況等に関する調査（令和3年度）」2022年をもとに作成

　また、校内外との連携が必要です。特に家庭との連携においては、保護者も日本語や日本の教育システムに不慣れな場合が多いので、関係づくりから始め、わかりやすく説明していかなければなりません。時には、保護者同士をつなぐ役割を担うこともあるでしょう。

4　"子どもの問題"のとらえ方

　子どもに何か"問題"が生じたとき、よくいわれるのが「親のしつけが悪いのではないか」ということです。もちろん、子ども本人にも責めはありますが、その子どもを育てたのは誰かということで、世の人は親や家庭の責任を問うのです。ですが、子どもの問題に対しては、親子関係や親のしつけに原因を求めてそれを解消しようとしても、うまくいかない場合も

保護者が日本語が上手でない場合は、子どもがヤングケアラーになっているかもしれないことにも留意しましょう。

あります。

　たとえば、家出を繰り返し、家にいるときでも頻繁に深夜外出をするような子どもがいるとします。子どもに理由を尋ねると、「お母さんがなんかウザい、家にいるのが嫌だ」と答えたとしましょう。そこで、母親が原因であるとして、子どもへの対応の改善を促す——しかし、これで問題は解決するのでしょうか。

　もしかしたら母親は、夫である父親に対して不満をもっていて、その父親も妻である母親に不満をもち、夫婦関係がうまくいっていないことが、子どもの家出として現れているのかもしれません。だとすれば、夫婦関係の改善が、子どもの問題の解決につながることになります。

　こうなってくると、さすがに教師の手には余るでしょう。ですが、こうした問題のとらえ方、すなわち、家族をシステムとして考えるという見方もあるということは知っておく必要があります（→第2講及び第10講）。

2　保護者への対応

1　保護者との関係のつくり方

　親と学校との間に信頼関係があるときには、子どもによい結果が生まれます。何か“問題”が起こったときにも、日頃からよい関係が築けていれば、保護者は「先生に相談してみよう」「あの先生のいうことなら」となり、スムーズな解決につながるでしょう。ここではまず、保護者との良好な関係を築くための考え方や方法についてみていきます。

① 情報を伝える

　保護者は、学校でどのようなことが行われているのか、直接知ることはできません。教師側から情報を伝えることが大切です。伝える過程で、自分の人となりを知ってもらうことにもなります。さまざまな機会を通して情報を発信しましょう。

　保護者全体に対しては、授業参観・クラス懇談会・学級通信・学年通信・学校行事などを通して、学校や教師の考えや子どもの学校でのようすをみてもらうことができます。また学校行事は、地域の方にも学校を知っても

らい、協力関係を結ぶよい機会にもなります。

　個人に対する場としては、家庭訪問や個別面談があります。どちらも教師と保護者とがじっくり話すことのできる機会です。教師から発信するだけではなく、保護者から子どもについての心配や子育ての悩みなどを聞ける貴重な場です。子どもも交えた三者面談でしたら、保護者と子どものやりとりから、その関係がうかがえることもあります。

　教師と保護者とをつなぐ連絡手段としては、連絡帳・電話・手紙・メール・SNSなどがあります。それらを使うときに留意しておくべきことを以下に述べます。

　連絡帳は、子どもを介してやりとりするものですから、子どもが読むことを前提として書くことが必要です。

　電話は、最も迅速に連絡できます。保護者からの欠席連絡にもよく使われます。そのときにはひと言、子どもを気遣う言葉をかけましょう。逆に学校から電話がかかってきたとき、保護者は「子どもに何かあったのか」あるいは「子どもが何かやってしまったか」とどきっとするものです。言葉遣いや話し方に十分注意し、事情が正確に伝わるようにしましょう。また、学校を休みがちな子どもにときどき電話をするのは、「あなたのことを忘れていませんよ、気にかけていますよ」というメッセージになる場合もあります。

　より重要な内容の場合は、手紙になることが多いようです。保護者から教師に手紙を書くのは、子どもに関する相談や、教師や学校に対する意見・苦情など、子どもの目に触れさせたくないことについて教師に伝えたいときです。

　メールは、とても手軽な連絡手段です。クラス全体に連絡するのに、連絡網に代わってメーリングリストなどが用いられることも多くなりました。電話と異なり、相手の状況によらず連絡することが可能ですが、逆に、届いたメッセージをすぐに読める人ばかりではないということには留意が必要です。また当然のことですが、ネットマナーを守らなければなりません。たとえば、クラス全体にメールで連絡する際には、宛先・CC・BCC欄をよく確認しましょう。

　SNSは、近年急速に普及してきました。みなさんも日常的に使っているのではないでしょうか。メール以上に手軽ですし、一度に多くの人とやりとりできる点も魅力です。学級経営に活かそうと考えるかもしれません。ですが、現段階では慎重に扱ったほうがよいでしょう。インターネット上に情報が公開されるわけですから、思わぬ形で"拡散"する危険性があります。一度インターネット上にあがった情報は、半永久的に消えることはありません。将来、子どもや家庭、学校の不利益につながるおそれもあります（当然、教師自身が不利益を被ることもあります）。一方で、学校用の新しいサービスも次々と生まれてきています。

　どの連絡手段にもメリット・デメリットがあります。状況や保護者に合った適切な方法を選ぶようにしましょう。

② 子どもとの関係を築く

保護者は、学校での日常を直接知ることができません。そのため、学校や教師が情報を発信していくことが必要だと述べました。しかし保護者は、それとはまったく別のルートで教師や学校のことを知り、教師や学校の評価をします。

そのルートの最大で最重要なものは、"子どもを通して"です。子どもは家庭で、今日の出来事をいろいろ話します。友達のこと、授業のこと、部活動のことなど。そうした際に、教師や学校に対する感想も口にします。「○○先生はいい先生だ」「△△先生はちょっと……」などです。保護者は、こうした子どもの評価をそのまま受け取ります。ネガティブな評価に対してはたしなめたりしつつも、それがそのまま教師の評価、つまり信頼・不信へとつながります。

もう一つ、保護者間のネットワークもあります。保護者は、子ども同士の関係を通したネットワークをつくっていることがあり、そのなかの誰かが、そのうちの子どもの発言を通して「□□先生って……」と口にすると、□□先生とは直接関係していない児童・生徒の保護者にも、その□□先生の評判が伝わります。

こうしてみてくると、保護者との間で良好な関係を築くためにも、日頃から児童・生徒に真摯（しんし）に向き合い、子どもとの間にしっかりとした信頼関係を結んでおくことが大切です。

2 保護者との面談

上述のように、保護者との個別面談は、子どもについての情報を共有し、ともに"問題"を解決していくための相談ができる貴重な場です。うまくいけば問題解決に近づきますが、そうでなければ、問題をこじらせてしまうことにもなります。

① 問題を伝える場合

保護者に対して、学校生活のなかでの子どもの気になることを伝え、家庭でも改善に向けての協力をお願いするときがあります。そうした場合、どのように伝えるのがよいでしょうか。

保護者に子どもの問題を伝えるときに大切なのは、①子どもを褒める、②保護者を責めない・悪者にしない、③指導しない、の3点です。

・子どもを褒める

どんな子どもにもよいところがあります。保護者が気づいていないよいところもあるでしょう。まず、そうした子どものよいところを伝えます。それから、"問題"となっていることを話すのです。そうして最後にもう一度褒めます。一般に、ネガティブなことを伝える場合、その前後にポジティブなことを話してネガティブな話題を挟むとよいといわれています。

・保護者を責めない・悪者にしない

子どもの問題を指摘すると、多くの保護者は自分が責められているように感じます。おそらく「子どものことは親の責任」という社会通念からくるものでしょう。もしかしたら、教師側にも「保護者が悪い」と非難した

褒められるのはうれしいものですね。

い気持ちがあるのかもしれません。ですが、保護者にそのように思わせてしまうのは逆効果です。「私は悪くない！」という反発の気持ちがわいてくると、教師の話をそのまま受け入れることができず、教師や学校に怒りの矛先が向かったり、開き直ったり、場合によっては子どもに当たることも起こり得ます。そうならないためには、子どもを褒めるとともに、その子どもを育てた保護者の思いをくみ、「いっしょに子どもを育てていきましょう」という姿勢をとることが大切です。

・指導しない

先ほど「一緒に子どもを育てる」姿勢が大切だと述べました。つまり、保護者は子どもを支える「チーム」の一員なのです。チームメイトならば対等な関係です。助言をすることはあっても、教える・指導することにはなりません。教師はついつい"教えたがり"になってしまいますが、保護者に対して謙虚な気持ちをもちましょう。

「あなたのせいで、私が先生に怒られた」などと、保護者への言葉が子どもへのダメージになってしまうことは避けたいものです。

ディスカッションしてみよう！

Ａさんは、とても活発な生徒です。友達も多く、クラスの中心にいます。部活動もがんばっています。ですが、成績は思わしくありません。複数の教科担任に聞くと、テストの点数はよいのですが、授業態度があまりまじめではなく、さらに宿題や提出物を忘れることがよくあり、よい成績がつけられないとのことです。今度の二者面談で、保護者にこのことを伝えたいと思っています。あなたなら、どのように伝えますか？

たとえば・・・✏

② 保護者の話を聞く場合

保護者から相談や苦情を受けた場合、上記の３点に加えて、①話を聞いて受け入れる、②共感する、③線引きをする、ことが必要です。

・話を聞いて受け入れる

まずは教師に話してくれること、アクションを起こしてくれたことに感謝します。そして保護者の話をじっくりと聴きます。途中で「でも……」「それは……」と反論や説明をしたくなっても、抑えて最後まで話を聴きます。そのうえで、保護者の話を受け入れます。第２講・第３講で学んだ傾聴と受容です。

・共感する

保護者の話に対して、明らかに保護者に非があったり理不尽な要求だったり、あるいは「大したことではない」と感じてしまったりした場合、相

191

手に共感するのは難しいかもしれません。ですが、そういうときこそ、相手の立場に立って考えてみることが必要です。そのためには、保護者やその家族が置かれている状況を知ることも重要でしょう。背景を知ることによって、相談や苦情の奥にある保護者の悩みやSOS、あるいは怒りが理解できる場合もあります。一緒に考える第一歩です。

・線引きをする

　保護者に対して受容と共感の姿勢で接すると、今度は、保護者に"肩入れ"したくなるかもしれません。ですが、保護者の話はあくまでも保護者からみたものです。子どもの主張や、場合によっては他の家族、地域の人からも話を聞き、客観的な理解に努めることが必要です。無理難題についても、管理職等も交えて、できないことはできないと理解を求めていかなければなりません。

3　特に"困っている"保護者への支援

　"問題"に対処する際には、チームで当たるのが基本です（→第10講）。これは、教師の負担を軽くする（→第15講）と同時に、保護者に対しても安心感を与えます。特に"困っている"保護者に対しては、校内だけではなく校外の専門機関と連携することも必要です（→第10講）。

　"問題"の背景に、虐待やDV、経済的困窮など、家庭の問題が存在している場合があります。また、病気が隠れていることもあります。こうした場合、教師ができることは限られます。「手を出せない」というよりも「手を出さないほうがよい」ケースもあります。教師の役割は、専門機関や、時には地域とつなげ、子どもや保護者のフォローをすることです。もちろん、そのフォローの方法は、専門機関と相談のうえになりますが、「見捨てられた」「面倒がられた」といった感情を子どもや保護者に抱かせないようにすることが大切です。

　以上、家庭との連携についてみてきました。一番根底にあるのは、（ほとんどの）保護者は子どもを愛し、子どもの幸せとよりよい成長を願っているということです。この点において、教師と保護者は同志です。願いをどのように表すかという表現のしかたで食い違うこともあるかもしれませんが、「子どものために」という目標のもと、共に考えていけるはずです。

ただし、「すべての保護者が子どもを愛している」という前提は、時には保護者自身や子どもに対する誤った支援になりかねないことにも留意しましょう。

児童の権利に関する条約と
こども基本法

　本文中でもふれましたが、児童の権利に関する条約は、1989年の第44回国連総会で採択され、1990年に発効し、日本では1994（平成6）年に批准・発効しました。この条約の基本的な考え方は、次の4つの原則に表されています。すなわち、①差別の禁止（差別のないこと）、②子どもの最善の利益（子どもにとって最もよいこと）、③生命、生存及び発達に対する権利（命を守られ成長できること）、④子どもの意見の尊重（意見を表明し参加できること）です。この原則をもとに、各条文でさまざまな子どもの権利が定められていますが、それらは大きく、①生きる権利、②育つ権利、③守られる権利、④参加する権利にまとめることができます。

　しかしながら、日本ではあまり知られているとはいえません。2019年に行われた中学生を除く15歳～80代を対象とした調査（セーブ・ザ・チルドレン・ジャパン、2019）では、子どもの31.5％、大人の42.9％が「聞いたことがない」と回答しています。また、普段子どもの権利が「尊重されている」と答えた子どもは18.7％、子どもの権利を「尊重している」と答えた大人は31.0％と、子どもの権利尊重に関する認識には、子どもと大人の間でギャップがあることがみて取れます。

　日本には、子どもに関わるさまざまな法律がありますが、子どもの権利に関する総合的な法律はありませんでした。子どもをめぐる問題を抜本的に解決し、教育、保健、医療、福祉等の諸分野において子どもの権利を守り、そのための施策を幅広く整合性をもって実施するためには、子どもの権利に関する国の基本方針等が定められる必要があります。そこで「こども基本法」が2022（令和4）年に成立し、2023（令和5）年に施行されました。この法律の目的は、こども家庭庁によると「日本国憲法および児童の権利に関する条約の精神にのっとり、全てのこどもが、将来にわたって幸福な生活を送ることができる社会の実現を目指し、こども政策を総合的に推進すること」です。また、こども施策の基本理念のほか、こども大綱の策定やこども等の意見の反映などについても定められています。基本理念は次の6つです。

① 　すべてのこどもは大切にされ、基本的な人権が守られ、差別されないこと。
② 　すべてのこどもは、大事に育てられ、生活が守られ、愛され、保護される権利が守られ、平等に教育を受けられること。
③ 　年齢や発達の程度により、自分に直接関係することに意見を言えたり、社会のさまざまな活動に参加できること。
④ 　すべてのこどもは年齢や発達の程度に応じて、意見が尊重され、こどもの今とこれからにとって最もよいことが優先して考えられること。
⑤ 　子育ては家庭を基本としながら、そのサポートが十分に行われ、家庭で育つことが難しいこどもも、家庭と同様の環境が確保されること。
⑥ 　家庭や子育てに夢を持ち、喜びを感じられる社会をつくること。

（大分県　2022年）

①次の文章は、「子どもの貧困対策の推進に関する法律」の第1条である。文中の（A）〜（C）に入る語句の正しい組合せを、下の1〜5のうちから一つ選べ。

　この法律は、子どもの現在及び将来がその（A）によって左右されることのないよう、全ての子どもが心身ともに健やかに育成され、及びその（B）が保障され、子ども一人一人が夢や希望を持つことができるようにするため、子どもの貧困の解消に向けて、（C）の精神にのっとり、子どもの貧困対策に関し、基本理念を定め、国等の責務を明らかにし、及び子どもの貧困対策の基本となる事項を定めることにより、子どもの貧困対策を総合的に推進することを目的とする。

	A	B	C
1	保護者の経済状態	教育を受ける権利	教育基本法
2	保護者の経済状態	教育の機会均等	児童の権利に関する条約
3	生まれ育った環境	教育を受ける権利	教育基本法
4	生まれ育った環境	教育を受ける権利	児童の権利に関する条約
5	生まれ育った環境	教育の機会均等	児童の権利に関する条約

（群馬県　2022年）

②「ヤングケアラー」についての説明として、最も適切なものはどれか。

1　親や同居家族が子どもの世話を放棄したり、暴力や嫌がらせをしたりするなど、家庭の養育に問題があるため、支援が必要な18歳未満の子どものこと。

2　性同一性障害や性的指向・性自認の観点から、支援や配慮を要する18歳未満の子どものこと。

3　本来、大人が担うような家族の介護や世話をすることで、自らの育ちや教育に影響を及ぼしている18歳未満の子どものこと。

4　高等学校を中途退学した者で、中途退学後、自立に向けた支援が必要な18歳未満の子どものこと。

5　無気力や学校生活・学業不適応などの理由により、引きこもり状態にある18歳未満の子どものこと。

ノートテイキングページ

家庭との連携の必要性、保護者と関わる際のポイントについてまとめてみましょう。

キャリア教育と進路相談

理解のポイント

キャリア教育は、キャリア発達を支援し、児童・生徒一人ひとりにふさわしいキャリアを形成するための教育です。そして、小・中・高を通して継続的、体系的に行われる教育です。本講では、キャリア教育について歴史的背景から、推進のポイント、育成されるべき能力を理解し、キャリア・カウンセリングや進路相談を効果的に行うためにはどうしたらよいか考えていきましょう。

1 キャリア教育

1 キャリア教育とは

「キャリア教育」とは、「一人一人の社会的・職業的自立に向け、必要な基盤となる能力や態度を育てることを通して、キャリア発達*を促す教育」と定義されています（文部科学省、2011）。

児童・生徒は学校を卒業したあと、みずから判断し、自立し、自分の人生を生きていかなくてはなりません。しかしながら、自立し生きていくことは急にできるようになるものではなく、準備が必要です。そのため、学校にいる間から、児童・生徒が自分の思いや自分の置かれている環境などをみつめ、みずからの生き方を考える経験をしておくことはとても重要になってきます。

キャリアは、「職業に関する経歴」という意味合いで用いられることが多いのですが、じつはキャリアという概念は、職業に関連したものだけを指すものではありません。また、キャリアという言葉は、過去・現在・未来という時間の連続性をも意味し、キャリアを強調することは、現在を、過去との関連から、また同時に未来との関連から位置づけ、意味づけるものとなります。また、キャリア教育は、児童・生徒のキャリア発達に沿った系統性、すなわちキャリア発達の段階に応じた計画的・継続的なカリキュラム・プログラムを展開することが重要となります。さらに、児童・生徒一人ひとりに対する個別の支援として適切なコミュニケーションによるキャリア発達の支援を行ううえで、キャリア・カウンセリングの支援が重視されます。

そして、「キャリア発達には、児童生徒が行うすべての学習活動等が影響するため、キャリア教育は、学校のすべての教育活動を通して推進されなければならない」（文部科学省、2004）として、図表14-1のように示

キャリア教育とは、キャリア発達を促す教育なのですね。

重要語句

キャリア発達

→社会のなかで自分の役割を果たしながら、自分らしい生き方を実現していく過程。

図表14-1　各教科等とキャリア教育

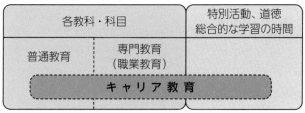

各教科・科目		特別活動、道徳 総合的な学習の時間
普通教育	専門教育 （職業教育）	
キ ャ リ ア 教 育		

文部科学省「キャリア教育の推進に関する総合的調査研究協力者会議報告書」2004年をもとに作成

されています。つまり、学校内外で行われるすべての学習がキャリア教育につながっていると認識することが重要なのです。

2　キャリア教育と進路指導

進路指導という言葉は今でもよく用いられていますが、進路指導とキャリア教育との間にはどのような関係があるのでしょうか。

キャリアは、子ども・若者が生きていくなかで段階を追って発達していくものであり、社会的・職業的自立に必要な基盤となる能力を育てていくことが必要です。そのため、幼児期の教育や義務教育の段階からキャリア教育に取り組んでいきます。

一方、進路指導は、「生徒の一人ひとりが、自分の将来の生き方への関心を深め、自分の能力・適性等の発見と開発に努め、進路の世界への知見を広くかつ深いものとし、やがて自分の将来への展望を持ち、進路の選択・計画をし、卒業後の生活によりよく適応し、社会的・職業的自己実現を達成していくことに必要な、生徒の自己指導能力の伸長を目指す、教師の計画的、組織的、継続的な指導・援助の過程」（文部省、1983）と定義されています。

進路指導は、「学習指導要領」上、中学校・高等学校に限定された教育活動です。就学前の幼稚園や保育所、小学校、あるいは大学や短期大学などの高等教育機関などにおいては、「進路指導」と呼ばれる活動は正規に設けられていません。キャリア教育と進路指導の関係は、図表14-2のようになります。

また、キャリア教育には、「キャリア発達を促す指導と進路決定のための指導とを、一連の流れとして系統的に調和をとって展開すること」（文部科学省、2004）が求められています。さらに将来、社会人・職業人として自立し、時代の変化にも力強くかつ柔軟に対応していけるよう、規範

進路指導って主体的な進路選択能力や態度を育成することなのですね。

図表14-2　キャリア教育と進路指導との関係

━━━━━━ キャリア教育 ━━━━━━

就学前 教育	初等中等教育			継続教育・ 高等教育
	小学校	中学校	高等学校	

━━ 進路指導 ━━

文部科学省『中学校キャリア教育の手引き』2011年をもとに作成

意識やコミュニケーション能力など、幅広い能力の形成を支援することがめざされています。

　一方、進路指導の定義に立つ限り、進路指導の概念とキャリア教育の概念との間に大きな差はなく、キャリア教育の中核をなすものであるといえるものの、これまでの進路指導では、キャリア発達を支援するというキャリア教育の視点が不十分でした。

　これまでの進路指導の取り組みは、進路指導の理念に反して、本来あるべき姿で展開されてきたとはいいがたく、「進路決定の指導」に重点が置かれ、入学試験・就職試験に合格させるための支援や指導に終始し、生徒の適性や進路と職業・職種との適合を主眼とした進路指導・就職指導を中心に行われていました。

　そのため、本来の理念とは反する理解も根を下ろしてしまいました。理念からかけ離れた「進路指導」とキャリア教育の混同は回避しなくてはなりません。そこで、中学校・高等学校の関係者はもちろん、就学前教育や初等教育、高等教育の関係者のみならず、社会一般に広く用いられる用語としての定着を期待されて「キャリア教育」は登場しました。

　キャリア教育という用語の普及・浸透と同時に、理念とかけ離れた「進路指導」の理解の蔓延をいかに防ぐかが問われています。そのためにも、各学校において、キャリア教育の正しい理解にもとづいた活発な実践が期待されています。

3　キャリア発達とは

　キャリア教育の定義のなかに「キャリア発達」という言葉があります。また、発達的視点をもつキャリアを整理した理論をキャリア発達理論と呼びます。キャリア発達理論は、進路の選択や人生を形成する過程を明らかにしようとする理論です。現代では、小学校からのキャリア教育が提言されていますが、これは発達的視点をもってキャリアをとらえ、適切な時期に適切な支援を行う必要性を示したものです。図表14-3に、小学校・中学校・高等学校におけるキャリア発達を示しました。

図表14-3　小学校・中学校・高等学校におけるキャリア発達

	小学校	中学校	高等学校	
	〈 キ ャ リ ア 発 達 段 階 〉			大学・専門学校・社会人
就学前	進路の探索・選択にかかる基盤形成の時期	現実的探索と暫定的選択の時期	現実的探索・試行と社会的移行準備の時期	
	・自己及び他者への積極的関心の形成・発展 ・身のまわりの仕事や環境への関心・意欲の向上 ・夢や希望、憧れる自己イメージの獲得 ・勤労を重んじ目標に向かって努力する態度の形成	・肯定的自己理解と自己有用感の獲得 ・興味・関心等にもとづく職業観・勤労観の形成 ・進路計画の立案と暫定的選択 ・生き方や進路に関する現実的探索	・自己理解の深化と自己受容 ・選択基準としての職業観・勤労観の確立 ・将来設計の立案と社会的移行の準備 ・進路の現実吟味と試行的参加	

国立教育政策研究所生徒指導研究センター（2002）をもとに作成

4 キャリア教育で育成されるべき能力

文部科学省中央教育審議会「今後の学校におけるキャリア教育・職業教育の在り方について（答申）」（2011年）では、社会的・職業的自立、学校から社会・職業への円滑な移行に必要な力として、「生きる力」や「学士力」が含まれると考えました。

その要素としては、(1)基礎的・基本的な知識・技能、(2)基礎的・汎用的能力、(3)論理的思考力、創造力、(4)意欲・態度及び価値観、(5)専門的な知識・技能、から構成されています。図表14-4は、その要素を表したものです。

図表14-4 「社会的・職業的自立、社会・職業への円滑な移行に必要な力」の要素

専門的な知識・技能							
勤労観・職業観等の価値観	意欲・態度	創造力	論理的思考力	社会形成能力・人間関係形成・	自己理解・自己管理能力	課題対応能力	キャリアプランニング能力
基礎的・基本的な知識・技能							

（基礎的・汎用的能力 は 社会形成能力・人間関係形成・、自己理解・自己管理能力、課題対応能力、キャリアプランニング能力 を含む）

文部科学省 中央教育審議会「今後の学校におけるキャリア教育・職業教育の在り方について（答申）」2011年をもとに作成

そして基礎的・汎用的能力を具体的に育成する内容は、以下の通りです。

① 人間関係形成・社会形成能力
・さまざまな立場や考えの相手に対して、その意見を聴き理解しようとすること
・相手が理解しやすいように、自分の考えや気持ちを整理して伝えること
・自分の果たすべき役割や分担を考え、周囲の人と力を合わせて行動しようとすること

② 自己理解・自己管理能力
・自分の興味や関心、長所や短所などについて把握し、自分らしさを発揮すること
・喜怒哀楽の感情に流されず、自分の行動を適切に律して取り組もうとすること
・不得意なことや苦手なことでも、自分の成長のために進んで取り組むこと

③ 課題対応能力
・調べたいことがあるとき、みずから進んで資料や情報を集め、必要な情報を取捨選択すること
・起こった問題の原因、解決すべき課題はどこにあり、どう解決するのかを工夫すること
・活動や学習を進める際、適切な計画を立てて進めたり、評価や改善を加えて実行したりすること

キャリア教育で育成されるべき能力っていろいろあるのですね。

④ キャリアプランニング能力
・学ぶことや働くことの意義について理解し、学校での学習と自分の将来をつなげて考えること
・自分の将来について具体的な目標を立て、現実を考えながらその実現のための方法を考えること
・自分の将来の目標の実現に向かって具体的に行動したり、その方法を工夫・改善したりすること

5 キャリア教育の推進のポイントと実践

　文部科学省中央教育審議会「今後の学校におけるキャリア教育・職業教育の在り方について（答申）」（2011年）では、各学校段階でのキャリア教育の推進のポイントが述べられています。ここでは、キャリア教育の推進のポイントと各学校でのキャリア教育の実践例、意義及び指導上の留意点（文部科学省国立教育政策研究所生徒指導・進路指導研究センター、2016）について述べてみます。

① 小学校でのキャリア教育推進のポイントと実践

〈推進のポイント〉
　小学校においては、社会生活のなかでの自らの役割や、働くこと、夢をもつことの大切さの理解、興味・関心の幅の拡大、自己及び他者への積極的関心の形成等、社会性、自主性・自立性、関心・意欲等を養うことが重要である。

〈実践〉
実践例：小学校での「2分の1成人式」（自分の成長を実感させ、未来を思い描けるように促す）
意義：「2分の1成人式」は、生きることのすばらしさや自身の成長に気づく絶好の機会です。この気づきを将来の目標につなぐという視点から、自分の可能性や理想の未来を思い描くよう促します。
指導上の留意点：無理に夢をもたせることを目的とするのではなく、どんな大人になりたいかという目標をもたせることを大切にします。その際に、今までの成長を実感する手がかりを与え、共感しながら「児童の思い」を引きだし、言葉や文章にする支援を積極的に行います。

② 中学校でのキャリア教育推進のポイントと実践

〈推進のポイント〉
　中学校においては、社会における自らの役割や将来の生き方・働き方等についてしっかりと考えさせるとともに、目標を立てて計画的に取り組む態度を、経験を通じてその重要性について理解を深めさせつつ育成し、進路の選択・決定へと導くことが重要である。また、長期

小・中・高の各段階における推進のポイントがあるのですね。

的展望に立った人間形成を目指す教育活動である進路指導についても、中学校の段階から、生徒一人ひとりの将来を十分見据えたものとしていくことが必要である。

〈実践〉

実践例：職場体験活動（生徒に不安を乗り越えさせ、新たな学びを促す）

意義：日々の学習の意義を感じさせる場として、職場体験は有効です。しかし、中学生だからこそ、新たな学習に不安を感じたり、想像との違いを感じたりする生徒もでてきます。生徒の不安や疑問を受け止め、新たな学習に取り組めるように促します。

指導上の留意点：生徒が未経験の事柄に直面したときに、どのような点で不安を覚えるのかはさまざまです。職場体験の直前で、具体的な検討に入ったときに、受容・共感、提案などの複数の対応方法を、生徒の能力や適性、状況を見極めて使い分け、働きかけることが重要です。

③ 高等学校でのキャリア教育推進のポイントと実践

〈推進のポイント〉

後期中等教育においては、生涯にわたる多様なキャリア形成に共通して必要な能力や態度の育成と、これらの育成を通じた勤労観・職業観等の価値観の自らの形成・確立を目標として設定することが重要である。そのためにも、学科や卒業後の進路を問わず、社会・職業の現実的理解を深めることや、自分が将来どのように社会に参画していくかを考える教育活動等に重点を置く必要がある。

〈実践〉

実践例：インターンシップ（今の学びと将来とのつながりに気づくように促す）

意義：中学校のときよりも社会への移行が近づいている高等学校で行うインターンシップは、体験に深まりをもたせる工夫がより求められます。生徒が一つひとつの体験の間に関連性を実感でき、将来にもつながっている活動となるようにデザインします。

指導上の留意点：「目標」⇒「活動」⇒「振り返り」⇒「継続性」を常に意識して指導することが大切です。この一連の流れをいろいろな行事のなかで行うことで、生徒のなかに今の学びを自然と将来につなげる姿勢を育むことができるようにします。

2 キャリア・パスポート

1 キャリア・パスポートとは

　「学習指導要領」（平成29年・30年告示）においてキャリア教育の要とされた「特別活動」の一つである学級活動（ホームルーム活動）のなかで、「一人一人のキャリア形成と自己実現を育む指導を行うに当たっては、小学校、中学校、高等学校を通じて、学んだことを振り返りながら、新たな学習や生活への意欲につなげたり、将来の生き方を考えたりする活動を行うこと」とされています。その際に、児童・生徒が活動を記録し蓄積する教材等を活用することとされました。いわゆる「キャリア・パスポート」の活用が示されました。そして、2020年4月より全国の小学校、中学校、高等学校でキャリア・パスポートが活用されています。

　キャリア・パスポートとは、児童・生徒が、小学校から高等学校までのキャリア教育に関わる諸活動について、自らの学習状況やキャリア形成を見通したり振り返ったりして、自身の変容や成長の自己評価を行うとともに、主体的に学びに向かう力を育み、自己実現ができるように工夫されたポートフォリオのことです。なお、その記述や自己評価の指導にあたっては、教師が対話的に関わり、児童・生徒一人ひとりの目標修正などの改善を支援し、個性を伸ばす指導へとつなげられるものでなければなりません。

　文部科学省国立教育政策研究所生徒指導・進路指導研究センター（2023）で長田徹氏は、「特別活動」でキャリア・パスポートをもとに、自己理解および児童・生徒理解を深めていくことを重視していることを紹介しており、さらに、キャリア・パスポートの活用について、キャリア・パスポートの記録を活用したキャリア・カウンセリングや進路相談はもちろん、学級活動・ホームルーム活動における活用で自己評価や相互評価へ導くことを求めていることについて解説しています。

「キャリア・パスポート」って小学校から高等学校まで使われるのですね。

「未来設計図」を描いてみよう！

　児童・生徒に実施する前に、教職課程の学生であるみなさん自身で体験してみましょう。まず、ノートの各行に「20代の私、30代の私、40代の私……」と項目を書いて、それぞれ「やってみたいこと」「想像すること」を具体的にたくさん書きだしてみましょう。（もちろん、「壮大な夢」でもいいですよ！）

　書き終わったら、グループをつくりお互いに読み合ってみましょう。きっと、「もっと知りたい」という話がでてくると思います。ここから、将来を前向きに語ることのすばらしさが実感できるでしょう。

2 キャリア・パスポートの実際

　文部科学省は、2019（平成31）年に「『キャリア・パスポート』の例示資料」を示しています。例示資料には、小学校、中学校、高等学校の児童・生徒用と、指導者用があります。これらは、例示資料であり、各地域・各学校で柔軟にカスタマイズすることを前提としています。また、名称においても各地域・各学校の実態に応じ、柔軟に作成することができます。

　みなさんが学校に赴任されたときには、各学校において「キャリア・パスポート」がありますので、まずは、それを確認してください。

　各学校によって「キャリア・パスポート」はカスタマイズされている可能性がありますが、最低限、以下の7つの内容が含まれています。

(1) 児童・生徒自らが記録し、学期、学年、入学から卒業までの学習を見通し、振り返るとともに、将来への展望を図ることができるものとする。
(2) 学校生活全体および家庭、地域における学びを含む内容とする。
(3) 学年、校種を越えて持ち上がることができるものとする。
(4) 大人（家族や教師、地域住民等）が対話的に関わることができるものとする。
(5) 詳しい説明がなくても児童・生徒が記述できるものとする。
(6) 学級活動・ホームルーム活動で「キャリア・サポート」を取り扱う場合にはその内容および実施時間数にふさわしいものとする。
(7) カスタマイズする際には、保護者や地域などの多様な意見も参考にする。

　そして、「キャリア・パスポート」を意義あるものにするためには、児童・生徒と教師が「キャリア・パスポート」を有益なものとしてお互いに認識することが必要です。そのためには、まずは教師が「キャリア・パスポート」の意義についてしっかりと理解し、児童・生徒に対して何のために「キャリア・パスポート」を作成するのかについてしっかり理解させることが大切です。

3 進路相談

1 キャリア・カウンセリング

　キャリア教育が最終的に個のキャリア発達をめざすことを踏まえれば、個別のキャリア発達の支援としてのキャリア・カウンセリングがますます重要になります。では、キャリア・カウンセリングとはどういうものでしょうか。

　キャリア・カウンセリングとは、「各個人のライフキャリアの発達を支援する活動」です。ライフキャリアとは、人には誕生から死まで一生涯にわたって果たすべきさまざまなライフロール（役割）が存在し（具体的には、(1)子ども、(2)学生、(3)職業人、(4)配偶者、(5)家庭人、(6)親、(7)市民など）、キャリアは人生のある年齢や場面のさまざまな役割の組み合わせであり、人生全般にわたり、社会や家庭でさまざまな役割の経験を積み重ね

プラスワン
キャリア・パスポートについては、本文の通り、「未来をえがく・キャリアノート（大分県）」など、地域や学校によって名称が異なっていたり、中身が工夫されているものも多くある。

プラスワン
職場見学、職業体験学習やインターンシップ、職業人講話などは、キャリア自己効力感理論が根拠になっている。

てはじめて、自身のキャリアが形成されるという考え方です（→p.207「ライフキャリアの虹」参照）。

キャリア・カウンセリングは、独自の生活様式をもったかけがえのない人間として、ライフキャリアを実現していく過程を支援することです。

特に、学校におけるキャリア・カウンセリングは、発達過程にある一人ひとりの児童・生徒が、個人差や特徴を活かして、学校生活におけるさまざまな体験を前向きに受け止め、日々の生活で遭遇する問題を積極的・建設的に解決することを通して、問題対処の力や態度を発達させ、自立的に生きていけるように支援することをめざしています。これは、キャリア教育の目標と同じですが、キャリア・カウンセリングは、「対話」、つまり、教師と児童・生徒との直接の言語的なコミュニケーションを手段とすることが特徴です。

継続的な相談関係を伴わないキャリア支援として、キャリア介入があります。キャリア介入とは、学校などで行うキャリア・ガイダンスの授業や、個人用キャリア探索ツールによる学習活動などで、キャリア・カウンセリングとは別に分類されています。

2　中途退学防止

高校における中途退学者の数は年々減少傾向にありますが、大きな教育課題です。「生徒指導提要（令和４年改訂版）」では、「中途退学には積極的な進路変更など前向きな理由によるものもありますが、一方で、生活、学業、進路に関する複合した問題の結果として中途退学に至ることもあります。中途退学を余儀なくされる状態を未然に防ぐためには、生徒指導、キャリア教育・進路指導が連携し、小・中学校の段階も含め、生活、学業、進路のそれぞれの側面から社会的・職業的自立に向けて必要な基盤となる資質・能力を身に付けるように働きかけることが大切です。また、高校入学後の早い時期から、中学校から引き継いだ『キャリア・パスポート』などを活用して、教職員全体で情報を共有し、きめ細かな指導を行うことが必要です。特に、学業不振による中途退学を未然に防ぐためには、普段の教科指導に加え、就業体験活動などを通じて、労働への適切な理解をもたらすことも重要です」と述べられ、生徒指導、キャリア教育、進路指導の連携の必要性を指摘しています。特に、社会的・職業的自立に向けて必要な基盤となる資質・能力を身につけるために、「キャリア・パスポート」の活用など、キャリア教育の充実の必要性が示されています。中途退学は複合的な要因によって引き起こされ、中途退学防止には、要因ごとに対策が必要です。ここでは、中途退学防止をキャリア教育の面から考えることにします。

「生徒指導提要（令和４年改訂版）」では、キャリア教育（進路指導）における未然防止機能として「高校時におけるキャリア教育（進路指導）の目的は、主体的な進路の選択・決定により、新たな進路に円滑に移行する力を身に付けることです。また、学校生活から職業生活への長いスパンの中で培われるキャリア形成も目的に含まれています」と述べられ、「働

中途退学防止に「キャリア・パスポート」が活用されるのですね。

くことへの『見方・考え方』の育成は、慎重に行う必要があります。働くことを安易に捉えて、学校の学びは仕事には役に立たないという誤った考えを持ち、躊躇なく中途退学してしまうことがあるからです。働くことと学ぶことが密接に結びついていることについての理解を、教科指導や就業体験活動（インターンシップ）などの機会を通じて、適切に促すことが必要です」と指摘しています。

また、「これまでに生徒がどのようなキャリア形成をしてきたか知る上では、『キャリア・パスポート』の記述などが有効で、それらを参考にして適切な支援につなげていくことが求められます」と述べられ、「高校での就業体験活動（インターンシップ）においては、生徒が職場での人間関係の構築や職業が社会で果たす役割をじっくりと観察し、考えることができる機会を提供するような就業体験活動プログラムを開発することも必要です」と就業体験活動プログラムの開発の必要性を指摘しています。

そして、「キャリア教育では、『社会的・職業的自立に向けて必要な基盤となる資質・能力』の育成を目指すことから、小学校・中学校における9年間のキャリア教育で求める資質・能力の育成は、社会的・職業的自立に向けた発達支持的生徒指導を展開することにつながり、中途退学の未然防止に大きく寄与するものと考えられます」と述べられ、小学校・中学校でのキャリア教育の重要性を再度指摘しています。

3　キャリア・カウンセリングと進路相談

キャリア・カウンセリングという言葉から、中学校3年時、高等学校3年時に行われる進路相談を思い浮かべるとすれば、小学校にはキャリア・カウンセリングは存在しないのでしょうか。

小学校でのキャリア・カウンセリングの実践としては、児童が新たな環境に移行したり、未経験の学習課題に取り組むときには、不安も大きく問題も引き起こしやすいことを意識し、新たな環境や課題に勇気をもって取り組むことができることを目的とした個別の支援などがあります。たとえば、小学校6年生は、中学校進学という大きなステップを乗り越える準備のときでもあるので、中学校へ勇気をもって進学することをめざした個別支援などです。

日常生活で児童に「気づき」を促し、主体的に考えさせ、児童の行動や意識の変容につなげることを意識して働きかけるなら、それはキャリア・カウンセリングといえます。

中学校・高等学校におけるキャリア教育においては、キャリア発達を促す指導と進路決定のための指導とが調和して、系統的に展開されることが必要です。そこで、中学校・高等学校においては、キャリア・カウンセリングと進路相談は同じものと考えられています。

進路相談では、第1節で述べたように、「進路決定の指導」に重点が置かれた、入学試験・就職試験に合格するための支援や指導に終始する実践や、生徒の適性や進路と職業・職種との適合を主眼とした進路指導・就職指導ではなく、キャリア発達を意識した相談をしていく必要があります。

中学校・高等学校の進路相談では、生徒の主体的な進路選択能力を高め、自主的な態度の伸長を支援・援助するねらいがあります。具体的には、(1)学ぶ意欲を高める、(2)適切な自己理解を促す、(3)将来の目標を明確化する、(4)人生観・職業観などの価値観の形成を援助する、(5)進路先で適切に対処できるような能力や態度の伸長を援助する、などが挙げられます。

ただ、中学校・高等学校では、同一年齢の集団が、ほぼ同時期に進路選択を行うことになります。そして、身体面や知的面で個人差が大きい生徒たちに、集団を基本とする環境のなかで進路相談をすることになります。このような状況では、集団に対する働きかけと進路相談をうまく組み合わせる工夫が大切です。

発達段階を考えると、すべての生徒が自発的に来談するとは考えにくいので、定期相談やチャンス相談*を多用することが重要になります。また、進路選択の決定には時間がかかることが多くあります。そのときに、教師の考えを一方的に説明したりするのではなく、時間をかけて何度も生徒と相談をして、生徒自身に考えさせることが重要です。そして、生徒自身の生き方や将来、人生について考えさせることが大変重要です。また、進路相談にあたって生徒に考えさせるためには、教師自身も進学先の学校について、またその学校を卒業したあとの進路についてなど多くの知識をもっておく必要があります。そして、今後の社会の動向や職業に関する知識などの情報を逐次整理し、すぐに提示して相談や説明ができるようにしておくことも必要であり、そのためには日々の研鑽が重要です。しかし、情報が更新されたのに気づかず間違った情報を伝えたりすることはあってはならないことなので、生徒と一緒に調べるという姿勢も大切です。

進路選択の決定には保護者の理解と了承が必要であるため、三者面談や保護者面談も行うことになります。保護者と生徒の考えの違いに対処しなければならない場面はよく起こります。そのためにも、日頃から保護者に対して進路情報などを提供し、適切な進路選択ができるようにしておくことが必要です。

今日の中学校・高等学校の進学率を考えると、学校選択は、キャリア形成の出発点となる行動であることを常に意識して、実践していきたいものです。

中・高のキャリア・カウンセリングや進路相談にはいろいろな知識や情報が必要ですね。日々研鑽しないといけないですね。

ライフキャリアの虹

　人間は生まれてから死ぬまで、自分を取り巻く環境に応じて自分の行動や考え方を変えたり、環境に働きかけてよりよい能力を身につけようとしたりします。そのなかで、社会との相互関係を保ちつつ自分らしい生き方を展望し、実現していく過程がキャリア発達です。

　社会との関係を保つということは、社会における自己の立場に応じた役割を果たすということですが、その比重は、人によって違います。そのときどきの重要度や意味に応じて、それらの役割を果たそうとします。それが、「自分らしい生き方」です。

　キャリアの概念は職業に関連したことだけを指すものではありません。D. E. スーパーによる定義では、キャリアは、「生涯において個人が果たす一連の役割、およびその役割の組み合わせ」とされています。

　下図の「ライフキャリアの虹」を紹介しましょう。外周に年齢が書かれ、内部には役割が書かれた帯があります。これは、D. E. スーパーが、ライフ・キャリアの一例を概念図化したものです。色の濃い部分は、その役割に対する個人のエネルギーのかけ方を示しています。年齢と半円の中心を結びます。そうするといろいろな役割があることがわかります。

　たとえば30歳時点での役割は、「家庭人」「労働者」「市民」「余暇人」「子ども」です（それ以外の役割もあり得ます）が、重要なのは、その「家庭人」「労働者」「市民」「余暇人」「子ども」の内容です。「家庭人」として期待される役割の内容、「労働者」として期待される内容、「市民」としての活動、「余暇人」として遊びや趣味の活動、「子ども」としての内容、それらにいかに取り組んでいるかで、「キャリア」が形成されます。

　これらの多くの役割があると、役割間で時間配分などのバランスをとっていく必要があります。近年では、ワークライフバランスといって、役割間のバランスを整えて自己の望ましい生活を送るという考え方が重視されています。

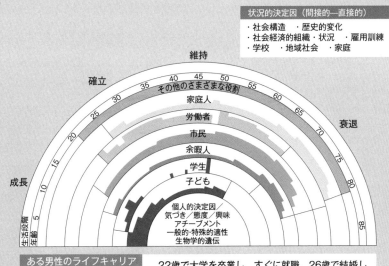

ある男性のライフキャリア　22歳で大学を卒業し、すぐに就職。26歳で結婚して、27歳で1児の父親となる。47歳の時に1年間、社外研修。57歳で両親を失い、67歳で退職。78歳のとき、妻を失い、81歳で生涯を終えた……。D. E. スーパーはこのようなライフキャリアを概念図化した。

文部省『中学校・高等学校進路指導資料第1分冊』1992年をもとに作成

（鳥取県　2022年）

①次の文章は、小学校学習指導要領（平成29年3月告示）の「第1章　総則　第4　児童の発達の支援」の一部である。（①）〜（④）にあてはまる語句の組み合わせとして正しいものを、下の1〜5の中から一つ選びなさい。

1　児童の発達を支える指導の充実

　　教育課程の編成及び実施に当たっては、次の事項に配慮するものとする。

(1)　学習や生活の基盤として、教師と児童との信頼関係及び児童相互のよりよい人間関係を育てるため、日頃から学級経営の充実を図ること。また、主に集団の場面で必要な指導や援助を行う（①）と、個々の児童の多様な実態を踏まえ、一人一人が抱える課題に個別に対応した指導を行う（②）の双方により、児童の発達を支援すること。

(2)　〈略〉

(3)　児童が、学ぶことと（③）とのつながりを見通しながら、社会的・職業的自立に向けて必要な基盤となる資質・能力を身に付けていくことができるよう、特別活動を要としつつ各教科等の特質に応じて、（④）の充実を図ること。

1	①生徒指導	②教育相談	③自己の将来	④進路指導
2	①生徒指導	②教育相談	③就きたい職業	④キャリア教育
3	①生徒指導	②カウンセリング	③自己の将来	④進路指導
4	①ガイダンス	②カウンセリング	③自己の将来	④キャリア教育
5	①ガイダンス	②カウンセリング	③就きたい職業	④進路指導

（神戸市　2023年）

②次の文は、平成31年3月29日に文部科学省が取りまとめた「「キャリア・パスポート」の様式例と指導上の留意事項」に示されている「キャリア・パスポート」の定義である。　①　〜　③　に当てはまる語句の組合せとして適切なものは、下の1〜5のうちどれか。

　「キャリア・パスポート」とは、児童生徒が、小学校から高等学校までのキャリア教育に関わる諸活動について、特別活動の学級活動及びホームルーム活動を中心として、各教科等と　①　し、自らの学習状況や　②　を見通したり振り返ったりしながら、自身の変容や成長を自己評価できるよう工夫されたポートフォリオのことである。

　なお、その記述や自己評価の指導にあたっては、教師が　③　に関わり、児童生徒一人一人の目標修正などの改善を支援し、個性を伸ばす指導へとつなげながら、学校、家庭及び地域における学びを自己の　②　に生かそうとする態度を養うよう努めなければならない。

1	①横断	②キャリア発達	③協働的
2	①往還	②キャリア形成	③対話的
3	①横断	②キャリア形成	③協働的
4	①横断	②キャリア発達	③対話的
5	①往還	②キャリア形成	③協働的

ノートテイキングページ

キャリア教育では、児童・生徒に「いかに生きるか」を考えさせる指導が求められます。対象となる校種や学年に応じてどんな授業の題材を与えればよいかを具体的に考え、書きだしてみましょう。

講義のまとめ
——これからの教育相談

理解のポイント

ここまで、教育相談の役割や扱う内容、教育相談にあたって必要な教師の知識やスキルについて学んできました。本講では、比較的新しい教育課題や児童・生徒を支援する教師への支援、さらに、これからの学校や教育相談のあり方について考えていきましょう。

1 さらなる課題

1 性に関する課題

　「性」にまつわることは、私たちのアイデンティティや人格形成に、深いところで関わっています。同時に、大変プライベートでデリケートなことでもあります。性に関する課題を扱うときには、細心の注意を払いましょう。

① 性犯罪・性暴力に対する支援

　「生徒指導提要（令和4年改訂版）」にも記されているように、「性犯罪・性暴力は、被害者の尊厳を著しく踏みにじる行為であり、その心身に長期にわたり重大な悪影響を及ぼすもの」です。決して許されるものではありません。2020（令和2）年の「性犯罪・性暴力対策の強化の方針」に続き、2023（令和5）年3月には「相手の同意のない性的な行為は性暴力」である等の認識を社会全体で共有し、「取組や被害者支援を強化していく」ために、内閣府から「性犯罪・性暴力対策の更なる強化の方針」が出されました。さらに、2023（令和5）年7月には、「刑法及び刑事訴訟法の一部を改正する法律」が成立・施行され、性犯罪に関する法律も変わりました。

　文部科学省は、先の「性犯罪・性暴力対策の強化の方針」を踏まえ、「子供たちが性暴力の加害者、被害者、傍観者にならないよう」「生命（いのち）の安全教育」を進めています。内閣府と連携して作成された「『生命（いのち）の安全教育』指導の手引き」（2023（令和5）年7月）では、生命（いのち）の安全教育の目標を「性暴力の加害者、被害者、傍観者にならないようにするために、生命の尊さを学び、性暴力の根底にある誤った認識や行動、また、性暴力が及ぼす影響などを正しく理解した上で、生命を大切にする考えや、自分や相手、一人一人を尊重する態度等を、発達段階に応じて身に付ける」こととしています。各段階におけるねらいを図表15-1に示しました。いずれの段階においても、「生命（いのち）の尊さや素晴ら

性被害は、被害者の心を深く傷つけると共に、身体も傷つけてしまいます。性感染症や、男性から女性への加害の場合は妊娠のおそれもあります。

図表15-1 「生命（いのち）の安全教育」各発達段階のねらい（概要）

発達段階		ねらい（概要）
幼児期		幼児の発達段階に応じて自分と相手の体を大切にできるようになっていく。
小学校	低・中学年	自分と相手の体を大切にする態度を身に付けることができるようにする。また、性暴力の被害に遭ったとき等に、適切に対応する力を身に付けることができるようにする。
	高学年	自分と相手の心と体を大切にすることを理解し、よりよい人間関係を構築する態度を身に付けることができるようにする。また、性暴力の被害に遭ったとき等に、適切に対応する力を身に付けることができるようにする。
中学校		性暴力に関する正しい知識をもち、性暴力が起きないようにするための考え方・態度を身に付けることができるようにする。また、性暴力が起きたとき等に適切に対応する力を身に付けることができるようにする。
高　校		性暴力に関する現状を理解し、正しい知識を持つことができるようにする。また、性暴力が起きないようにするために自ら考え行動しようとする態度や、性暴力が起きたとき等に適切に対応する力を身に付けることができるようにする。
特別支援教育		障害の状態や特性及び発達の状態等に応じて、個別指導を受けた被害・加害児童生徒等が、性暴力について正しく理解し、適切に対応する力を身に付けることができるようにする。

しさ」「自分を尊重し、大事にすること（被害者にならない）」「相手を尊重し、大事にすること（加害者にならない）」「一人一人が大事な存在であること（傍観者にならない）」を伝えていくことが大切です。

　「生命（いのち）の安全教育」は、主に発達支持的教育相談もしくは課題予防的教育相談の一環として、体育科・保健体育科や特別活動などの際に、各教科担当や担任はもちろん、特に養護教諭とも連携しながら進めていくことになります。その際、いくつか留意しておきたいことがあります。

・児童・生徒への対応

　「生命（いのち）の安全教育」の対象である児童・生徒のなかには、もしかすると"当事者"がいるかもしれません。あるいは、授業等を通じて自分が当事者であることに気づく児童・生徒がいるかもしれません。常にその可能性を念頭に置いておきましょう。また、当事者が授業等の後に開示してきた場合はどのように対応するのか、事前に考えておく必要があります。

　児童・生徒は、さまざまなメディアを通して、すでに性に関する"知識"をもっている場合もあります。

・保護者への対応

　大人であっても、あるいは大人であるからこそ、性に関することへの考えや態度は人それぞれです。「子どもに性をどう伝えるか」についても、おそらく、各家庭の方針があります。そのことを踏まえ、授業や講話の前には、「ねらいや内容」について、さらに、実施後には「子どもたちの受

性被害は、年齢や性別にかかわらず起こり得ます。加害者も異性とは限りません。

け止めや感想」などについて丁寧に伝えましょう。問い合わせには、校内で相談のうえ、必ず「性教育などについての学校の方針」を伝えます。相談があったときには、状況にもよりますが、子どもへの聴き取りを行ったり、専門機関を紹介したり、適切に対応しましょう。

・文化の違いへの配慮

　外国で生活していた経験や国内での外国人との関わりなど、文化によって、挨拶の際の所作や、許される身体接触の程度、性的に感じられる身体部位などが異なります。特に、外国とのつながりのある児童・生徒の場合、そうした文化による違いに配慮することが必要です。同時に、クラスの他の児童・生徒に対しても、世界にはさまざまな文化があり、お互いに尊重し合うことが大切だと伝えていかなければなりません（→第13講参照）。教師と保護者、あるいは保護者同士の関係についても同様です。

【児童・生徒から被害の開示があった場合】

　自分に起きた、あるいは、今、起きている出来事を教師に打ち明けるというのは、とても勇気のいることです。まずは、「話してくれてありがとう」という気持ちをもちましょう。その際、話をする場所は、児童・生徒にとって安心できる場所にしましょう。校内であっても、とてもデリケートな内容ですから「誰かに聞かれるかもしれない」と不安を感じさせるような場所は絶対に避けましょう。

　また、児童・生徒から話を聴く際には、無理に詳細を話させるべきではありません。たびたび話を聴こうとすることによって、かえって精神的な負担をかける場合もあります。そのために、「誰に、どこまで」情報を共有してよいかは、確認しておいたほうがよいでしょう。

　児童・生徒の話を聴く際に、特に留意しておきたいことを以下に挙げます（→第6講・第7講も参照）。

・児童・生徒の話を信じる

　「まさか」「本当なの？」「考えすぎじゃないの？」などという言葉は、児童・生徒に「否定された」「信じてもらえない」と思わせてしまう可能性があります。

・「あなたは何も悪くない」と伝え続ける

　被害者は「私に落ち度があった」などと自分を責めてしまうことが多いものです。児童・生徒には「あなたは何も悪くない」と伝え続けてください。

・被害を軽いものとして扱ったり、安易に励ますような言葉かけをしない

　「たいしたことはない」「そんなことは早く忘れよう」「あなたなら大丈夫」「負けるな、がんばれ」「あなたの気持ちはわかる」など、根拠のない安易な言葉かけは、かえって教師との信頼関係を損なう可能性もあります。

・自分の動揺をみせない

　性被害の話を聞く側もショックを受けて、嫌な気持ちになったり、腹が立ったり、「なぜ？」と思ったりするかもしれません。もしそのような気持ちが起きたとしても、自分の動揺をそのまま児童・生徒にぶつけ

＝プラスワン

性犯罪・性暴力被害者支援のためのワンストップセンター

性犯罪・性暴力に関する相談窓口として「性犯罪・性暴力被害者支援のためのワンストップセンター」がある。各都道府県に最低1カ所あり、産婦人科医療やカウンセリング、法律相談などの専門機関とも連携している。

図表15-2　性のさまざまな側面

身体の性	生まれてきた時に性染色体・生殖腺・性器などによって判断された性
性自認	自分の性別をどう認識しているか
性的指向	どの性に対して恋愛感情や性的な魅力を感じるか、またはどの性に対しても恋愛感情や性的な魅力を感じないか
性別表現	言葉遣いや髪型、服装など、自分をどのように表現するか

大阪府教育庁（2020）

るのは避けましょう。

　子どもが性被害を受けた（と思われる）ときには、教師や学校では対応できないことが多いと思われます。警察や医療機関、専門のカウンセラーなど専門機関と連携して対応することが必要です。

② 多様な性

　先に、性にまつわることは、個人のアイデンティティや人格形成に深く関わっていると述べました。そして、性のあり方は人それぞれ、多様なものなのです。

　一般に、性には「身体の性」「性自認」「性的指向」「性別表現」があります（図表15-2）。多様な性のあり方を「性自認」と「性的指向」とで整理する「SOGI」（Sexual Orientation（性的指向）& Gender Identity（性自認））という概念がありますが、これはすべての人にあてはまるものです。これらとは別に、「法律上の性別」もあります（→第9講）。

　こうしたさまざまな性のあり方のなかで、社会的に少数派の立場になる人のことを「性的マイノリティ」と呼びます。性別は女性と男性の2つだけであり、異性を恋愛の対象とすることが当たり前であるという意識や、性愛の対象を本人の意思で選択できるという誤解がまだまだ根強い社会のなかで、「性的マイノリティ」と呼ばれる人たちが苦しい思いをしていることは想像に難くありません。

　「性的マイノリティ」という言葉が使われていますが、民間調査会社が2023年に行った20～59歳の人を対象とした調査では、「異性愛者であり、生まれた時に割り当てられた性と性自認が一致する人」以外の人、すなわち「LGBTQ＋」の人の割合は9.7％であり、そのなかでもさまざまな性のあり方があることが示されました（電通ダイバーシティ・ラボ、2023）。発達期である児童・生徒と大人とでは少し事情は異なるかもしれませんが、割合として考えて、30人のクラスに約3人というのは、決して「少数」とはいえないでしょう。また、教職員や保護者のなかにも当事者がいる可能性もあります。児童・生徒一人ひとりが「自分は知らない（知らされていない）けれど、私の周囲にも当事者がいるかもしれない」と考えておくことで、不用意な発言等を少なくすることができるかもしれません。

　自分の性のあり方についての悩みや不安は、なかなか人に言うことができるものではありません。「秘密にしたい」「誰にも知られたくない」と思う一方で、「誰かにわかってもらいたい」という気持ちも同時にあるかもしれません。教師にできることは、性のことに限らず、日頃からクラスな

プラスワン

身体の性

「身体の性」にも、「染色体の性」「内性器の性」「外性器の性」「脳の性」がある（松永、2022）。

プラスワン

DSDs

性に関わる身体の構造・つくりやその発達が非定型であることを「DSDs（身体の性のさまざまな発達：性分化疾患）」という。あくまでも身体の状態のことであり、性自認や性的指向のことではないため、ここでいう「性的マイノリティ」にはあたらない（参考：日本性分化疾患患者家族会連絡会ネクスDSDジャパン https://www.nexdsd.com/）。

もし、児童・生徒から「身体の性別と心の性別に違和感がある」「同性が好きかもしれない」「こうしたことについて、みんなに伝えたほうがよいだろうか」というような相談を受けたときには、慎重に、丁寧に対応してください。何よりも大切なのは、本人の「どうしたいか」という意向です。「誰に」「どこまで」知らせたいかということも、本人の選択を尊重します。教師が、**カミングアウト***を強いることや、「よかれと思って」であっても、**アウティング***することは厳に慎まなければなりません。特に、アウティングについては、子どもが起こすことがあることにも注意が必要です。当事者にカミングアウトされた子どもが、別の人に言いふらしたり、伝えたりすることはアウティングになります。このようなことが起こらないようにしなければなりません。また、児童・生徒の話を聴くときは、上記の性被害のときと同様のことに留意しましょう。

性の多様性に関する課題は、性的マイノリティについてだけではありません。性の画一的なとらえ方が問題なのだといえます。たとえば、性自認にかかわらず、典型的な「男らしさ」「女らしさ」から外れる言動をする人を笑ったりからかったりすることはあってはならないことです。しかしながら、各種メディアでは、非典型的な性のあり方を笑ったり貶めたりするような情報も流れています。そのようななかでも、子どもたちには、性のあり方は１つではなく、人それぞれで異なっていること、それは「よい／悪い」とか「正常／異常」というものではないということを、強く伝えていかなければなりません。

繰り返しになりますが、性のあり方は、私たちのアイデンティティや人格形成の根幹にあるものです。性に関する課題を扱う教師自身も、性に対する自分の考えや態度などについて深く振り返り、自覚しておくことが求められます。

2　インターネット・携帯電話に関わる問題

インターネットはとても便利なものです。現代社会に不可欠なインフラとなっています。私たちは日々、生活や仕事のために利用しています。特にスマートフォンが普及してからは、より手軽にインターネットに接続し、さまざまに利用しています。

それは、児童・生徒にとっても同じです。自分専用の端末としてスマートフォンをもっている児童・生徒の割合は年々増え続けています。また、パソコンやタブレットは、自分専用のものをもっている児童・生徒はあまり多くありませんが、中学３年生の７割強がタブレットを、５割強がパソコンを利用しています（図表15-3）。こうしたことの背景には、GIGAスクール構想やコロナ禍の影響もあるかもしれません。

インターネットは便利な反面、適切に利用しないと思わぬトラブルに

スマートフォンは、携帯電話というより「電話もできるコンピュータ」という感じですね。

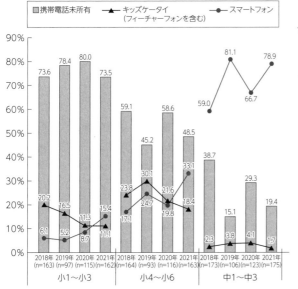

図表15-3　子どものICT端末利用・所有状況

①所有している携帯電話の種類の年次推移

②利用・所有している端末の種類（2021年）

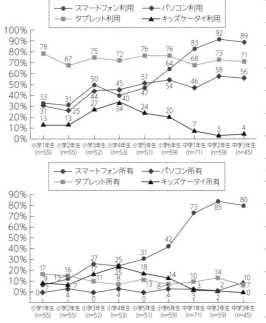

NTTドコモ モバイル社会研究所 (2022)

なってしまうことがあります。教師としては、インターネットの特質を理解すると共に、関連法規についてもよく知っておく必要があります。

　「生徒指導提要（令和４年改訂版）」には、「指導・啓発における留意事項」として、次の４点が挙げられています。

- ・**ネットの匿名性**……インターネットでは、匿名でさまざまな行為をすることができ、子どもたちは、リアルの生活では行わないような好ましくない行為や、場合によっては法に触れる行為をしてしまうことがある。

- ・**ネットの拡散性**……インターネットの投稿は、一度発信されると瞬時に広がり、削除することができないので、「デジタルタトゥー」と呼ばれている。SNSや動画共有アプリのコメント欄などは、匿名性もあいまって躊躇なくひどい誹謗中傷が行われることもある。いわゆる炎上状態になり、個人が特定されることもある。「リベンジポルノ*」のおそれもある。こうした場合、子どもの将来に深刻な影響がある。

- ・**ネットいじめ**……いわゆるガラケー時代から、「学校裏サイト」などで過激な書き込みがみられたが、スマートフォンが主流になってからは、グループから外すなど、いじめの形が変わってきている。また、名指しで攻撃されることもあるが、その場合、被害者が「公然と攻撃してよい対象」と認識されてしまっている可能性が高く、より深刻である。24時間逃げ場がなく、拡散性の高さともあいまって、すぐに深刻な事態に発展することがある（→第４講）。

- ・**ネットの長時間利用**……SNSでのやりとりや動画視聴等が長時間に

🖊️ 語句説明

リベンジポルノ

「一般的に彼氏や彼女に振られた腹いせに、交際時に撮影したプライベートな写真や動画をインターネットなどを通じて不特定多数に配布、公開する行為」（大阪府警察HP, https://www.police.pref.osaka.lg.jp/seikatsu/bohan/7/4231.html（最終アクセス：2023年11月11日））のことである。「私事性的画像記録の提供等による被害の防止に関する法律」の取り締まり対象となる。

及び、生活に支障が出ることがある。

インターネット上の情報は、有益なものがある一方で、偏った、一方的なものもあります。そしてそれらは、インターネットのなかで増幅され、"極端"なものになっていきます。また、私たちは情報を取捨選択して利用していますが、そ

の際、自分の好きなものだけに接する傾向があります。その結果、同じ考えをもつ人たちだけで交流をもち、その考えがより"極端"になっていきます（山口、2020）。子どもがインターネットで情報を「調べる」際にも、同様のことが起こります。

また、いわゆる「出会い系サイト」や「コミュニティサイト」を代表とするインターネット上のやりとりから、児童・生徒が犯罪に巻き込まれる・関わる事例も後を絶ちません。児童・生徒が被害者になる場合の多くは「性的被害」です。一方で、児童・生徒が加害者になる場合もあります。業務妨害や不正アクセス、いわゆる"闇バイト"などです。いずれにしても、「軽い気持ちで」「大丈夫だと思った」「冗談のつもりだった」と思って行ったことが、本人はもちろん周囲の人の将来にも大きく影響することになってしまうのです。

インターネットに関わる問題が起きた場合、教師や学校がそれを知ったときには、すでに問題が大きく、深刻になっている場合があります。インターネット上のやりとりは、見ようとしなければ見えないからです。また、児童・生徒も「恥ずかしい」「怒られるのでは」といった気持ちや、「対応してくれるのか」「かえって問題が大きくならないか」といった不安から、誰かに相談するのをためらうこともあります。だからこそ、インターネットに関わる問題は、未然防止が大切なのです。同時に、教師側も、児童・生徒が安心して相談できるように日頃から関係をつくっておく必要があります。

インターネットに関わる課題予防的教育相談は、学校の教育活動全体を通して進めていくことになります。学校外の関係機関による啓発活動を取り入れることも有効でしょう。情報モラル教育やネチケットについての指導をすることで、子ども自身が自分で判断し、行動する力を身につけられるようにすることが重要です。なお、警視庁は「インターネット利用7か条」として、以下のことを挙げています。

1．インターネット社会でも、実生活と同じルールとマナーを守る。
2．他人のプライバシーを尊重する。
3．住所・氏名などの個人情報を入力する時は、十分注意する。
4．ID・パスワードの管理を徹底する。
5．他人のミスを大げさに指摘しない。
6．メールを送る前に、内容をよく確認する。
7．面と向かって言えないことは書かない。

💬 プラスワン

インターネット

山口（2020）によれば、「インターネットは人類が初めて経験する『能動的発信だけの言論空間』」である。すなわち、発信したい人だけが発信するのである。

　また、児童・生徒は学校外でインターネットを利用することが多いですから、家庭との連携は不可欠です。学校の方針を理解してもらうこと、家庭でのルールをつくること、長時間利用について留意すること、フィルタリングを使用することなど、保護者が気をつけることで子どもを守れることも多いのです。

　何らかの問題が起こり、対処が必要となった場合、まずは被害の拡大を防ぐことを考えなければなりません。同時に、児童・生徒、さらには保護者から事情を聴き取り、意向を確認することが必要です。そのうえで、どのように解決していくか、場合によっては専門家の意見も踏まえつつ、具体的な方策を共に考えていくことになります。

　特に、法的な対処が必要になる場合は、学校の指導だけでは完結しません。警察や消費生活センターなど専門の機関と連携して対応することが求められます。教師としては、児童・生徒や保護者の話をよく聞き、気持ちに寄り添うこと、場合によっては他の児童・生徒との関係を調整することが大切です。

　以上、「さらなる課題」として2つの課題についてみてきました。これらは教師・学校だけでは解決できないことも多く、校外との連携がより一層重要です。そのような課題であっても、児童・生徒一人ひとりを大切にし、子どもたちには自分も他者も大切な存在であることを伝えるという、教師としての基本的な姿勢が何よりも必要なことでしょう。

ディスカッションしてみよう！

　保護者から、「最近うちの子がスマホばっかり触っている。叱ってもきかない。先生からも何とか言ってやってください」という相談を受けました。担任のあなたからみてその子どもは、学習・友人関係・部活動など、これまでと変わりないように見受けられますし、他の教師からも特に報告はありません。このような場合、保護者にはどのように伝えますか。また、当該児童・生徒にはどのように対応しますか。話し合ってみましょう。

　たとえば・・・

2　教師のメンタルヘルス

1　教師の置かれている現状

① 教師の勤務環境

　日本の学校の先生は世界一忙しい——このような結果が出たのは2013

日本の先生は、突出して長く働いていますね。

メンターの指導を受ける教師が多いということは、メンターを務める教師も多いということですね。

💬 プラスワン

メンター

日本の学校では、教師はメンターによる指導を受けていることが多いといわれており、この背景には、伝統的に校内研修や授業研究が盛んなことがある。なお、メンターとは組織内指導者のことで、指示や命令ではなく、助言と対話によって本人の自発的・自律的な成長を促す。学校でいえば、いろいろと相談にのってくれたりアドバイスをくれたりする"先輩教員"がメンターにあたる。

図表15-4　教員の仕事時間と教育資源の不足感

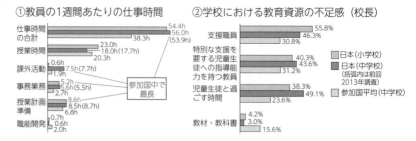

①教員の1週間あたりの仕事時間　　②学校における教育資源の不足感（校長）

OECD国際教員指導環境調査2018報告書

（平成25）年に実施された国際調査でした。この調査は、学校の学習環境と教員の勤務環境を調べることを目的としたOECD国際教員指導環境調査（TALIS: Teaching and Learning International Survey）です。最新の調査（2018（平成30）年。次回は2024年に予定されている）の結果から、日本の教師の置かれている現状を考えてみます（図表15-4）。

　1週間あたりの勤務時間は、参加国・地域中で最長です。何がこの長時間勤務のもとになっているのかをみてみますと、課外活動の指導時間が特に長く、やはり参加国・地域中で最長です。また、事務業務も参加国平均のほぼ2倍になっています。「事務的な業務が多すぎること」は、日本の教師の一番のストレッサーでもあります（上述の「TALIS 2018調査」より）。当然のことではありますが、授業の準備・計画にも長い時間を割いています。一方で、職能開発のニーズはあるものの、そのための時間は、参加国・地域平均の3分の1程度しか取れていません。「業務スケジュールと合わない」ことも含めて、忙しさが一因となっていると考えられます。校長は、「教育資源の不足」を感じています。

　こうした傾向は、国内の調査（文部科学省、2023a）においても同様です。一概には比較できませんが、小・中学校の教諭の平日の1日あたりの仕事時間（在校等時間＋持ち帰り時間）は、いずれも11時間を超えています。

　また、TALISの結果から、日本では、全体的に高い自己効力感をもつ教員の割合が参加国平均を大きく下回り、特に児童・生徒の自己肯定感や学習意欲に関わる項目や、デジタル技術を用いた学習支援において顕著であることもわかります。

②　教師の休職

　こうした忙しさのためか、体調を崩す教師もいます。文部科学省（2023b）では、2022（令和4）年度に病気休職した公立学校の教師は8,793人、そのうち精神疾患によるものは6,539人（図表15-5）で、全教職員の0.71％と過去最多を更新しています。性別では男性よりも女性のほうが多く、年代別では50代以上が少ないものの、20代・30代・40代ではほぼ同じ割合です。校種別では、小学校・中等教育学校・特別支援学校が、職種別では教諭等が、全体平均を上回っています。また、休職期間は1年未満が約7割を占める一方で、2年以上にわたる場合も約1割です。

図表15-5　教育職員の精神疾患による病気休職者数の推移（平成25年度
　　　　　～令和4年度）

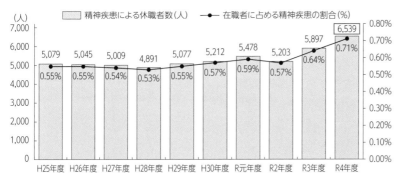

文部科学省「令和4年度公立学校教職員の人事行政状況調査について」2023年b

　教師の不調、特にメンタルヘルスの不調の原因としては、次のようなことが挙げられます。まず、上述の「多忙」です。勤務時間や業務量の増加に加え、生徒指導、保護者や地域との関係などで、より困難な対応が求められるようになってきました。特に「保護者の懸念に対処すること」が教員の大きなストレスになっていることが、「TALIS 2018調査」で報告されています。「日本型全人的教育モデル」の影響もあるかもしれません。次に、「教師」という仕事の特性です。教師の職務は属人的対応、つまり「○○先生だから」という要素が多く、一人で対応し抱え込みやすい性質があります。また、学習指導や生徒指導をはじめ、学校運営や地域・保護者対応、研修など、一人で多方面の仕事を並行して行わなければなりません。しかも対人援助職である教師という仕事には、"正解"がなく終わりもみえません。「これでいいのか」「あれでよかったのか」「もっとできるのではないか」と自問自答を続けることも多いでしょう。相手から思ってもみない反応が返ってきたり、周囲からの評価が得られなかったりすることもあります。今行ったことの効果が現れるのが数年後（あるいはそれ以上）というのも、教育という仕事の特徴でしょう。さらに、職場の人間関係の特殊性があります。学校という組織は、校長・教頭など以外、多くの教師間に職位の差がありません。対等な関係である同僚教師に対しては意見などをしづらい一方で、自分の指導や仕事のしかたに口だしされたくないという気持ちもあります。こうしたことが抱え込みにつながり、結果として対応が遅れ、問題がより難しくなることもあります。

③　バーンアウト

　このようなことがストレッサーとなり、極度の疲労感、イライラ、怒り、無気力、不眠、食欲低下、頭痛、腹痛、めまいといった変調が現れ始めます。それでも「子どものために」とがんばり続けると、胃潰瘍や円形脱毛症なども生じてきます。「休めばみんなに迷惑をかける」とさらに無理を重ねると、やがてバーンアウト＊してしまいます。精神科医である中島（2003）は、教師のメンタルヘルスについて「最も多いのは抑うつ状態に陥る燃え尽き症候群（バーンアウト）」であると指摘しています。教師の

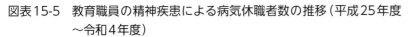

プラスワン

精神疾患による病気休職者

精神疾患による病気休職者は、2007（平成19）年以降、5,000人前後で推移している。

重要語句

バーンアウト

→過度のストレスによって心身ともに消耗しつくした結果、無気力、無感動となってしまった病的状態のことである（ストレスについては、第9講も参照のこと）。

まじめさ、熱心さ、責任感の強さが、教師自身を追いつめているともいえるでしょう。

2　教師への支援

こうした現状を受け、文部科学省の「教職員のメンタルヘルス対策検討会議」は、2013（平成25）年に「教職員のメンタルヘルス対策について（最終まとめ）」を発表し、予防的取り組みと復職支援について、以下のように具体的な対応策を示しました。

教師のメンタルヘルスの不調は、何よりもまず予防することが大切であることから、予防的取り組みとして、①セルフケアの促進、②ラインによるケアの充実、③業務の縮減・効率化等、④相談体制等の充実、⑤良好な職場環境・雰囲気の醸成、を挙げています。このうち、②、③については、主に校長や教育委員会が担うこととされています。また、①についても校長や教育委員会のサポートが必要です。ここでは、教師自身が行うセルフケアについて考えてみます。

まず、教師自身、自分が危機状態にあることを自覚することが大切です。危機状態とは、キャプランによると「人が大切な目標に向かうとき障害に直面し、それが習慣的な問題解決の方法を用いても克服できない場合に発生する一定期間の状態」のことです（Caplan、1961）。教師に当てはめれば、今までできていた教育活動がうまくいかなくなり、どうすればいいのかわからない状態といえます。これを認められず何とかしようとさらに努力するうちに、ストレスによって心のエネルギーは減り続けていきます。自分が今困っていること、疲れていることを自覚することが第一です。

自分が疲れていることに気づいたならば、しっかりと休むことが必要です。心にも身体にもエネルギーが不足している状態では、何事もうまくいきません。ゆっくり休み、ストレスを解消し、一時的に"問題"から離れてみることも大切です。場合によっては、医療の力を借りることも必要です。こうしてエネルギーが回復したら、改めて"問題"と向き合ってみます。一度離れたことによって、新たな視点から考えることもできるようになります。

教師同士の人間関係をよいものにすることも必要です。先に「一人で抱え込んでしまう」「同僚には意見しづらい」と述べましたが、悩みや、時には愚痴をこぼし合える関係、疲れていそうな同僚に気軽に声をかけられるような雰囲気を、日頃からつくっておくことが大切です。また、困ったことが起きたときに、「困っています、誰か助けてください」「ちょっと大変です、しんどいです」と声をあげることも必要でしょう。そうすることによって、「みんなで解決しよう」という職場環境が生まれます。もちろん、それには校長等によるバックアップが不可欠です。

学校教育は、教師と児童・生徒との人間的なふれあいを通じて行われるものです。また、特に厳しい状況に置かれている児童・生徒をサポートする際には、教師が冷静であることが求められます。教師が心身共に健康であることが、何よりも子どものために重要なのです。

🗨 プラスワン

ラインによるケア

ラインによるケアとは、上司が日常的に所属職員の健康状況をみて、支援や相談などの対応をすることである。

🗨 プラスワン

コーピング

ストレスへの対処行動をコーピングという。コーピングには、ストレッサーそのものを取り除くことを目的とする問題焦点型コーピングと、ストレッサーによって引き起こされたネガティブな感情の低減を目的とする情動焦点型コーピングがある。

"他者に助けを求める"ことは「弱さ」「逃げ」ではなく、（一つの）「強さ」ではないでしょうか。

ディスカッションしてみよう！

念願の教師になりました。本書でこれまで学んできたことを振り返り、教師の立場で、以下のことをグループで話し合ってみましょう。

① 教師としての仕事にはどのようなものがあるでしょうか。いろいろな場面を考えて列挙しましょう。

② ①で挙げた仕事それぞれについて、どのような困難や問題が起こりうるでしょうか。

③ ②で考えた困難や問題は、あなたにとってストレスになりますか、なりませんか。なるならば、どれくらいのストレスでしょうか。ならないならば、それはなぜでしょうか。

④ ③で「ストレスになる」場合について、どのようにそのストレスを解消・発散しますか。

たとえば・・・

---

3 教育相談がめざすもの

　学習を終えるにあたって、もう一度「生徒指導提要（令和４年改訂版）」の解説に戻ってみましょう（→第１講）。

　教育相談とは、「全ての児童生徒を対象に、発達支持・課題予防・困難課題対応の機能を持った教育活動」であり、また、「コミュニケーションを通して気付きを促し、悩みや問題を抱えた児童生徒を支援する働きかけ」です。

　つまり、教育相談とは、すべての教師が、すべての児童・生徒を対象に、すべての教育活動を通して行うものなのです。そこには、児童・生徒それぞれが、よりよく成長していくことへの願いがあります。

　教師は、ともすれば、（本人が、あるいは周囲が）"困っている"児童・生徒へ目がいきがちになります。本書でも、「学校における諸課題とその対応」として、詳しくみてきました（→第４講〜第９講）。ですが、当然

のことながら、学校には（今は）"困っていない"児童・生徒が大勢いま
す。"困っている"児童・生徒へのサポートにばかり力を注ぎ、"困ってい
ない"児童・生徒への目配りがおろそかになるのはあってはならないこと
です。また、発達途上にある児童・生徒は、今は"困っていない"としても、
将来、悩んだり、壁に突き当たったりと、何らかの"困る"事態に陥るこ
とは、十分考えられることです。そのときのために、今できることをして
おくというのも、教師の大切な仕事でしょう。

　教育相談には、3種類ありました（→第1講）。「子どもの将来のため
に今できることを」という観点から、今後ますます「発達支持的教育相談」
の充実が求められます。これは、いわば「心の基礎体力」をつけるような
ものです。いざ"困った"ことが起きたとしても、他者に助けを求めたり、
自分で乗り越えたりと、適切に対処できるようになります。あるいは、出
来事の受け止め方によって、そもそも"困った"事態に陥らないようにな
ることも考えられます。

　教師は、そして子どもを取り巻くすべての人たちは、子どもたちのより
よい成長と幸せを願っています。その実現のためには、本書で学んできた
ように、子どもに寄り添い、さまざまな人と連携をとりながら、教師と
して子どもに接していくことが求められています。

┊ ディスカッションしてみよう！ ┊

あなたは教師として、どのような子どもを育てたいと考えています
か。そのためにどのような働きかけをしたいと思っていますか。み
んなで話し合ってみましょう。

> たとえば・・・ 🖊

要保護児童対策地域協議会

　教育相談において、教師間の連携はもちろん、学校内外との連携が不可欠です。一方で、社会の変化に伴い、学校においても子どもを取り巻く状況が変化し、課題も複雑化・困難化しています。こうしたなかで、「チームとしての学校」という、新しい学校組織のあり方が示されました（→第1講・第10講）。

　このような、さまざまな立場・専門性の人が連携・協力して子どもを守ろうとする取り組みの一つに「要保護児童対策地域協議会」（以下、要対協）があります。

　要対協は、要保護児童等の早期発見や適切な保護のためには、関係機関が情報や考え方を共有し、連携して対応していくことが重要であるという考えから、その中核的な役割を担うものとして地方公共団体が設置・運営すると、2004（平成16）年に児童福祉法が改正された際に規定されました。その設置は2008（平成20）年から努力義務となっていますが、厚生労働省の調査では、設置している地方公共団体が2007（平成19）年度には65％、2015（平成27）年度には99％を超えました。

　要対協を構成する関係機関等には、「児童福祉関係」（保育所、児童相談所など）、「保健医療関係」（保健所、医療機関など）、「教育関係」（教育委員会、学校など）、「警察・司法関係」（警察、弁護士など）、「人権擁護関係」（法務局、人権擁護委員など）、「配偶者からの暴力関係」（配偶者暴力相談センターなど）、「その他」（NPO、民間団体など）といったものが考えられますが、地域の実情に応じて幅広い者が参加できます。要対協のイメージを下図に示しました。

　上では「要保護児童等」とした要対協の対象は、要保護児童と要支援児童、特定妊婦です。要保護児童とは「保護者のない児童又は保護者に監護させることが不適当であると認められる児童」、要支援児童とは「乳児家庭全戸訪問事業の実施その他により把握した保護者の養育を支援することが特に必要と認められる児童」、特定妊婦とは「保護者に監護させることが不適当であると認められる児童及びその保護者又は出産後の養育について出産前において支援を行うことが特に必要と認められる妊婦」と、児童福祉法では定められています。

　地域全体で子ども（と保護者）を見守り、必要なときにはみんなで連携・協力し合って子どもを支える——要対協とは、子どもを守る地域のネットワークなのです。

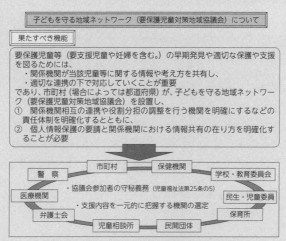

要保護児童対策地域協議会のイメージ

厚生労働省「保護児童対策地域協議会のイメージ図」より（https://www.mhlw.go.jp/seisakunitsuite/bunya/kodomo/kodomo_kosodate/dv/dl/120502_08.pdf（最終アクセス：2023年11月11日））

復習問題にチャレンジ

①次は、「性同一性障害に係る児童生徒に対するきめ細かな対応の実施等について」（平成27年4月　文部科学省）の内容について述べたものである。正しいものを二つ選ぶとき、その組合せを解答群から一つ選び、番号で答えよ。

ア　性同一性障害に係る児童生徒の支援は、最初に相談（入学等に当たって児童生徒の保養者からなされた相談を含む。）を受けた者だけで行うべきである。

イ　性同一性障害に係る児童生徒の支援は、学校内外に「サポートチーム」を作り、組織的に取り組むことが重要である。

ウ　医療機関との連携に当たっては、当事者である児童生徒や保護者の同意が得られない場合、具体的な個人情報に関連しない範囲で一般的な助言を受けることが考えられる。

エ　医療機関を受診して性同一性障害の診断がなされない場合は、支援を行う必要はない。

オ　他の児童生徒や保護者との情報共有は、いかなる場合においても行わない。

【解答群】　1　ア、イ　　2　ア、ウ　　3　ア、エ　　4　ア、オ　　5　イ、ウ
　　　　　　6　イ、エ　　7　イ、オ　　8　ウ、エ　　9　ウ、オ　　10　エ、オ

②次は、「生徒指導提要」（令和4年12月　文部科学省）の一部である。下線部の中で誤っているものはいくつありますか。

　生徒指導の基本と言えるのは、教職員の児童生徒理解です。しかし、経験のある教職員であっても、児童生徒一人一人の①学習状況、生育歴、能力・適性、興味・関心等を把握することは非常に難しいことです。また、授業や②休み時間などで、日常的に児童生徒に接していても、児童生徒の感情の動きや児童生徒相互の人間関係を把握することは容易ではありません。さらに、スマートフォンやインターネットの発達によって、教職員の目の行き届かない③ネット社会で、不特定多数の人と交流するなど、④思春期の多感な時期にいる中学生や高校生の複雑な心理や人間関係を理解するのは困難を極めます。したがって、いじめや⑤自殺の未然防止においては、教職員の児童生徒理解の深さが鍵となります。

〔　①　1つ　　②　2つ　　③　3つ　　④　4つ　　⑤　5つ　〕

ノートテイキングページ

新しい課題を理解したうえで、これからの教師に求められている役割についてまとめてみましょう。

第1講 （→20ページ）

①・・・

解答　ア　C　イ　B

解説　スクールカウンセラー（SC）は、心理に関する高度な専門的知見を有する者として、不登校、いじめや暴力行為等問題行動、子どもの貧困、児童虐待等の未然防止、早期発見や学習面や行動面で何らかの困難を示す児童・生徒、障害のある児童・生徒・保護者への支援に係る助言・援助を行う専門職とされている。また、スクールソーシャルワーカー（SSW）は、児童・生徒の最善の利益を考慮しながら、児童・生徒のニーズを把握し、児童・生徒の就学援助、健全育成、自己実現を図るため、児童・生徒及び保護者への支援、学校組織への支援及び自治体への支援を行う専門職とされている（「児童生徒の教育相談の充実について～学校の教育力を高める組織的な教育相談体制づくり～（報告）」（文部科学省）より）。

②・・・

解答　1

解説　本書 p.13 を参照。図の横軸（横幅の大きさ）については、対象となる児童・生徒の規模を表している。A、B についてはすべての児童・生徒を対象にしているのに対し、C や D が小さくなっているのが、対象となる児童・生徒が限定、特定されていることを意味している。

第2講 （→32ページ）

①・・・

解答　3

解説　相談者に指示をし、教授的な関係をつくることを重視するのは「指示的カウンセリング」。「非指示的カウンセリング」は、本講で紹介した「来談者中心療法」として取り組まれるカウンセリングをいう。また、エリスは、本講でも紹介している「論理療法」を考案した臨床心理学者である。

②・・・

解答　4

解説　A. 論理療法を創始したのはアルバート・エリス（p.28 参照）、C. は「具体的に助言を与える」という記述から、非指示的カウンセリング（p.25 参照）とは考え方が異なる。

第3講 （→44ページ）

①・・・

解答　4

A　傾聴　　B　明確化　　C　繰り返し　　D　受容　　E　感情の伝え返し

解説　「生徒指導提要（初版）」では、教育相談で用いるカウンセリング技法について説明し、「つながる言葉かけ」→「傾聴」→「受容」→「繰り返し」→「感情の伝え返し」→「明確化」→「質問」→「自己解決を促す」とされており、現在でもなお適用される内容である。

②・・・

解答　4

A　ロジャーズ　　B　共感

解説　「生徒指導提要（初版）」では、「傾聴」を「丁寧かつ積極的に相手の話に耳を傾けます。よくうなずき、受け止めの言葉を発し、時にこちらから質問します」とされており、現在でもなお適用される内容である。来談者中心療法を創始したロジャーズが提唱した技法で、相手の話を受容的・共感的に聴くことで、相手の発信する信号やサインを受け止める姿勢をいう。

第4講 （→56ページ）

① ‥‥

解答 ①…(ア)　②…(オ)

解説 「いじめ防止対策推進法」の各条文を参照しておきましょう。

https://www.mext.go.jp/a_menu/shotou/seitoshidou/1337278.htm（最終アクセス：2024年2月4日）

② ‥‥

解答 ①

解説 「いじめ防止対策推進法」の法律制定以降、文部科学省等からも、いじめに関するさまざまな通知文やガイドラインが示されている。また、これらの通知やガイドラインは、学校や子どもたちの動向に応じて改訂が重ねられていることから、最新のものを入手し、知っておくことが求められる。

第5講 （→70ページ）

① ‥‥

解答 ②

解説 この指針のうち、「(2)不登校児童生徒に対する効果的な支援の推進」の項目には、「不登校児童生徒に対しては、学校全体で支援を行うことが必要であり、校長のリーダーシップの下、学校や教員がスクールカウンセラーやスクールソーシャルワーカー等の専門スタッフ等と不登校児童生徒に対する支援等について連携・分担する『チーム学校』体制の整備を推進する」と明記されている。

② ‥‥

解答 5

解説 設問の通知文を参照のこと。A については、休養や自分を見つめ直す等の積極的な意味をもつことが記されている。B については、学業のつまずきから学校へ通うことが苦痛になる等、学業の不振が不登校のきっかけの一つとなっているという記述はあるが、人間関係の原因が大であるという記述はない。C 及び D については、通知文に同じ記述がみられる。

第6講 （→94ページ）

① ‥‥

解答 ア…×　イ…○　ウ…○　エ…○

解説 「生徒指導提要（令和4年改訂版）」の 7.1.2「児童虐待の定義」を参照。アについては、「児童の身体に外傷が生じ、又は生じるおそれのある暴行を加えること」と規定され、「生じるおそれのある暴行、つまりまだ外傷のないものを含むため、けがの有無とは別に、暴行の可能性の有無で判断することが必要」と記されており、外傷の有無のみで判断するものではない。

② ‥‥

解答 ①

解説 設問の手引き書を参照のこと。同書によれば、ア「家族関係」→「人格形成」、オ「民生委員」→「学校医や学校歯科医」と記されている。

①・・・

解答 1

解説 各項目の説明は以下の通りである。

1 第2条に記載されている。

2 広く国民一般の関心を高め、その理解と協力を得ることが規定されている（第10条）。

3 「修学又は就業を助けること」に限らず、「子ども・若者に対する支援に寄与するため」と規定されている（第15条第2項）。

4 学校ではなく地方公共団体（第19条）。

5 子ども・若者育成支援推進本部長は内閣総理大臣をもって充てる（第29条）（現在、第26～33条まで削除）。

②・・・

解答 ①

解説 設問の省令を参照のこと。特に、児童・生徒への懲戒処分は「校長」の職務にあたる点に留意すること。

①・・・

解答 ②

解説 読み書きの困難さは注意欠陥多動性障害ではなく、学習障害の一つである「発達性読み書き障害（ディスレクシア）」の特徴。なお、出題元である「障害のある子供の教育支援の手引」の同箇所には「怠けている」と記載されている。

②・・・

解答 エ

解説 視覚的支援、環境構成、長所への注目等、特別支援教育の視点を活かした授業は、すべての児童等に対する授業づくりの基本となる事項である。

①・・・

解答 ①

解説 ソーシャルスキルトレーニングとは、対人コミュニケーションでふさわしい振る舞いができる社会的な能力を身につけることを指す。

②・・・

解答 （A）…5 （B）…3

解説 「生徒指導提要（令和4年改訂版）」（p.29）に記載されている。今回、改訂された生徒指導提要には、第1章「生徒指導の基礎」の一環として、教職員集団の心の健康についても記述がみられる。児童・生徒のみならず教職員も含め、学校全体として心の健康を大切に考えることが求められている。

第10講 （→151ページ）

解答 ②

解説 スクールカウンセラーは心理学の専門職であり、スクールソーシャルワーカーは福祉の専門職である。その他、①③④⑤は正しい説明である。

第11講 （→164ページ）

① ・・

解答 ①

解説 エ：重要な問題について、児童・生徒から「誰にも言わないでほしい」という要望があった場合は、児童・生徒に対して本人のために関係者と情報を共有することを説明し、理解を得るようにする。オ：不適応問題の背景には、心理面や環境面と発達障害の要因が混じり合っていることが多いため、個別の要因についてのアセスメントとともに、包括的なアセスメントを行う必要がある。

② ・・

解答 5

解説 「生徒指導提要（平成22年度版）」の第3章を参照のこと。本文の記述と異なる点が多いが、注目点は、1.は非言語的側面の資料の収集は可能である。2.は厳しい姿勢で臨むことでなく、状況に注目して真摯かつ誠実な態度が望まれる。3.は、検査法と異なり、調査法は高い信頼性や妥当性が保障されるものではない。4.は、心理検査の留意点であり、同じ検査を繰り返すと学習効果が生じるものもある。

第12講 （→178ページ）

① ・・

解答 1

解説 2は成人用、4は幼児用、3は記憶に関する内容に特化した検査で、いずれもウェクスラー及びその後継者たちによるもの、5は「ウィスコンシンカードソーティングテスト」という検査で、ヒートンが開発した脳の前頭葉機能を測定する成人用の検査である。

② ・・

解答 (1) I　　(2)C　　(3)E　　(4)M　　(5)N

解説 心理検査の種類や名称については、教員採用試験においても出題頻度が高い内容の一つである。テキストのp.167にあるように、検査の分類を理解してから、各検査の名称や特徴を知っておくことが望ましい。

①・・

解答　5

解説　「子どもの貧困対策の推進に関する法律（平成25年法律第64号）」を参照。この例のように、一部、他の語が入っても意味が成り立つ例もあるので、教育法規に関する法律等の重要用語は正しく理解しておくことが大切である。

②・・

解答　3

解説　「ヤングケアラー」については、「生徒指導提要（令和4年改訂版）」第13章の他、厚生労働省HPなどにも詳述されている。ヤングケアラーとは、家族にケアを要する人がいる場合に、大人が担うようなケア責任を引き受け、家事や家族の世話、介護、感情面のサポートなどを行っている18歳未満の子どもとされている。

①・・

解答　4

解説　「小学校学習指導要領」の本文を参照。ガイダンスとカウンセリングの違いや、キャリア教育の正しい意味について、本講をよく理解しておきましょう。

②・・

解答　2

解説　設問の文部科学省初等中等教育局児童生徒課の資料を参照のこと。この資料に示される「定義」に設問の内容が示されている。

①・・

解答　5

解説　「性同一性障害に係る児童生徒に対するきめ細かな対応の実施等について」を参照。ア・イについては、「性同一性障害に係る児童生徒の支援は、最初に相談（入学等に当たって児童生徒の保護者からなされた相談を含む。）を受けた者だけで抱え込むことなく、組織的に取り組むことが重要であり、学校内外に「サポートチーム」をつくり、「支援委員会」（校内）やケース会議（校外）等を適時開催しながら対応を進めること」と明記されている。また、ウについては、設問と同じ文が示されている。エについては、「医療機関を受診して性同一性障害の診断がなされない場合であっても、児童生徒の悩みや不安に寄り添い支援していく観点から、医療機関との相談の状況、児童生徒や保護者の意向等を踏まえつつ、支援を行うことは可能であること」と明記されている。オについては、「他の児童生徒や保護者との情報の共有は、当事者である児童生徒や保護者の意向等を踏まえ、個別の事情に応じて進める必要があること」とされており、個別の事情に応じて進めることが明記されている。

②・・

解答　4

解説　「生徒指導提要（令和4年改訂版）」第1章より、1.3.1「児童生徒理解」を参照のこと。誤った記述は、①学習状況→家庭環境、②休み時間→部活動、③ネット社会→仮想空間、⑤自殺→児童虐待の4カ所であり、④の思春期は正しい記述である。

参考・引用文献

第1講

文部科学省 「生徒指導提要（令和4年改訂版）」 2022年

第2講

國分康孝 『カウンセリングの理論』 誠信書房 1981年
國分康孝監修 『現代カウンセリング事典』 金子書房 2001年
日本教育カウンセラー協会編 『【新版2版】教育カウンセラー標準テキスト・初級編』 図書文化 2023年
日本教育カウンセラー協会編 『【新版2版】教育カウンセラー標準テキスト・中級編』 図書文化 2023年
日本教育カウンセラー協会編 『【新版】ピアヘルパーハンドブック』 図書文化 2023年

第3講

玉瀬耕治 『カウンセリング技法入門』 教育出版 1998年
福原真知子 『マイクロカウンセリングの理論と実践』 風間書房 2004年

第4講

伊藤美奈子 「いじめる・いじめられる経験の背景要因に関する基礎的研究—— 自尊感情に着目して」『教育心理学研究』 65 2017年 26〜36頁
ウィルター・ロバーツ Jr.／伊藤亜矢子監訳、多々納誠子訳 『いじめっ子・いじめられっ子の保護者支援マニュアル——教師 とカウンセラーが保護者と取り組むいじめ問題』 金剛出版 2015年
大西彩子 『いじめ加害者の心理学——学級でいじめが起こるメカニズムの研究』 ナカニシヤ出版 2015年
中村玲子・越川房子 「中学校におけるいじめ抑止を目的とした心理教育的プログラム開発とその効果の検討」『教育心理 学研究』62 2014年 129〜142頁
三島浩路 「中学生時のいじめ被害と高校入学後の学校適応との関連」『社会心理学研究』38（2） 2022年 33〜41頁
森田洋司 『いじめとは何か——教室の問題、社会の問題』 中央公論新社 2010年
吉澤寛之・大西彩子・G・ジニ・吉田俊和編 『ゆがんだ認知が生み出す反社会的行動——その予防と改善の可能性』 北 大路書房 2015年
Bandura, A., "Selective moral disengagement in the exercise of moral agency". *Journal of Moral Education*, 31, 2002, pp.101-119.
Gini, G., Thornberg, R., & Pozzoli, T., "Individual moral disengagement and bystander behavior in bullying: The role of moral distress and collective moral disengagement". *Psychology of Violence*, 10（1）, 2020, pp.38-47.
Imuta, K., Song, S., Henry, J. D., Ruffman, T., Peterson, C., & Slaughter, V., "A meta-analytic review on the social—emotional intelligence correlates of the six bullying roles: Bullies, followers, victims, bully-victims, defenders, and outsiders". *Psychological Bulletin*, 148（3-4）, 2022, pp.199-226.
KiVa Program & University of Turku Retrieved January 7, 2024
https://www.kivaprogram.net/（最終アクセス：2023年11月11日）
Schoeler, T., Duncan, L., Cecil, C. M., Ploubidis, G. B., & Pingault, J.-B., "Quasi-experimental evidence on short- and long-term consequences of bullying victimization: A meta-analysis". *Psychological Bulletin*, 144（12）, 2018, pp.1229-1246.

第5講

小澤美代子 『上手な登校刺激の与え方』 ほんの森出版 2003年
文部科学省 「登校拒否問題への対応について（平成4年9月24日 文初中330）」 1992年
文部科学省 「義務教育の段階における普通教育に相当する教育の機会の確保等に関する基本指針」 2017年
https://www.mext.go.jp/a_menu/shotou/seitoshidou/__icsFiles/afieldfile/2017/04/17/1384371_1.pdf（最 終アクセス：2023年11月18日）
文部科学省 「令和3年度児童生徒の問題行動・不登校等生徒指導上の諸課題に関する調査結果の概要」 2022年

https://www.mext.go.jp/content/20221021-mxt_jidou02-100002753_1.pdf（最終アクセス：2023年11月18日）

文部科学省　「令和4年度 児童生徒の問題行動・不登校等生徒指導上の諸課題に関する調査結果について」　2023年a
　　https://www.mext.go.jp/content/20231004-mxt_jidou01-100002753_1.pdf（最終アクセス：2023年11月18日）

文部科学省　「令和4年度児童生徒の問題行動・不登校等生徒指導上の諸課題に関する調査結果の概要」　2023年b
　　https://www.mext.go.jp/content/20231004-mxt_jidou01-100002753_2.pdf（最終アクセス：2023年11月18日）

文部科学省　「COCOLOプラン」　2023年c
　　https://www.town.ami.lg.jp/cmsfiles/contents/0000000/306/R05T02_siryo03-03.pdf（最終アクセス：2023年11月18日）

第6講

大阪教育大学学校危機メンタルサポートセンター・兵庫県こころのケアセンター訳　「SAMHSAのトラウマ概念とトラウマインフォームドアプローチのための手引き」　2018年
　　http://ncssp.osaka-kyoiku.ac.jp/mental_care（最終アクセス：2023年7月12日）

神奈川県児童相談所　「性的虐待調査報告書（第5回）」　2023年
　　https://www.pref.kanagawa.jp/documents/15797/file4.pdf（最終アクセス：2023年8月15日）

川島大輔　「子どもの自殺を防ぐために何ができるか」『小児保健研究』81（6）　2022年　1～20頁

川野健治・勝又陽太郎編　『学校における自殺予防教育プログラムGRIP』　新曜社　2018年

こども家庭庁　「児童虐待の定義」
　　https://www.cfa.go.jp/policies/jidougyakutai/（最終アクセス：2023年11月22日）

こども家庭庁　「令和4年度　児童相談所での児童虐待相談対応件数（速報値）」　2023年
　　https://www.cfa.go.jp/assets/contents/node/basic_page/field_ref_resources/a176de99-390e-4065-a7fb-fe569ab2450c/12d7a89f/20230401_policies_jidougyakutai_19.pdf（最終アクセス：2023年11月21日）

厚生労働省　「子ども虐待対応の手引き（平成25年改正版）」　2013年
　　https://www.mhlw.go.jp/seisakunitsuite/bunya/kodomo/kodomo_kosodate/dv/dl/130823-01c.pdf（最終アクセス：2023年11月22日）

心の教育「生と死の教育」研究会編　『心の教育 生と死の教育——教育現場で実践できるカリキュラム』　兵庫・生と死を考える会　2000年

ダギーセンター／栄田千春・岩本喜久子・中島幸子訳　『大切な人を亡くした子どもを支える35の方法』　梨の木舎　2005年

仲真紀子　『子どもへの司法面接——考え方・進め方とトレーニング』　有斐閣　2016年

法務省法制審議会刑事法（性犯罪関係）部会10第5回会議配布資料　「代表者聴取の取組の実情」　2022年
　　https://www.moj.go.jp/content/001367831.pdf（最終アクセス：2023年11月22日）

文部科学省　「教師が知っておきたい子どもの自殺予防」　2009年

文部科学省　「児童虐待に係る速やかな通告の一層の推進について（平成24年3月29日付文科初第1707号）　2012年
　　https://www.mext.go.jp/component/a_menu/education/detail/__icsFiles/afieldfile/2015/08/03/1360651_02_1.pdf（最終アクセス：2023年11月22日）

文部科学省　「中学校学習指導要領解説　特別の教科　道徳編」　2017年

文部科学省　「『生きる力』をはぐくむ学校での安全教育（平成31年改訂版）」　2019年

文部科学省　「生命（いのち）の安全教育教材・指導の手引き」　2021年

文部科学省　「中学校・高等学校版 がん教育プログラム 補助教材」　2021年（一部改訂）

文部科学省　「生徒指導提要（令和4年改訂版）」　2022年

矢守克也・吉川肇子・網代剛　『防災ゲームで学ぶリスク・コミュニケーション——クロスロードへの招待』　ナカニシヤ出版　2005年

第7講

警察庁　『令和4年中における少年の補導及び保護の概況』
　　https://www.npa.go.jp/publications/statistics/safetylife/syonen.html（最終アクセス：2023年11月20日）

最高裁判所　『令和4年　司法統計年報概要版　4少年編』　2023年
　　https://www.courts.go.jp/app/sihotokei_jp/list?filter%5Btype%5D=1&filter%5ByYear%5D=2022&filter%5ByCategory%5D=4&filter%5BmYear%5D=2022&filter%5BmMonth%5D=0&filter%5BmCategory%5D=4（最終アクセス：2023年11月20日）

法務省　『犯罪白書　令和4年版』　日経印刷　2022年

文部科学省　「生徒指導提要（令和4年改訂版）」　2022年

第8講
上野一彦・月森久江　『ケース別発達障害のある子へのサポート実例集　小学校編』　ナツメ社　2010年
S. E. ギャザコール・T. P. アロウェイ／湯澤正通・湯澤美紀訳　『ワーキングメモリと学習指導』　北大路書房　2009年
E. ショプラー・J. G. オーリー・M. D. ランシング／佐々木正美他訳　『自閉症の治療教育プログラム』　ぶどう社　1985年
内閣府　「障害者施策の総合的な推進──基本的枠組み」
　　　　https://www8.cao.go.jp/shougai/suishin/wakugumi.html（最終アクセス：2023年11月6日）
A. バドリー／井関龍太他訳　『ワーキングメモリ──思考と行為の心理学的基盤』　誠信書房　2009年
別府哲・野村香代　「高機能自閉症児は健常児と異なる『心の理論』をもつのか──『誤った信念』課題とその言語的理由付
　　　けにおける健常児との比較」『発達心理学研究』16　2005年
文部科学省　「発達障害を含む障害のある幼児児童生徒に対する教育支援体制整備ガイドライン」　2017年
　　　　https://www.mext.go.jp/a_menu/shotou/tokubetu/1383809.htm（最終アクセス：2023年11月6日）
文部科学省　「通常の学級に在籍する特別な教育的支援を必要とする児童生徒に関する調査結果（令和4年）」　2022年
　　　　https://www.mext.go.jp/b_menu/houdou/2022/1421569_00005.htm（最終アクセス：2023年11月6日）
文部科学省　「生徒指導提要（令和4年改訂版）」　2022年
湯澤美紀・河村暁・湯澤正通　『ワーキングメモリと特別な支援── 一人ひとりの学習のニーズに応える』　北大路書房
　　　2013年

第9講
大塚製薬HP　「統合失調症」　2023年
　　https://www.smilenavigator.jp/tougou/（最終アクセス：2023年11月6日）
傳田健三　「子どものうつ病」『母子保健情報』55　2007年　69〜72頁
野口京子　『健康心理学がとってもよく分かる本』　東京書店　2008年

第10講
一丸藤太郎・菅野信夫　『学校教育相談』　ミネルヴァ書房　2002年
小野田正利・藤川信夫監修、大前玲子編著　『体験型ワークで学ぶ教育相談』　大阪大学出版会　2015年
金沢信彦・安齋順子　『教師のたまごのための教育相談』　北樹出版　2010年
「そだちと臨床」編集委員会編、早樫一男　「ジェノグラムを通した家族理解」『そだちと臨床』Vol.2　明石書店　2007年
　　　116〜123頁
田嶌誠一　『その場で関わる心理臨床──多面的体験支援アプローチ』　遠見書房　2016年
玉瀬耕治・佐藤容子　『臨床心理学』　学文社　2009年
フィリップ・バーカー／中村伸一・信国恵子監訳、甲斐隆・川並かおる・中村伸一・信国恵子・張田真美訳　『家族療法の基礎』
　　　金剛出版　1993年
文部科学省　「早期に警察へ相談・通報すべきいじめ事案について（通知）」　2013年
　　　https://www.mext.go.jp/a_menu/shotou/seitoshidou/1335366.htm（最終アクセス：2023年8月20日）
文部科学省　「教育相談会議報告書　児童生徒の教育相談の充実について── 生き生きとした子どもを育てる相談体制づ
　　　くり」　2015年
文部科学省中央教育審議会　「チームとしての学校のあり方と今後の改善方策について（答申）」　2015年

第11講
赤塚大樹・森谷寛之・豊田洋子・鈴木國文　『心理臨床アセスメント入門── 心の治療のための臨床判断学』　培風館
　　　1996年
一般財団法人日本心理研修センター　『公認心理士現任者講習会テキスト』　金剛出版　2018年
佐治守夫・水島恵一編　『臨床心理学の基礎知識』　有斐閣　1974年
野田正人　「スクールソーシャルワーカー（SSWr）とスクールカウンセラー（SC）の共通性と独自性」　春日井敏之・伊藤美奈子
　　　編　『よくわかる教育相談』　ミネルヴァ書房　2011年　174〜175頁
藤永保・三宅和夫・山下栄一・依田明・空井健三・伊沢秀而編　『臨床心理学（テキストブック心理学（7））』　有斐閣　1979
　　　年
文部科学省　「教師が知っておきたい子どもの自殺予防」　2009年

https://www.mext.go.jp/b_menu/shingi/chousa/shotou/046/gaiyou/1259186.htm（最終アクセス：2023年11月3日）

第12講

赤塚大樹・森谷寛之・豊田洋子・鈴木國文　『心理臨床アセスメント入門──心の治療のための臨床判断学』　培風館　1996年
木之下隆夫　『子どもの心を理解する学校支援のための多視点マップ　始め方・使い方』　遠見書房　2013年
下山晴彦　『面白いほどよくわかる!臨床心理学』　西東社　2012年
竹内健児編　『心理検査の伝え方・活かし方』　金剛出版　2009年
田爪宏二　「発達支援のインフォーマルアセスメント」『発達』169　ミネルヴァ書房　2022年
玉瀬耕治・佐藤容子編　『臨床心理学』　学文社　2009年
中村淳子・大川一郎　「田中ビネー知能検査開発の歴史」『立命館人間科学研究』6号　2003年　93～111頁
日本K−ABCアセスメント学会　「日本版KABC−Ⅱの取り扱いと検査結果報告についての注意点」　2015年
日本版WISC−Ⅳ刊行委員会編著　『日本版WISC−Ⅴ　理論・解釈マニュアル』　日本文化科学社　2021年
細田国明　「知能について──知能構造と教育」『城西人文研究』20（2）　1993年　33～55頁
本郷一夫編　『実践研究の理論と方法』　金子書房　2018年
松原達哉　『第4版心理テスト法入門　基礎知識と技法修得のために』　日本文化科学社　2002年
松原達哉・楡木満生編　『臨床心理アセスメント演習』　培風館　2003年

第13講

大阪府立大学　「大阪府子どもの生活に関する実態調査」　2016年
　https://www.pref.osaka.lg.jp/attach/28281/00000000/01jittaityosahoukokousyo.pdf（最終アクセス：2023年11月10日）
厚生労働省　「2022（令和4）年国民生活基礎調査の概況」　2023年
　https://www.e-stat.go.jp/stat-search/files?page=1&toukei=00450061&tstat=000001206248（最終アクセス：2023年11月11日）
国立教育政策研究所　「令和3年度全国学力・学習状況調査　保護者に対する調査」　2021年
　https://www.nier.go.jp/21chousakekkahoukoku/kannren_chousa/hogosya_chousa.html（最終アクセス：2023年11月11日）
セーブ・ザ・チルドレン・ジャパン　「子どもの権利条約 採択30年 日本批准25年 3万人アンケートから見る子どもの権利に関する意識」　2019年
　https://www.savechildren.or.jp/news/publications/download/kodomonokenri_sassi.pdf（最終アクセス：2023年11月11日）
鑪幹八郎　「総論──ライフサイクルと家族」　小川捷之・齋藤久美子・鑪幹八郎編著　『臨床心理学大系第3巻　ライフサイクル』　金子書房　1990年
中山慶子・小島秀夫　「教育アスピレーションと職業アスピレーション」　富永 健一編　『日本の階層構造』　東京大学出版会　1979年
日本総合研究所　『令和3年度 子ども・子育て支援推進調査研究事業　ヤングケアラーの実態に関する調査研究報告書』　2022年
　https://www.jri.co.jp/MediaLibrary/file/column/opinion/detail/2021_13332.pdf（最終アクセス：2023年11月11日）
平野孝典　「学校年代の子どもの自殺を読み解く──背景にある格差への注目」　金澤ますみ・長瀬正子・山中徹二編著　『学校という場の可能性を追求する11の物語──学校学のことはじめ』　明石書店　2021年
三菱UFJリサーチ&コンサルティング　『令和2年度 子ども・子育て支援推進調査研究事業　ヤングケアラーの実態に関する調査研究報告書』　2021年
　https://www.murc.jp/wp-content/uploads/2021/04/koukai_210412_7.pdf（最終アクセス：2023年11月10日）
文部科学省　「日本語指導が必要な児童生徒の受入状況等に関する調査（令和3年度）」　2022年
　https://www.mext.go.jp/b_menu/houdou/31/09/1421569_00003.htm（最終アクセス：2023年11月11日）
Schneider, B., Keesler, V., & Morlock, L., "The effects of family on children's leaning and socialization". In OECD Centre for Educational Research and Innovation (Eds.), *The Nature of Leaning: USING RESEARCH TO INSPIRE PRACTICE*, OECD, 2010
　（B. シュナイダー・V. キースラー・L. モーロック著／立田慶裕・平沢安政監訳　「家庭と学校のパートナーシップ──子どもの学習と社会科への家族の影響」　OECD教育研究革新センター編著　『学習の本質──研究の活用から実践へ』　明石書

店　2013年)

第14講

国立教育政策研究所生徒指導研究センター　「児童生徒の職業観・勤労観を育む教育の推進について」　2002年
　　https://www.nier.go.jp/shido/centerhp/20kyariasiryou/20kyariasiryou.hp/3-01.pdf (最終アクセス：2023年11月18日)
文部科学省　「キャリア教育の推進に関する総合的調査研究協力者会議報告書」　2004年
　　http://www.mext.go.jp/b_menu/shingi/chousa/shotou/023/toushin/04012801/002.htm (最終アクセス：2023年11月18日)
文部科学省　「中学校キャリア教育の手引き」　2011年
　　https://www.mext.go.jp/a_menu/shotou/career/1306815.htm (最終アクセス：2023年11月18日)
文部科学省　「『キャリア・パスポート』例示資料等について」　2019年
　　https://www.mext.go.jp/a_menu/shotou/career/detail/1419917.htm (最終アクセス：2023年11月18日)
文部科学省国立教育政策研究所生徒指導・進路指導研究センター編　『変わる！　キャリア教育小・中・高等学校までの一貫した推進のために』　ミネルヴァ書房　2016年
文部科学省国立教育政策研究所生徒指導・進路指導研究センター編　『学びをつなぐ！「キャリア・パスポート」』　光村図書出版　2023年
文部科学省中央教育審議会　「今後の学校におけるキャリア教育・職業教育の在り方について (答申)」　2011年
　　https://www.mext.go.jp/component/b_menu/shingi/toushin/__icsFiles/afieldfile/2011/02/01/1301878_1_1.pdf (最終アクセス：2023年11月18日)
文部科学省　「生徒指導提要 (令和4年改訂版)」　2022年
文部省編　『進路指導の手引──高等学校ホームルーム担任編』　日本進路指導協会　1983年

第15講

NTTドコモ モバイル社会研究所編　『モバイル社会白書──データで読み解くモバイル利用トレンド2022-2023』　NTT出版　2022年
大阪府教育庁　「性の多様性の理解を進めるために」　2020年
　　https://www.pref.osaka.lg.jp/attach/38307/00000000/seinotayouseinorikaiwosusumerutameni.pdf (最終アクセス：2023年11月11日)
厚生労働省　「保護児童対策地域協議会のイメージ図」　2007年
　　https://www.mhlw.go.jp/bunya/kodomo/dv14/ (最終アクセス：2023年11月11日)
国立教育政策研究所編　『教員環境の国際比較：OECD国際教員指導環境調査 (TALIS) 2018報告書──学び続ける教員と校長』　ぎょうせい　2019年
国立教育政策研究所編　『教員環境の国際比較：OECD国際教員指導環境調査 (TALIS) 2018報告書　第2巻──専門職としての教員と校長』　明石書店　2020年
電通ダイバーシティ・ラボ　『LGBTQ+調査2023』No.1　2023年
　　https://dentsu-ho.com/articles/8721 (最終アクセス：2023年11月11日)
中島一憲　『先生が壊れていく──精神科医のみた教育の危機』　弘文堂　2003年
松永千秋　「医学からみた性の発達の多様性」　吉川徹編　『こころの科学　性をめぐる子どもの臨床 (特別企画)』第223号　日本評論社　2022年　14〜21頁
文部科学省　「教職員のメンタルヘルス対策について (最終まとめ)」　2013年
　　https://www.mext.go.jp/b_menu/shingi/chousa/shotou/088/houkoku/1332639.htm (最終アクセス：2023年11月11日)
文部科学省　「教員勤務実態調査 (令和4年度) 速報値」　2023年a
　　https://www.mext.go.jp/b_menu/houdou/mext_01232.html (最終アクセス：2023年11月11日)
文部科学省　「令和4年度公立学校教職員の人事行政状況調査について」　2023年b
　　https://www.mext.go.jp/a_menu/shotou/jinji/1411820_00007.htm (最終アクセス：2023年12月22日)
山口真一　『正義を振りかざす「極端な人」の正体』　光文社　2020年
Caplan, G., "An approach to community mental health". *The international behavioural and social sciences library, Mind & medicine; 3*, Tavistock Publications, 1961
　　(G. キャプラン著／加藤正明監修、山本和夫訳　『地域精神衛生の理論と実際』　医学書院　1968年)

索　引

監修者、執筆者紹介

●監修者

森田健宏（もりた たけひろ）
関西外国語大学　英語キャリア学部　教授
博士（人間科学）大阪大学

田爪宏二（たづめ ひろつぐ）
京都教育大学　教育学部　教授
博士（心理学）広島大学

●編著者

森田健宏（もりた たけひろ）
はじめに、第1～3講、第6講コラム、第9講を執筆
関西外国語大学　英語キャリア学部　教授
『保育の心理学』（共著・あいり出版・2016年）
『教育心理学入門──心理学による教育方法の充実』（共著・小林出版・2009年）

吉田佐治子（よしだ さちこ）
はじめに、第13講、第15講を執筆
摂南大学　法学部／教職支援センター　教授
『100冊の絵本と親子の3000日』（共著・教育出版・2014年）
『保育の心理学──子どもの心身の発達と保育実践』（共著・教育出版・2012年）

●執筆者（50音順）

上松幸一（うえまつ こういち）
第10～12講を執筆
京都先端科学大学　人文学部　准教授
『図解でわかる障害児・難病児サービス』（共著・中央法規出版・2023年）

大西彩子（おおにし あやこ）
第4講を執筆
甲南大学　文学部　教授
『いじめ加害者の心理学──学級でいじめが起こるメカニズムの研究』（単著・ナカニシヤ出版・2015年）
『ゆがんだ認知が生み出す反社会的行動── その予防と改善の可能性』（共編著・北大路書房・2015年）

川島大輔（かわしま だいすけ）
第6講第2・3節を執筆（共著）
中京大学　心理学部　教授
『子どもとむかいあう── 教育・保育実践の記述、省察、対話』（共編著・特定非営利活動法人Ratik・2016年）
『はじめての死生心理学── 現代社会において、死とともに生きる』（共編著・新曜社・2016年）

定金浩一（さだかね こういち）
第4講「知っておくと役立つ話」、第5講、第14講を執筆
甲南大学　全学共通教育センター・教職教育センター　教授
『新しい視点からの教育社会学── 人間形成論の視点から』（共著・大学教育出版・2022年）
『甲南大学生のための『教職入門』』（共著・ブイツーソリューション・2021年）

篠原郁子（しのはら いくこ）
第6講「知っておくと役立つ話」を執筆
関西外国語大学　外国語学部　教授
『入門　アタッチメント理論── 臨床・実践への架け橋』（共著・日本評論社・2021年）
『情動制御の発達心理学』（共著・ミネルヴァ書房・2021年）

杉山陽香（すぎやま はるか）
第6講第2・3節を執筆（共著）
中京大学大学院　心理学研究科　大学院生
「生徒の問題行動に対する教師の問題観── 生徒指導実践についての語りに基づくモデル構成」『質的心理学研究』23巻Special号（共著・日本質的心理学会・2024年）

田爪宏二（たづめ ひろつぐ）
第8講、第12講「知っておくと役立つ話」を執筆
京都教育大学　教育学部　教授
『認知発達とその支援』（共編著・ミネルヴァ書房・2018年）
『よくわかる! 教職エクササイズ　教育心理学』（編著・ミネルヴァ書房・2018年）

執筆者紹介

田中晶子（たなか あきこ）
第6講第1節を執筆
摂南大学　現代社会学部　教授
『司法・犯罪心理学——社会と個人の安全と共生をめざす（第2版）』
（共著・ミネルヴァ書房・2022年）
『児童虐待における司法面接と子ども支援—— ともに歩むネットワーク構築をめざして』（共編著・北大路書房・2021年）

林茂樹（はやし しげき）
第7講を執筆
元摂南大学　経済学部／教職支援センター　准教授
『中学生・高校生　学習・行動が気になる生徒を支える』（共著・明石書店・2016年）

編集協力：株式会社桂樹社グループ
イラスト：植木美江、寺平京子、北尾隆好
本文フォーマットデザイン：中田聡美

よくわかる！ 教職エクササイズ3
教育相談［第2版］

2024 年 3 月 20 日　初版第 1 刷発行　　　　　　　〈検印省略〉

定価はカバーに
表示しています

監 修 者	森 田 健 宏
	田 爪 宏 二
編 著 者	森 田 健 宏
	吉 田 佐 治 子
発 行 者	杉 田 啓 三
印 刷 者	藤 森 英 夫

発行所　株式会社　ミネルヴァ書房

607-8494　京都市山科区日ノ岡堤谷町 1
電話代表（075）581 - 5191
振替口座　01020 - 0 - 8076

ISBN978-4-623-09611-4

Printed in Japan

森田健宏／田爪宏二 監修

よくわかる！ 教職エクササイズ

B5判／美装カバー

ミネルヴァ書房

https://www.minervashobo.co.jp/